——从这里读懂中国

主编 陈晋 沈壮海

中国教育出版传媒集团
高等教育出版社·北京

内容提要

本书以纵向的百年视野、横向的世界变局为经纬,聚焦新时代中国的伟大实践和伟大变革,由问切入、沿问展开,通过讲好问题背后的中国共产党治国理政故事、中国式现代化发展故事、中国人民奋斗圆梦故事、中华文化传承故事和大国外交合作共赢故事,引导读者探索问题背后的道理,思考问题背后的理论。本书以贴近生活的问题、源于生活的案例为切入点,沿着理论和历史的纵深挖掘思想深度,拓展国际视野,洞察时代气息,是帮助读者认识当代中国和世界的有益读物。

封面题字:孙晓云

图书在版编目(CIP)数据

时代问答:从这里读懂中国 / 陈晋,沈壮海主编. — 北京:高等教育出版社,2025.6. —— ISBN 978-7-04-065029-7

Ⅰ. D616

中国国家版本馆 CIP 数据核字第 2025VD3365 号

SHIDAI WENDA —— CONG ZHELI DUDONG ZHONGGUO

策划编辑	刘桂珍 侯良健 王紫微	责任编辑	王紫微 张 浩	封面设计	姜 磊
版式设计	杨 帆 高海钰 杜微言	插图绘制	贺润聪	责任校对	高 歌	责任印制	耿 轩

出版发行	高等教育出版社	网 址	http://www.hep.edu.cn	
社 址	北京市西城区德外大街4号		http://www.hep.com.cn	
邮政编码	100120	网上订购	http://www.hepmall.com.cn	
印 刷	鸿博昊天科技有限公司		http://www.hepmall.com	
开 本	787mm×1092mm 1/16		http://www.hepmall.cn	
印 张	20.75			
字 数	260千字	版 次	2025年6月第1版	
购书热线	010-58581118	印 次	2025年6月第1次印刷	
咨询电话	400-810-0598	定 价	58.00元	

本书如有缺页、倒页、脱页等质量问题,请到所购图书销售部门联系调换
版权所有 侵权必究
物 料 号 65029-00

《时代问答——从这里读懂中国》编写组

主编： 陈　晋　沈壮海

编委（按姓氏笔画顺序）：

　　　朱安东　李　冉　钟　波　祝志男　姚予疆

　　　倪　峰　徐　晶　简　繁　魏南枝

课题组成员（按姓氏笔画顺序）：

　　　刁大明　王久高　包炜杰　刘　超　刘恩至

　　　李玉蓉　李基礼　杨帅泓　张　晖　宋振美

　　　祝志男　赵明昊　徐冶琼　高　仁　梅立润

　　　章永乐　简　繁　阚道远　魏南枝

引 言

"问题是时代的格言,是表现时代自己内心状态的最实际的呼声。"

——这是马克思的名言。

听清时代的呼声,号准时代的脉动,答好时代的问题,一个国家、一个民族,才能合上时代的节拍,做时代的同行者、引领者,而非落伍者。

——这是历史的法则。

近代以来,为改变民族命运、实现民族复兴,中国共产党和中国人民,正是在敏锐洞察时代大势、积极顺应时代大潮、创造性回答时代课题中,赢得了历史主动,开创了旧邦新命,大踏步赶上了时代,推动中国特色社会主义进入了新时代。

新时代,风云际会。中华民族伟大复兴战略全局和世界百年未有之大变局加速演进、深度互动,人类社会面临许多亟待解决的共同问题,我国改革发展稳定、内政外交国防、治党治国治军等各个领域也都面临着一系列新的重大课题。"中国之问、世界之问、人民之问、时代之问给我们提出的新考题比过去更复杂、更难,迫切需要我们从理论与实践的结合上提交答案。""今天,我们推进马克思主义中国化时代化的任务不是轻了,而是更重了。"

那么,更复杂、更难的新考题,到底"新"在哪里?"复杂"在哪里?"难"在哪里?

新时代的中国共产党人,到底又是如何回答这些新考题的呢?

《时代问答——从这里读懂中国》,邀您一同探讨。

目 录

篇一 道路之维 — 1

中国式现代化的历史源流 — 5
- 一、近代中国探寻过哪些现代化之路？ — 5
- 二、中国共产党如何找到新的现代化道路？ — 9
- 三、改革开放后我们党怎样思考和探索中国式现代化？ — 13
- 四、新时代如何推进和拓展了中国式现代化？ — 17

中国式现代化的中国特色 — 21
- 一、中国式现代化与西方现代化有何不同？ — 21
- 二、中国式现代化面临怎样的独特国情？ — 25
- 三、为什么说中国式现代化更富道义？ — 28
- 四、为什么说中国式现代化是更为全面的现代化？ — 32

中国式现代化的挑战应对 — 36
- 一、中国式现代化进程中有哪些艰巨历史任务？ — 37
- 二、推进中国式现代化面临哪些外部挑战？ — 41
- 三、推进中国式现代化面临哪些内部考验？ — 45
- 四、如何应对中国式现代化道路上的"黑天鹅""灰犀牛"事件？ — 48

中国式现代化的世界意义 — 53
- 一、为什么说中国式现代化丰富了世界现代化理论？ — 53
- 二、中国式现代化如何拓新了世界现代化道路？ — 57
- 三、中国共产党向世界展现了怎样的现代化担当？ — 60

四、中国式现代化为人类文明进步提供了哪些助力？　　64

篇二　治理之维　　69

中国之治的历史观照　　73

  一、中国之治内含有哪些可贵的历史经验？　　73
  二、中国之治的大势为何不可逆转？　　77
  三、中国之治何以能够促进世界之治？　　80
  四、新时代以来我们如何推动中国之治迈向更高水平？　　83

中国之治的时代价值　　87

  一、中国之治如何将新时代国家治理推向前进？　　87
  二、中国之治在哪些方面使得社会主义更具比较优势？　　90
  三、中国之治如何打破"现代化＝西方化"的制度迷思？　　93
  四、中国之治在哪些方面对世界现代化作出新贡献？　　96

中国之治的"制度密码"　　99

  一、为什么说中国共产党领导是中国之治的"核心密码"？　　99
  二、为什么说坚持人民至上是中国之治的鲜明底色？　　103
  三、为什么说集中力量办大事是成就事业的"重要法宝"？　　106
  四、制度的自我完善何以使中国特色社会主义持续焕发生机活力？　　110

中国之治的未来向度　　114

  一、如何保持解决大党独有难题的清醒和坚定？　　114
  二、如何大力提升政府治理效能？　　118
  三、如何继续引领中国经济大船乘风破浪持续前行？　　122
  四、如何以新安全格局保障新发展格局？　　126

篇三　文明之维　　131

文化传承与弘扬　　135
一、新时代为什么要弘扬中华优秀传统文化？　　136
二、如何推进中华优秀传统文化的创造性转化和创新性发展？　　140
三、马克思主义基本原理为什么能够同中华优秀传统文化相结合？　　143
四、弘扬中华优秀传统文化对世界有何特殊价值？　　147

文化自信与自立　　151
一、文化自信为什么是"说到底"的自信？　　152
二、新时代文化自信的底气来自哪里？　　155
三、新时代的我们如何进一步增进文化自信？　　159
四、如何理解当代中国文化的主体性？　　163

文明交流与互鉴　　166
一、不同文明有优劣之分吗？　　167
二、不同文明必然走向冲突吗？　　169
三、中国共产党为何倡导文明交流互鉴？　　173
四、不同文明如何走向交流互鉴？　　175

文明创新与发展　　179
一、人类文明新形态从何而来？　　180
二、中国式现代化何以创造文明新形态？　　183
三、人类文明新形态"新"在何处？　　185
四、人类文明新形态具有怎样的世界意义？　　190

篇四　世界之维　　　　　　　　　　　　　　　195

世界百年未有之大变局的基本趋势　　　　　199
　　一、为什么说"世界进入新的动荡变革期"？　　200
　　二、为什么要追求平等有序的世界多极化？　　204
　　三、为什么要推动普惠包容的经济全球化？　　207
　　四、为什么要积极构建公正民主的国际秩序？　　209

世界百年未有之大变局的"变"与"不变"　　212
　　一、当前国际格局"变乱交织"主要表现在哪些方面？　　213
　　二、全球产业链供应链布局有哪些新变化？　　215
　　三、什么是全球格局的"东西南北"调整？　　219
　　四、世界百年变局存在哪些"不变"因素？　　223

世界百年未有之大变局中的中国与世界　　226
　　一、当今世界面临哪些严峻的全球性挑战？　　226
　　二、中国崛起对全球格局的影响是什么？　　230
　　三、怎样看待中国和世界的关系？　　233
　　四、"两个大局"有怎样的内在联系？　　237

世界百年未有之大变局与中国担当　　241
　　一、今日之中国为什么能够展现大国担当？　　241
　　二、今日之中国为什么需要展现大国担当？　　244
　　三、什么是破解"世界之问"的中国方案？　　247
　　四、什么是人类命运共同体的美好愿景？　　251

篇五　信仰之维　　257

信仰的力量　　261
　　一、信仰是什么？　　261
　　二、共产主义信仰具有怎样的特质？　　264
　　三、共产主义信仰是乌托邦吗？　　268
　　四、信仰共产主义有什么现实意义？　　271

百年大党的信仰远征　　274
　　一、中国共产党怎样寻找马克思主义信仰的火种？　　275
　　二、中国共产党的信仰星火何以燎原？　　277
　　三、新中国成立以来续写出怎样的信仰篇章？　　281
　　四、新时代的信仰之光如何照亮壮阔征程？　　283

坚定中国特色社会主义共同理想　　287
　　一、为什么我们一定要"走自己的路"？　　288
　　二、为什么坚定中国特色社会主义共同理想极为重要？　　291
　　三、中国特色社会主义共同理想如何通向共产主义远大理想？　　295
　　四、如何认识开创中国特色社会主义新时代的历史意义？　　298

以坚定信仰之光照亮复兴之路　　301
　　一、民族复兴意味着什么？　　302
　　二、实现民族复兴为什么需要强大精神力量？　　305
　　三、怎样理解中国式现代化与中华民族伟大复兴的内在联系？　　308
　　四、如何以历史主动精神坚定民族复兴信心？　　311

后　记　　315

篇一

道路之维

时代问答 道路之维

历史车轮滚滚向前，时代潮流浩浩荡荡。任何一个历史时代，都有一系列需要人们回答的重大时代课题。"问题是时代的格言，是表现时代自己内心状态的最实际的呼声。"在这些重大时代课题中，最首要、最根本的是道路选择问题。答对了道路之问，选对了前进道路，我们进行国家治理就有了基本遵循，推动文明发展就有了明确方向，应对世界变局就有了深厚底气，坚守崇高信仰就有了现实根基。总之，只有选择一条与历史前进逻辑、时代发展潮流相契合的正确道路，才能在历史前进的逻辑中前进，在时代发展的潮流中发展。

党的十八大以来，历史翻开了新篇章，中国特色社会主义进入了新时代。这个新时代，起航于习近平以实现中华民族伟大复兴的中国梦，打开了一个文明古国对未来前景的想象。第十八届中央政治局常委第一次集体出行，正是去国家博物馆参观《复兴之路》展览。刚刚当选为中共中央总书记的习近平在短短800余字的讲话中6次提到了"路"，强调"道路决定命运"，并坚定指出："我坚信，到中国共产党成立一百年时全面建成小康社会的目标一定能实现，到新中国成立一百年时建成富强民主文明和谐的社会主义现代化国家的目标一定能实现，中华民族伟大复兴的梦想一定能实现。"十年后，第一个百年奋斗目标业已实现，新时代新征程的复兴之路也愈加清晰。

习近平在党的二十大上庄严宣告："从现在起，中国共产党的中心任务就是团结带领全国各族人民全面建成社会主义现代化强国、实现第二个百年奋斗目标，以中国式现代化全面推进中华民族伟大复兴。"

这条中国式现代化道路，是100多年来一代又一代中国共产党人团结带领中国人民，在不懈努力奋斗、追求民族复兴的历史进程中成功走出来的。总结历史，我们可以发现，近代以来各种政治力量对中国现代化道路的探索之所以遭遇失败，是因为这些道路大多是模仿甚至照搬照抄西方的现代化道路；中国共产党和中国人民探索出的中国式现代化道路之所以能够成功，是因为这条道路是我们自己走出的一条符合时代要求和本国实际的现代化道路。中国式现代化道路既基于自身国情、又借鉴各国经验，既传承历史文化、又融合现代文明，既造福中国人民、又促进世界共同发展，是我们强国建设、民族复兴的康庄大道，也是中国谋求人类进步、世界大同的必由之路。

那么，我们是如何在近代以来各种现代化道路的反复比较中选择了中国式现代化道路的？中国式现代化道路与其他的现代化道路有何不同？我们走中国式现代化道路将面临哪些挑战和考验？中国式现代化道路又将对人类社会产生怎样的影响？这一系列道路之问，亟待我们探索和回答。

中国式现代化的历史源流

> 中国现代文学家鲁迅在短篇小说《故乡》里曾说过:"其实地上本没有路,走的人多了,也便成了路。"从历史长河看,今天的中国式现代化道路,也是无数的中国人披荆斩棘、历经坎坷,最后由中国共产党人带领广大人民开拓出来的康庄之路。

一、近代中国探寻过哪些现代化之路?

中华民族历史悠久、文化之河源远流长,5000多年的璀璨文明成为人类文明史上精彩绝伦的篇章。英国科学家李约瑟认为,人类历史上一些很基础的技术都在中国生根发芽,中国在科学技术史上巨大的贡献被严重低估。他在《中国科学技术史》一书中介绍了中国的100个"世界第一",称赞中国是"发现和发明的国度"。

然而,正当西方世界在蒸汽机的轰鸣中向新大陆驰航时,"天朝上国"的美梦与保守的政策却让这艘东方文明的巨轮停滞不前。西方列强日益滋生起对东方大国蠢蠢欲动的野心。

1840年6月,蓄谋已久的炮声炸响,惊惧万分的清政府最终被迫于1842年8月签订了中国近代史上第一个丧权辱国的不平等条约——

中英《南京条约》，而这只是噩梦的开端。接踵而来的第二次鸦片战争、中日甲午战争、八国联军侵华战争让神州大地饱受灾难的蹂躏，一系列不平等条约成为亿万人民身上一道道沉重的枷锁。四万万人齐下泪，天涯何处是神州。一个古老而辉煌的东方大国正遭遇"三千余年未有之大变局"。

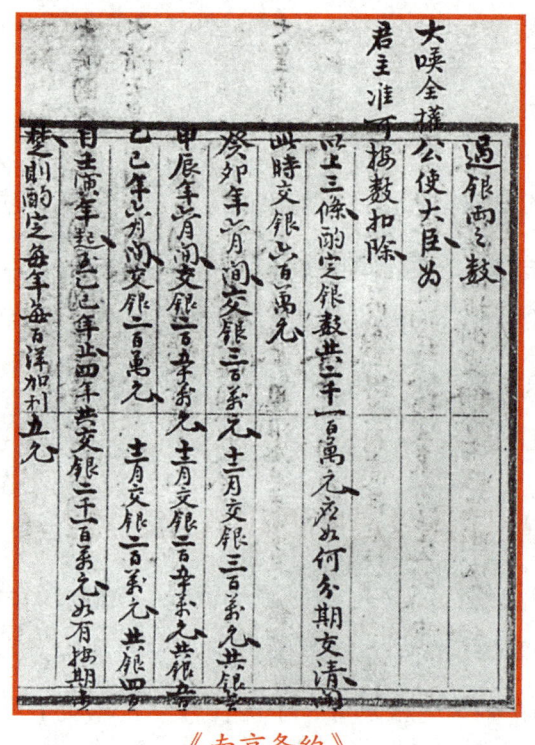

《南京条约》

西方的坚船利炮击碎了傲慢自大的清政府的迷梦，但也促使部分国人在危机中开始觉醒和反思。以林则徐、魏源等为代表的开明之士，勇敢地以"开风气之先"的历史自觉，通过编纂图册、著书立说、介绍西学，主张"师夷长技以制夷"。他们"创榛辟莽，前驱先路"的努力，不仅惊醒了醉心于"天朝上国"之人，而且凿出了近代中国探寻现代化的涓涓细流。

面对内忧外患,身居高位者也不得不求变以自保。以恭亲王奕䜣及地方实力派曾国藩、李鸿章、张之洞等为代表的较为开明的封建统治阶级的代表,发起了通过学习西方先进技术以"自强""求富"的洋务运动。神州大地上第一次出现了近代化的海军、工业与学堂,中国的学生第一次远渡重洋以求"西学",近代中国社会开始萌发出新的事物和气象。然而,"器物"上的学习并不足以让这艘破烂的巨轮重新扬帆启航,"中体西用"带不来结构上的变革锻造。中日甲午战争的失败与中日《马关条约》的签订宣告了洋务运动的失败,更让中华民族面临着亡国灭种的空前危机。

民族危机的加深也唤起了中华民族的空前觉醒。1894年,一本名为《盛世危言》的书横空出世。作者郑观应在书中提出了大力发展民族工商业,仿照西方国家法律、实行君主立宪制等主张。这部被誉为"医国之灵枢金匮"的著作深刻影响了康有为、梁启超等人的变法思想。

1898年,以康有为、梁启超为代表的维新派借助年轻的光绪帝,颁布了一系列变法新政。新政借鉴西方资本主义国家和日本在经济、政治、军事、文化等方面的举措和制度,力图挽救民族危机。显然,这是中华民族爆发危机之时,封建统治阶级内部的革新力量与新生社会力量试图推动中国从封建社会向现代社会转变的一次努力尝试。然而,百日维新因触犯了以慈禧太后为代表的顽固派的利益而迅速夭折,维新派人士或逃至海外,或遭杀害、罢黜。轰轰烈烈的百日维新犹如昙花一现,令人悲愤万分又唏嘘不已。

镇压了维新派,既不能消弭大清的内忧外患,也不能阻止西学对人们的影响。为了缓解内外危机,1901年,清政府自上而下开始实行"新政",改革官制、兵制、学制,奖励工商等。清末十年的"新政",包括了设立商部、废科举、颁布《钦定宪法大纲》、开展国会请愿运动等。

但"皇位永固"的狭隘、"旧瓶装新酒"的敷衍、"皇族内阁"闹剧的出现等，却无不预示着所谓的"新政"只是行将灭亡的清朝最后的回光返照而已。

1901年《辛丑条约》的签订，让人们最终看到了清政府已经成为"洋人的朝廷"的残酷现实。主张以革命的手段推翻腐朽的清王朝成为资产阶级民主革命者的选择和行动。在中国民主革命的伟大先驱孙中山先生的带领和推动下，1911年武昌起义取得胜利，1912年中华民国宣告成立。辛亥革命取得的最大胜利成果是推翻了清王朝的统治，结束了延续2000多年的封建专制制度，创立了共和政体的国家。孙中山在其《建国方略》中，描绘了中国现代化建设的第一份蓝图，在民主政治、工业化建设以及社会建设等方面提出了许多具有前瞻性的思想和设想。辛亥革命是20世纪中国的第一次历史性巨变。

> 辛亥革命极大促进了中华民族的思想解放，传播了民主共和的理念，打开了中国进步潮流的闸门，撼动了反动统治秩序的根基，在中华大地上建立起亚洲第一个共和制国家，以巨大的震撼力和深刻的影响力推动了中国社会变革，为实现中华民族伟大复兴探索了道路。
>
> ——2021年10月9日，习近平在纪念辛亥革命110周年大会上的讲话

然而，由于中国资产阶级缺乏彻底地反帝反封建的勇气，辛亥革命的果实最后被以袁世凯为代表的北洋军阀窃取。袁世凯死后，北洋军阀内部又分化为直系、皖系、奉系三大派系，加上滇系、桂系、川系、晋系等其他大小军阀，中国陷入军阀割据混战的黑暗时期。中国人民依然生活在水

深火热之中，亡国灭种仍是最深重的民族忧虑。中华民族急需新的理论和新的道路，以真正走向现代化。

从鸦片战争到辛亥革命，不同阶级阶层对国家出路和前途的探索，突出表现在中学与西学、守法与变法、改良与革命的争论上。所有争论的实质，在于一个古老东方帝国被强大的西方势力侵略和打开国门后，如何找到应对和发展的道路。70余年的探索，可谓筚路蓝缕，饱尝困苦，有收获，但更多的则是失望与遗憾。究其原因，一方面在于古老东方帝国的历史阻力过于强大，另一方面在于没有正确的理论指引。"灵台无计逃神矢，风雨如磐暗故园。"历史的时轮转出了无尽的沧桑，但依然阻挡不了中华民族的仁人志士的炙热之心与上下求索。时代呼唤新的思想和新的力量，一场轰轰烈烈的变革正悄然兴起。

二、中国共产党如何找到新的现代化道路？

近代以来中国的现代化探索屡遭挫折和失败，陈独秀等知识分子认为最根本的原因在于国民受几千年封建专制思想毒害太深。1915年9月，陈独秀在上海创办《青年杂志》（后改名《新青年》），高举民主和科学两面大旗，掀起了对20世纪的中国影响至深的新文化运动。伴随着新文化运动的发展，一场关于东西方文化的大论战也随即展开。争论的焦点在于东西文明的特点、优劣、出路等，最后延及中国是以工业立国还是以农业立国、如何对待科学、是否用革命手段改造社会等问题。

当一些知识分子和青年学生还在争论用何种主义或思想挽救中国时，1917年俄国十月革命的胜利给依然在黑暗中摸索的中国人指出了一条新的道路。"试看将来的环球，必是赤旗的世界！"这是李大钊洞悉俄国革命胜利后的国际形势作出的大胆预测，也表明从新文化运动阵营中分化出来的陈独秀、李大钊等一批知识分子从"向西方学习"转向"以俄为师"，从而为中华民族的复兴和现代化道路选择了新的指导思想。

诚然，马克思主义在中国的传播不是一帆风顺的，遭到了实用主义、改良主义者等的批判或抵制。但真理的力量是任何守旧者、顽固者无力阻挡的。1919年五四运动的爆发，不仅验证了无产阶级所蕴含的巨大革命力量，而且为中国共产党的成立作了思想上和干部上的准备。1921年7月，一个新型的政党——中国共产党在神州大地上诞生，这是中华民族发展史上开天辟地的大事变。从此，中国的现代化有了新的领导力量和新的道路选择。

1933年7月，《申报月刊》在创刊周年纪念之际，刊出"中国现代化问题号"特辑。编者明确提出讨论的重点是两个问题：中国现代化的困难是什么，它需要哪些先决条件？中国现代化应采取哪一种方式，个人主义的还是社会主义的，外国资本所促成的现代化还是国民资本所自发的现代化，实现这种方式的步骤又当怎样？此次专号特辑共收到10篇短论和16篇专论。这场关于中国现代化的争论，是近代中国公开、正式讨论"现代化"的一次尝试，表明人们在现代化的观念或认识上发生了一个重大转变，即由讨论"西化""西洋化"转向讨论"近代化""现代化"，也说明中国人对现代化有了全新的认识。

经过不断探索实践和总结经验教训，中国共产党人逐渐找到了一条农村包围城市、武装夺取政权的适合中国国情的革命道路，并对中国革命胜利后的国家建设有了初步的构想。1940年1月，毛泽东在《新民主主义论》中指出，中国革命不能不做两步走，第一步是新民主主义，第二步才是社会主义。这表明中国共产党人经过近20年的探索和奋斗，对中国革命规律和中国现代化建设道路有了更为科学的、理性的认识。

1945年4月，毛泽东在党的七大上所作的《论联合政府》的报告中，提出"使中国由农业国变为工业国"的现代化目标。1949年3月，他又在党的七届二中全会上的报告中进一步明确指出，要"使中国稳步地由农业国转变为工业国，把中国建设成一个伟大的社会主义国家"。

1949年9月29日，中国人民政治协商会议第一届全体会议通过的具有临时宪法性质的《中国人民政治协商会议共同纲领》规定，新成立的中华人民共和国要为中国的独立、民主、和平、统一和富强而奋斗，要"发展新民主主义的人民经济，稳步地变农业国为工业国"。中华人民共和国的成立，为实现中华民族伟大复兴和现代化建设创造了根本的社会条件。

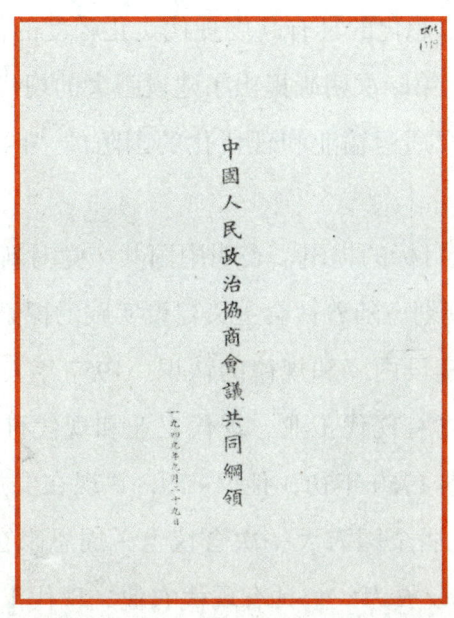

《中国人民政治协商会议共同纲领》

新中国成立后，如何把一个人口众多、经济落后、饱受战争创伤同时还受到西方主要资本主义国家政治孤立、经济封锁和军事威胁的国家建设成为一个伟大的社会主义国家，成为中国共产党面临的一项崭新而艰巨的任务。富有创造力的中国共产党人又找到了一条由新民主主义向社会主义过渡的正确道路。1953年12月，中国共产党提出了过渡时期的总路线，即要在一个相当长的时期内，逐步实现国家的社会主义工业化，并逐步实现国家对农业、手工业和资本主义工商业的社会主义改造。这是一条社会主义工业化与社会主义改造同时并举的总路线。随着"一五"计划的执行和提前完成，神州大地机器轰鸣、火车飞驰，万里长江汽笛长鸣、天堑变通途。截至1956年底，三大改造也基本完成，一种崭新的社会主义生产关系最终形成，这标志着社会主义基本制度在中国确立，从而为实现中华民族伟大复兴奠定了根本政治前提和制度基础。

1954年9月，毛泽东在一届全国人大一次会议开幕词中提出，要将我国建设成为一个工业化的具有高度现代文化程度的伟大的国家。随后，周恩来在这次会议上第一次明确提出了建设强大的现代化的工业、现代化的农业、现代化的交通运输业和现代化的国防的"四个现代化"的宏伟目标。

"四个现代化"目标的提出，表明中国共产党对新中国的现代化建设有着自己的思考和规划。随着社会主义建设实践的探索，中国共产党也在不断丰富对现代化建设内涵和规律的认识。1957年，毛泽东提出要"将我国建设成为一个具有现代工业、现代农业和现代科学文化的社会主义国家"。1959年底到1960年初，他又指出："现在要加上国防现代化"。1964年12月，在三届全国人大一次会议上，周恩来在《政府工作报告》中提出："把我国建设成为一个具有现代农业、现代工业、现代国防和现代科学技术的社会主义强国。"之后，又提出"两步走"设想："第一步，用十五年时间，即在一九八〇年以前，建成一个独立的比较完整的工业体系和国民经济体系；第二步，在本世纪内，全面实现农业、工业、国防和科学技术的现代化，使我国国民经济走在世界的前列。"1975年1月，在四届全国人大一次会议上，周恩来又重申了这个设想。

"四个现代化"宏伟目标的提出和实践建设，是以毛泽东同志为主要代表的中国共产党人艰辛探索和奋斗的结果。经过20多年的努力，一个落后的旧中国成为了工业体系和国民经济体系较为完整的国家，取得了旧中国几百年、几千年所没有取得过的进步，实现了一穷二白、人口众多的东方大国大步迈进社会主义社会并取得巨大成就的伟大飞跃。

三、改革开放后我们党怎样思考和探索中国式现代化？

对于任何一个国家而言，现代化建设都是一项伟大而艰巨的事业。新中国成立后，由于对国情和社会主义建设规律的认识不够深刻，中国共产党在领导探索中国现代化道路的过程中也遭遇过挫折和失误，导致中国整体发展水平与西方和周边发达国家相比有不小的差距。

1978年12月，具有伟大转折意义的党的十一届三中全会顺利召开。全会重新确立马克思主义的思想路线、政治路线、组织路线，作出了实行改革开放的历史性决策，党和国家的工作中心开始真正转移到经济建设上来，从而开启了改革开放和社会主义现代化建设新时期。

如何真正走出一条适合中国国情的现代化道路？以邓小平同志为主要代表的中国共产党人在总结社会主义建设经验教训基础上，开始重新思考中国现代化道路问题。"贫穷不是社会主义""科学技术是第一生产力""发展才是硬道理"等一系列新观点、新论断，驱散着头脑中缭绕的思想迷雾。"时间就是金钱，效率就是生命""团结起来，振兴中华"等响亮口号，激发出亿万人民沉睡着的发展干劲，催动着中华民族奋起直追的前进步伐。

1979年3月21日，邓小平在会见英中文化协会执委会代表团时指出，中国的现代化概念与西方不同，姑且用"中国式的四个现代化"这个新说法。他特别指出："现在搞建设，也要适合中国情况，走出一条中国式的现代化道路。""中国式的现代化，必须从中国的特点出发。"显然，邓小平提出"中国式的现代化"的全新概念，表明中国共产党对基本国情和现代化建设规律的认识达到了新的水平。

1979年底，邓小平在会见日本首相大平正芳时，面对关于中国现代化蓝图规划的提问，他引用了中国传统文化的一个重要概念——"小康"来形象化地描述"中国式的现代化"。"民亦劳止，汔可小康。"这是《诗经·大雅·民劳》里面的一句民谣，意思是老百姓实在太辛苦了，也该稍做休息过点安定生活。小康生活，其实指的就是一种基本稳定、安康的生活状态。把小康社会作为中国式现代化的第一个基本目标，这是中国共产党从历史的经验教训和基本国情出发作出的科学、务实的规划。

1982年9月，邓小平在党的十二大开幕词中提出"建设有中国特色的社会主义"以及"把我国建设成为高度文明、高度民主的社会主义国家"的宏伟目标。同时，邓小平特别强调，社会主义现代化必须是物质文明和精神文明都发展的现代化，必须坚持"两手抓"方针。1987年10月，党的十三大提出要"把我国建设成为富强、民主、文明的社会主义现代化国家"的奋斗目标，并提出了"三步走"发展战略：第一步，到1990年，国民生产总值比1980年翻一番，解决人民的温饱问题；第二步，到20世纪末，再翻一番，人民生活达到小康水平；第三步，到21世纪中叶，人均国民生产总值达到中等发达国家水平，基本实现现代化。

改革开放一经启动，春潮回归神州大地。从农村改革到城市改革，从兴办经济特区到开放沿海城市，再到开辟经济开放区和批准成立海南经济特区，两亿人口的沿海地带迅速发展，有力地彰显出中国式现代化的活力。

中国式现代化的历史源流

中国农村改革第一村——小岗村包产到户协议签订场景复原

小岗村

1992年10月,党的十四大对建设有中国特色社会主义理论的主要内容作出了初步的概括,并确立建立社会主义市场经济体制的改革目标。在发展策略上,党的十四大提出,"力争经过二十年的努力,使广东及其他有条件的地方成为我国基本实现现代化的地区"。1997年9月，党的十五大对社会主义初级阶段的基本纲领和路线进行了全面的阐述，对经济体制、政治体制和文化建设等方面作出新的部署，并提出了新的"三步走"发展战略。这一发展战略就是：21世纪第一个十年实现国民生产总值比2000年翻一番，使人民的小康生活更加宽裕，形成比较完善的社会主义市场经济体制；再经过十年的努力，到中国共产党成立一百年时，使国民经济更加发展，各项制度更加完善；到中华人民共和国成立一百年时，基本实现现代化，建成富强、民主、文明的社会主义国家。显然，中国共产党在探索中国式现代化道路进程中，形成了既有长远目标，又有分时段、分地区、分不同具体目标逐步实现现代化的发展策略。

2002年，党的十六大基于对"重要战略机遇期"的重要判断，提出要在21世纪头20年，集中力量，全面建设惠及十几亿人口的更高水平的小康社会。2005年，党的十六届五中全会又提出建设社会主义和谐社会。从小康社会到全面建设小康社会，再到建设社会主义和谐社会，表明中国共产党对中国式现代化道路建设规律的认识也在不断深化。2007年，党的十七大正式明确提出由中国特色社会主义经济建设、政治建设、文化建设、社会建设的基本目标和基本政策构成的基本纲领，以及"建设富强民主文明和谐的社会主义现代化国家"的战略目标。同时，提出建设生态文明等相关新概念、新思想。

改革开放带来了中国发展的奇迹。一组组数据直观印证了中国经济的历史性跨越：1979年至2012年，我国经济快速增长，年平均增长率达9.9%，比同期世界经济平均增长率快7个百分点，实现了从一个物资匮乏、百废待兴的落后国家到世界经济发展引擎、全球"制造基地"的转变。从手攥票证排队购买粮油，到彩电、电冰箱、空调等耐用消费品逐步普及；从挤进绿皮火车行在漫漫回家路上，到坐在舒适高铁中便捷快速出行；从出国是无法想象的事，到出国游成为不少人生活中的常态……一幅幅场景，生动地展示着中国式现代化道路上的奇迹。遭受了西方100多年侵略、长期处于贫穷落后且人口规模超大的中国，仅用几十年的时间就取得了西方资本主义国家用几百年才取得的经济成就，使中华民族实现了从站起来到富起来的伟大飞跃，这种现代化奇迹必将载入人类现代化的史册！

四、新时代如何推进和拓展了中国式现代化？

2012年11月，党的十八大提出，坚定不移沿着中国特色社会主义道路前进，为全面建成小康社会而奋斗，这是新时代中国共产党在追求现代化的道路上提出的新标准、新要求。同月15日，面对中外记者，刚刚当选为中共中央总书记的习近平庄严宣示："人民对美好生活的向往，就是我们的奋斗目标。"

"中国梦"，一个充满幸福和憧憬的词语。2012年11月29日，习近平在参观《复兴之路》展览时，第一次阐释了"中国梦"的概念。他说："实现中华民族伟大复兴，就是中华民族近代以来最伟大的梦想。"他坚信，到中国共产党成立100年时全面建成小康社会的目标一定能实现，到新中国成立100年时中华民族伟大复兴的梦想一定能实现。此后，习近平多次论述中国梦，指出中国梦就是要实现国家富强、民族振兴、人民幸福。

时光无言，山河为证。2013年10月31日，全长117公里、跨越6条断裂带的西藏墨脱公路建成通车，结束了中国最后一个不通公路的县的历史，这朵冰川高原上"隐秘的莲花"得以向世界自由绽放。"我的中国梦是家乡墨脱公路乡乡通"，在十二届全国人大二次会议西藏代表团全体会议上，来自西藏墨脱县的门巴族全国人大代表白玛曲珍动情地说，中国梦不会遗忘祖国的任何一个角落。

墨脱公路

中国道路，一头连接着国情，一头连接着理想。2013年11月，党的十八届三中全会通过了《中共中央关于全面深化改革若干重大问题的决定》，指出全面深化改革的总目标是继续完善和发展中国特色社会主义制度，推进国家治理体系和治理能力现代化。"国家治理体系和治理能力现代化"的提出，彰显了中国共产党对现代化内涵的认识又达到了新的高度。

"治国之道，富民为始。""让老百姓过上好日子"是中国共产党人孜孜以求的目标。2013年11月3日，习近平到湖南省花垣县十八洞村考察扶贫工作，首次提出"精准扶贫"的重要思想。8年的时间，全党和全国人民披荆斩棘，攻克了一个又一个"贫中之贫""坚中之坚"。2021年2月25日，习近平在全国脱贫攻坚总结表彰大会上庄严宣告，经过全党全国各族人民共同努力，我国脱贫攻坚战取得了全面胜利。

科技是全面建设社会主义现代化国家的基础性、战略性支撑之一。天河漫漫，北斗璀璨。2000年10月31日，中国自行研制的第一颗导航定位卫星"北斗导航试验卫星"在西昌卫星发射中心发射成功，为北斗导航系统建设奠定了坚实的基础。从此，我国逐步摆脱了对国外导航系统的依赖。北斗卫星导航系统工程总设计师杨长风这样说："如果说靠外国人的系统来提供时间和空间基准信息，那无外乎高楼大厦是建在别人的基础上。"与此同时，我国在载人航天、探月探火、深海深地探测、超级计算机、量子信息、核电技术、新能源技术、大飞机制造、生物医药等领域陆续取得重大成果。

2017年10月，党的十九大对现代化发展战略作出新的规划，明确提出，从2020年到2035年，基本实现社会主义现代化；从2035年到21世纪中叶，把我国建成富强民主文明和谐美丽的社会主义现代化强国。

2020年10月，习近平在党的十九届五中全会第二次全体会议上的讲话中指出，要坚定不移推进中国式现代化，以中国式现代化推进中华民族伟大复兴，不断为人类作出新的更大贡献。2021年7月1日，习近平在庆祝中国共产党成立100周年大会上的讲话中又鲜明地指出："我们坚持和发展中国特色社会主义，推动物质文明、政治文明、精神文明、社会文明、生态文明协调发展，创造了中国式现代化新道路，创造了人类文明新形态。""中国式现代化新道路"这一重要论断，是对中国共产党开创、坚持和发展中国特色社会主义的新提炼新诠释，也是对中国特色社会主义重大理论和实践意义的新概括新提升。

2022年10月，习近平在党的二十大报告中对中国式现代化的五大特征、本质要求、必须坚持的重大原则、战略安排和阶段目标等作了重要阐释。2024年7月，党的二十届三中全会通过的《中共中央关于进一步全面深化改革、推进中国式现代化的决定》（以下简称《决定》），阐述了进一步全面深化改革、推进中国式现代化的重大意义和总体要求，并以经济体制改革为牵引，对经济、政治、文化、社会、生态文明、国家安全、国防和军队等方面的改革作出全面部署。《决定》既是党的十八届三中全会以来全面深化改革的实践续篇，也是新征程上推进中国式现代化的时代新篇章。

> 把中国式现代化蓝图变为现实，根本在于进一步全面深化改革，不断完善各方面体制机制，为推进中国式现代化提供制度保障。
>
> ——2024年7月21日，习近平关于《中共中央关于进一步全面深化改革、推进中国式现代化的决定》的说明

沧海横流，方显英雄本色。近代以来，中华民族经历了百年磨难，不屈不挠的中国人民始终怀抱中华民族伟大复兴的梦想，进行着艰辛的探索和不懈的奋斗。中国共产党自诞生之日起，就把实现中华民族伟大复兴作为自己的奋斗目标，带领广大人民最终探索出一条中国式现代化道路。"雄关漫道真如铁，而今迈步从头越。"中华民族的历史再次翻开新的一页，我们坚信，伟大的中国共产党必将带领勤劳的中国人民在新的历史起点上，再次创造令世界瞩目的现代化奇迹，必将为人类文明和进步作出不可磨灭的贡献！

中国式现代化的中国特色

　　现代化道路并没有固定模式，适合自己的才是最好的，不能削足适履。中国式现代化是中国共产党领导的社会主义现代化，既有各国现代化的共同特征，也有基于自己国情的中国特色，体现为人口规模巨大、全体人民共同富裕、物质文明和精神文明相协调、人与自然和谐共生、走和平发展道路的现代化。这些特征展现了中国式现代化与西方现代化的显著差别，为人类实现现代化提供了新选择。深刻理解中国式现代化与其他国家现代化的异同点，把握中国式现代化的本质特征和独特优势，有利于破除迷思，把握历史主动，开创中国式现代化事业发展新天地。

一、中国式现代化与西方现代化有何不同？

　　世界的现代化发展历经数百年，时至今日，现代化已成为反映人类社会的文明程度、衡量各国经济社会全面进步的重要标准，为人们广泛接受。

　　"历史进程是受内在的一般规律支配的。"现代化也有着自身发展的一般规律，即人类社会在由传统农业社会向现代工业社会的转型中，以思想进步为先导，以现代工业生产社会化、自然科学和技术革命为动力，在经济、政治、文化等领域连续发生的由低到高的突破性变革过程及结果，表现出工业化、城镇化、信息化、民主化等共同的特征。同时，现代化作为一个过程性概念，意味着任何一个国家走向现代化，都会受到自身国家所处的历史条件、社会制度、现实国情等方面因素的制约。

习近平指出："党的领导决定中国式现代化的根本性质。党的性质宗旨、初心使命、信仰信念、政策主张决定了中国式现代化是社会主义现代化，而不是别的什么现代化。""中国共产党领导的社会主义现代化"这一根本性质，决定了中国式现代化不同于西方的现代化。我们对比一下中国的现代化和印度的现代化，可以更清楚地看到这一点。

将岁月钟表的指针回拨到1980年，当时的中国刚刚进行改革开放，邻邦印度也推行了"新经济政策"，该政策旨在通过经济的市场化改革、扶植私营经济发展、对国有企业进行改革、实行对外开放等措施来发展本国经济。两国当时的国内生产总值（GDP）总量也接近，1980年印度的GDP总量为1863亿美元，而我国GDP总量为1911亿美元，均约占全球的1.7%。西方学界普遍预言印度将成为"世界上增长最快的自由市场民主国家"。但事实上，40多年过去了，印度并没有实现西方社会所期待的发展，反倒是中国全方位地超过了印度。从GDP总量看，2023年中国GDP总量约为18万亿美元，而印度GDP总量约为3.5万亿美元，我国的经济规模大约是印度的5倍；从贫困人口情况来看，我国历史性地解决了绝对贫困问题，印度却仍有超2.3亿贫困人口，世界最多；从科技对经济增长的推动来看，截至2024年，中国科学、技术、工程、数学专业的毕业生数量每年超过500万，几乎是印度的两倍，此外，全球前20大科技企业（按收入计算）中有4家是中国的，而印度则一家也没有；从高等教育来看，2023年世界大学排名，中国有7所大学跻身世界百强，而印度则没有一所大学跻身世界前 100 名。

印度班加罗尔贫民窟

印度与中国同为文明古国，同样是从殖民地、半殖民地走出的发展中国家，且两国都具有幅员辽阔、人口众多、自然资源丰富、市场潜力巨大等特点，在现代化建设的起点上又具有较为相似的经济条件。但为什么在现代化进程中中国全方位超越了印度？为什么走西方现代化道路的印度与中国的差距越来越大？究其原因，根本上还在于中国式现代化是在中国共产党的坚强领导下推进的、符合本国国情的社会主义现代化。

历史与实践证明，"中国人民和中华民族之所以能够扭转近代以后的历史命运、取得今天的伟大成就，最根本的是有中国共产党的坚强领导。"近代以来，实现国家富强、民族振兴、人民幸福是中国人民的梦想与夙愿。但在中国共产党诞生以前，没有任何政治力量可以承担起这一历史使命、完成这一历史重任。中国共产党的成立，解决了中国现代化事业的领导力量问题，为中国现代化指明了正确方向。

党的领导决定中国式现代化的根本方向。中国式现代化是什么、干什么、怎么干，是由中国共产党是什么、干什么、怎么干决定的。党是工人阶级的先锋队和中华民族的先锋队，矢志不渝地为中国人民谋幸福、为中华民族谋复兴，始终高举马克思主义真理旗帜，将马克思主义基本原理同中国具体实际相结合、同中华优秀传统文化相结合，不断深化对共产党执政规律、社会主义建设规律、人类社会发展规律的认识，坚定不移地走中国特色社会主义道路，确保中国式现代化在正确的轨道上顺利推进。

党的领导确保了中国式现代化行稳致远。党坚持和完善中国特色社会主义制度，形成了包括中国特色社会主义根本制度、基本制度、重要制度等在内的一整套特色鲜明、富有效率的制度体系，为中国式现代化行稳致远提供了坚强制度保证。同时，党准确把握社会发展趋势和规律，系统性谋划国家未来的发展路径，科学编制并有效实施五年规划和中长期社会发展规划，引领经济社会发展，使得中国式现代化兼具前瞻性与延续性。反观西方国家，在由资本逻辑所主导的"多党竞选轮流执政"等体制下，政府执政的非延续性与不稳定性，使得最高执政者在当选后难以将其任期结束后的发展纳入本届政府的考量当中，更谈不上制定和执行国家发展蓝图及持续实现战略目标。

党的领导凝聚建设中国式现代化的磅礴力量。中国式现代化既是坚持党的领导的现代化，也是坚持人民主体地位、维护人民根本利益的现代化。只有坚持党的全面领导，人民的主体地位才能得到确保和夯实，最大限度地激发广大人民群众的积极性、主动性、创造性，汇聚起全面建设社会主义现代化国家的磅礴力量。历史证明，那些放弃党的领导、背弃社会主义制度的国家，其人民主体地位与利益必然受到损害。作为苏联的主要继承国的俄罗斯，自其向资本主义"转轨"以来，经济陷入持续衰退，受1998年金融危机的影响，俄罗斯1999年GDP为1871亿美元，相较1992年累计下降近40%，在世界GDP中占比不足1%。社会财富两极分化严重，犯罪活动空前猖獗，公共卫生支出不断减少，人民生活水平持续下降，人均寿命降至70岁以下。对此，连普京也不得不承认，"俄罗斯已不属于代表着当代世界最高经济和社会发展水平的国家"。

理论和实践表明，在中华民族迈向现代化的发展进程中，"中国共产党的领导"是"定性的"，是"管总、管根本的"，是中国式现代化与西方现代化的最大区别。我们必须毫不动摇坚持党的领导，坚持走中国特色社会主义道路，以中国式现代化的切实成就打破"现代化＝西方化"的迷思，破除"后发国家的现代化要亦步亦趋地走西方现代化发展道路"的话语霸权与思维定势。

二、中国式现代化面临怎样的独特国情？

人口因素是一国现代化的客观条件和现实基础，人口规模是影响现代化发展的关键性因素，深刻地影响着现代化道路的选择与实践进程。

从世界范围来看，人口规模较小的国家似乎更容易实现现代化。世界上人口最多的10个国家——印度、中国、美国、印度尼西亚、巴基斯坦、尼日利亚、巴西、孟加拉国、俄罗斯、墨西哥，其中，仅有美国实现了现代化。国际货币基金组织（IMF）发布的数据显示，2023年世界人均GDP最高的10个国家分别是卢森堡、爱尔兰、瑞士、挪威、新加坡、美国、冰岛、卡塔尔、丹麦、澳大利亚，其中，只有美国和澳大利亚人口逾千万规模。

2022年11月，习近平在亚太经合组织工商领导人峰会上指出："迄今为止，世界上实现工业化的国家不超过30个，人口总数不超过10亿。中国14亿多人口实现现代化将是人类发展史上前所未有的大事。"作为在人类历史上没有先例可循的壮举，中国式现代化的复杂性和艰巨性自是不言而喻，当然，其开创性和价值性也是前所未有的，并将彻底改写现代化的世界版图。与西方现代化相比，人口规模巨大这一独特国情制约着中国式现代化的道路选择和战略规划，为中国式现代化的推进带来困难和挑战，同时也蕴藏着优势与机遇。

> 我国十四亿多人口整体迈进现代化社会，规模超过现有发达国家人口的总和，艰巨性和复杂性前所未有，发展途径和推进方式也必然具有自己的特点。
> ——2022年10月16日，习近平在中国共产党第二十次全国代表大会上的报告

从困难和挑战来看，一是人口对经济社会和资源环境造成的压力长期存在。14多亿的人口总量，对于尚不发达的经济社会发展水平和有限的资源环境承载能力来说较为庞大，在其他因素相同的条件下，人均资源占有量处于相对不利的地位。以农业生产所需的土地资源为例，中国的人均耕地面积不足世界平均水平的40%。水资源、矿产资源、森林资源等方面莫不如是。人均资源占有量处于相对不利的地位在客观上对现代化发展构成了一定的挑战。二是我国农村人口占比较大，城乡之间、地区之间以及不同行业之间发展不平衡，制约着现代化的顺利推进。2023年，全年全国居民人均可支配收入39218元，明显高于全国居民人均可支配收入中位数33036元。按全国居民五等份收入分组，高收入组人均可支配收入95055元，低收入组人均可支配收入9215元，前者是后者的10倍多。不同社会成员的收入水平和禀赋条件在客观上仍存在差距，致使不同社会成员的发展条件和利益诉求并不一致。那么，如何解决社会成员之间的激励相容和发展动力问题，这对于建设"不落一人"的现代化也是极具挑战性的。三是我国人口结构中出现的少子化、老龄化、区域人口增减分化的趋势性特

征，不利于现代化建设。我国目前适龄人口生育意愿明显降低，人口老龄化速度呈现持续加快趋势。2023年，我国60岁及以上老年人口数量达2.97亿，已经超过15岁及以下人口2.48亿的数量，其中，65岁及以上人口比重达15.4%。相较于西方发达国家的老龄化通常发生在经济富裕之后或伴随经济富裕同时发生，我国的老龄化则发生在有充足物质保障的经济富裕之前。这一"未富先老"的局面不仅意味着老龄抚养比的相应提高，而且会削弱经济社会活力，这必然对我国的现代化建设提出更大的挑战。

从优势和机遇来看，一是劳动力资源优势。人口是现代化建设最基本的支撑，虽然我国劳动年龄人口比重持续下降，劳动年龄人口开始减少，但总量仍很庞大。截至2023年，我国有15～64岁劳动年龄人口9.6亿，预计2030年有9.5亿，2050年还有8.2亿。今后一个时期，我国劳动力资源仍然相对丰富，人力资源基础仍然雄厚，劳动年龄人口数量和比重始终高于西方发达国家。二是劳动力质量仍有优势。随着人口受教育水平和健康水平不断提高，我国逐渐从人口数量大国转变为人力资源强国。根据教育部统计公报，2023年我国劳动年龄人口平均受教育年限为11.05年，高等教育毛入学率为60.2%，我国新增劳动力平均受教育年限达14年，劳动力素质结构发生重大变化，人口整体质量显著提升，为现代化建设提供了坚实保证。三是我国拥有超大国内市场规模优势。截至2023年，我国的中等收入群体规模已超过4.6亿人，形成了仅次于美国的全球第二大消费市场，这有利于发挥市场优势、扩大内需，促进国民经济发展，有利于防止贫富差距悬殊和两极分化，有利于优化社会结构，促进共同富裕。

人口规模巨大作为中国式现代化的独特国情，既有压力，也有优势。这既意味着中国不能通过对他山之石的"拿来主义"或"简单模仿"实现现代化，也标志着中国式现代化的发展途径和推进方式必然与其他国家不一样，必须走一条属于自己的道路。

在以中国式现代化全面推进中华民族伟大复兴进程中，要始终从"人口规模巨大"这个最大国情出发，把国家和民族发展放在激发14亿多人民力量的基点上，强化人口发展的战略地位和基础作用，着力提高人口整体素质，保持适度的生育水平，创造有利于发展的人口总量势能、结构红利和素质资本叠加优势，进而创造出中国式现代化实践的更多奇迹。

三、为什么说中国式现代化更富道义？

"道义"一词出自《易经·系辞上》："成性存存，道义之门。"道义所指的即是道德和正义。中国式现代化与西方现代化相比，是"一个都不能少的现代化"而不是少数人的现代化，是和平发展的现代化而不是血雨腥风的现代化，因而更彰显了人间道义。中国式现代化的合道义性可以从内外两个维度来理解。

于内，中国式现代化始终坚持人民至上。中国式现代化致力于实现全体人民的共同富裕，共同富裕不仅是中国特色社会主义的本质要求，更是区别于西方资本主义现代化的显著标志。

从春秋时期就有思想家提出"百姓足，君孰与不足"，主张"养万民""生百物"，到晚清的太平天国运动希图建立一个"有田同耕，有饭同食，有衣同穿，有钱同使，无处不均匀，无人不饱暖"的理想社会，"均贫富"的思想始终贯穿于中华民族数千年的文明历史之中。中国共产党成立以来，就将为中国人民谋幸福、为中华民族谋复兴作为自己的历史使命。新中国成立之初，毛泽东就提出了我国发展富强的目标，指出"这个富，是共同的富，这个强，是共同的强，大家都有份"。改革开放后，邓小平多次强调共同富裕，指出："社会主义最大的优越性就是共同富裕，这是体现社会主义本质的一个东西。"党的十八大以来，以习近平同志为核心的党中央把共同富裕摆在了更加突出的位置，将共同富裕视作中国特色社会主义的本质要求和中国式现代化的重要特征，对实现共同富裕作出了全面擘画，团结带领全党全国各族人民打赢了脱贫攻坚战，推动国家经济实力、科技实力、综合国力和人民生活水平迈上了一个新台阶，全面建成了小康社会，为全体人民共同富裕的实现创造了前所未有的坚实物质基础。

浙江淳安特色公路产业带带动全域旅游发展

相较之下，一些西方国家漠视实现人民共同富裕这一命题，以"资"为本，少数人享有社会发展成果。一边是社会财富的不断增长，一边却是阶层壁垒、贫富悬殊与两极分化。以美国为例，根据美联储公布的数据，2023年占美国人口1%的最富有群体的财富总和高达44.6万亿美元，超过收入由低至高占美国人口90%的群体的财富总和。美国人口普查局的数据也显示，2020年，收入最高的20%群体和最高的5%群体的家庭收入从1970年的43.3%和16.6%分别上升到2020年的52.2%和23.0%；2020年贫困率达11.4%，比2019年上升了0.9个百分点，截至2023年，美国仍有3700万人生活在贫困线以下。美国贫富差距越来越大，财富越来越往"金字塔"顶端集中,长期走不出富者愈富、贫者愈贫的困局。这也是西方现代化追求资本集团利益最大化的必然结果。

西方现代化实现的是少数人的富裕,社会中的极少数个体掌握大量资源和财富,多数人则陷入贫穷,甚至基本生存权利都受到威胁。发展和分配的共享性、正义性惨遭背弃。而中国式现代化坚持"以人民为中心",根本目的是实现全体人民共同富裕,是共建共享发展成果的现代化。而且,中国式现代化着力保障和改善民生,是一个在动态中向前发展,差别有序、全体共进的共同富裕,打破了西方现代化过程中财富向少数人集中的"宿命",破除了"小圈子"的财富分配机制,体现了公平性和正义性的统一。

于外,我国始终奉行和平发展政策。走和平发展道路,是中国式现代化的突出特征。我国在坚定维护世界和平与发展中谋求自身发展,又以自身发展更好维护世界和平与发展。

回顾西方现代化历程,其间充满了血腥与暴力、奴役与压榨。西方资本主义向全球扩张是通过殖民与侵略实现的,是建立在对亚洲、非洲、美洲人民的暴力掠夺基础上的。与西方国家在现代化进程中长期奉行"国强必霸"的丛林法则和对抗性的零和博弈思维不同,中华民族传统文化具有"讲仁爱、重民本、守诚信、崇正义、尚和合、求大同"的优良基因,中国自古倡导"强不执弱,富不侮贫",深知"国虽大,好战必亡"的道理。近代以来,中国人民和中华民族饱受列强的侵略、凌辱、掠夺达百年以上,但中国人民不是从中学到弱肉强食的强盗逻辑,反而更加坚定了实现和平发展、维护世界和平的决心。

在推进中国式现代化的进程中,我们始终强调同世界各国共谋发展、互利共赢。在中国的倡议和推动下,成立了亚洲基础设施投资银行、丝路基金、金砖国家新开发银行等一系列国际组织,一系列国际合作机制先后问世。2023年是共建"一带一路"倡议提出十周年。十年来，共建"一带一路"聚焦发展这个根本性问题，始终坚持共商共建共享原则，满足各国人民过上更好日子的期盼与渴望，广泛汇聚合作发展共识，为共建国家带来了实实在在的好处。国务院2023年《共建"一带一路"：构建人类命运共同体的重大实践》数据显示，2013—2022年，中国进出口银行"一带一路"贷款余额达2.2万亿元人民币，覆盖超过130个共建国家。随着中老铁路、亚吉铁路、蒙内铁路、雅万高铁的建设和运营，中国的基础设施建设走到哪里，就能推动哪里的发展，增进哪里的民生福祉。

中老昆万铁路南溪河四线特大桥和元江双线特大桥

中国式现代化赓续了中华文化"天下为公、世界大同"的和平基因，坚持开放包容、合作共赢的发展理念，推动构建人类命运共同体，把中华民族伟大复兴与各国共同繁荣、人类进步统一起来，走出了一条既发展自身又造福世界的康庄大道。这一现代化发展道路蕴含着崇高的道义感，展示出其与其他现代化模式相异的鲜明品质，为世界和平与发展注入了新的动力。

四、为什么说中国式现代化是更为全面的现代化？

西方现代化受制于资本逻辑的局限，把物质财富的片面增长作为发展的目的，因而体现为以物质现代化为核心的"单向度"文明形态。不同于西方现代化，中国式现代化是物质的不断丰富和人的全面发展相统一的现代化，是以人的现代化为中心的整体性文明，即包括物质文明、政治文明、精神文明、社会文明、生态文明等内容。

中国式现代化是物质文明和精神文明相协调的现代化，既要物质富足也要精神富有。放眼全球的现代化建设实践，物质文明和精神文明的发展程度并非完全协调和一致。西方现代化道路以资本逻辑为导向，促使人在资本主义经济关系中被物化的程度逐渐加深，最终沦为"物化的个人"。由此，许多西方资本主义国家出现了享乐主义、拜金主义、消费主义、利己主义等思潮。以韩国为例，容貌至上、奢靡之风大行其道，在青年一代中涌动着 YOLO 主义，意思是"你只活一次"（You only live once），既然再奋斗也改变不了现状，大不了及时行乐，透支消费，去品尝高级食材、购买顶级名牌。2023 年初美国投行摩根士丹利的一份调研报告指出，2022 年，韩国在个人奢侈品上的总支出高达 168 亿美元，个人奢侈品消费全球第一。从 2024 年 3 月国际金融协会（IIF）最新发布的《世界负债报告》来看，截至 2023 年，韩国的家庭债务占 GDP 比重为 100.1%，是世界上负债率最高的发达国家。其中，韩国二三十岁群体家庭负债率急剧增长，衍生出了诸多社会问题。

中国式现代化是能够避免物质文明发展而精神文明式微的现代化。习近平指出："当高楼大厦在我国大地上遍地林立时，中华民族精神的大厦也应该巍然耸立。"在中国式现代化进程中，一方面，党确立了"两手抓、两手都要硬"的战略方针，在推动经济快速发展，不断夯实人民幸福生活的物质条件的同时，大力加强社会主义精神文明建设，促进社会主义先进文化繁荣发展；另一方面，加强理想信念教育，着力开展社会公德、职业道德、家庭美德、个人品德建设，引导社会全体成员树立正确的价值观，为中国式现代化创造有利精神文化条件。

中国式现代化不仅是物质文明和精神文明相协调的现代化，更是物质文明、政治文明、精神文明、社会文明、生态文明协调发展的现代化，是更具韧性、更高品质、更高水平的现代化。随着经济社会发展，面对新的发展形势，党的十八大提出了"五位一体"总体布局。党的十九大在擘画第二个百年奋斗目标时，提出"把我国建成富强民主文明和谐美丽的社会主义现代化强国"，实现我国物质文明、政治文明、精神文明、社会文明、生态文明的全面提升。从"两个文明"到"五大文明协调发展"，实现了由经济发展到统筹社会主义物质文明、政治文明、精神文明、社会文明、生态文明发展的历史性跨越，使文明建设的维度更加丰富、更加全面，体现了党对中国式现代化规律的认识与实践的深化，创造了中国式现代化新道路和人类文明新形态。

浙江是展现中国式现代化"五大文明协调发展"的一个重要窗口。习近平在浙江工作期间提出的"八八战略"自实施以来，引领浙江在发展中实现了全局性、系统性、整体性的沧桑巨变，走在了中国式现代化的前列。在物质文明建设方面，浙江逐步实现从经济大省向经济强省、从总体小康向高水平全面小康的跃升，2023年人均地区生产总值超12万元，城乡人均可支配收入分别为74997元、40311元，"三大差距"逐步缩小。在政治文明建设方面，浙江有序推进民主政治建设，在加强地方立法、推进法治政府建设、强化司法职能等方面取得实效。在精神文明建设方面，浙江持续推动全省文化体制改革，着力提升文化凝聚力、文化生产力、文化社会服务力，持续完善居民高品质精神文化生活供给。在社会文明建设方面,浙江始终坚持和发展新时代"枫桥经验",实现基层治理共建共治共享一体化发展,打造了平安社会、和谐社会的"金名片"和"新样板"。在生态文明建设方面,浙江加快推动发展方式绿色低碳转型,扎实提升环境治理现代化水平,实现了从"绿色浙江"到"生态浙江"再到"美丽浙江"的发展跃升,绘就了美丽中国的"之江画卷"。

"八八战略"

这一战略主要指:

一是进一步发挥浙江的体制机制优势,大力推动以公有制为主体的多种所有制经济共同发展,不断完善社会主义市场经济体制。

二是进一步发挥浙江的区位优势,主动接轨上海、积极参与长江三角洲地区合作与交流,不断提高对内对外开放水平。

三是进一步发挥浙江的块状特色产业优势,加快先进制造业基地建设,走新型工业化道路。

四是进一步发挥浙江的城乡协调发展优势,加快推进城乡一体化。

五是进一步发挥浙江的生态优势,创建生态省,打造"绿色浙江"。

六是进一步发挥浙江的山海资源优势,大力发展海洋经济,推动欠发达地区跨越式发展,努力使海洋经济和欠发达地区的发展成为浙江经济新的增长点。

七是进一步发挥浙江的环境优势,积极推进以"五大百亿"工程为主要内容的重点建设,切实加强法治建设、信用建设和机关效能建设。

八是进一步发挥浙江的人文优势,积极推进科教兴省、人才强省,加快建设文化大省。

中国式现代化以经济高质量发展为路径推动物质文明发展，以人民当家作主为根本推动政治文明发展，坚持马克思主义在意识形态领域指导地位推动精神文明发展，以为人民服务为宗旨推动社会文明发展，以实现永续发展为基石推动生态文明发展，形成了经济富强、政治民主、文化繁荣、社会公平、生态良好的新格局，破解了人类现代化道路的诸多难题，为人类走向现代化提供了新方案、新道路、新样板，展现出了人类现代化道路上独树一帜的风格、和而不同的风采、美美与共的风景、胸怀天下的风范。展望未来，中国式现代化必将在进一步全面深化改革中不断推进，推动中华"复兴号"巨轮驶向更加灿烂的未来。

中国式现代化的挑战应对

在中国最早的诗歌总集《诗经》中，有一首中国传世最早的寓言诗《豳风·鸱鸮》，是周公旦写给侄子周成王的。其中有一句是"迨天之未阴雨，彻彼桑土，绸缪牖户"，讲的是一种小鸟，在天未下雨之前，就懂得衔取桑树根，缠绕巢穴，使巢更加坚固。周公旦以鸟自比，表达了对国事的深切忧虑，并劝诫周成王要想巩固王位，就应当"未雨绸缪"。

新时代新征程上，我们也要未雨绸缪。当前，我们的中心任务是以中国式现代化全面推进中华民族伟大复兴，前途光明、任重道远，在迎来新的战略机遇的同时，也必将面临多方面的风险挑战考验，其中既包括国内经济、政治、意识形态、社会、自然界等领域的风险挑战考验，也包括国际经济、政治、军事等领域的风险挑战考验，呈现出多元复杂、交织叠加、不断变化的特征。见兔顾犬、亡羊补牢，是为下策；积谷防饥、曲突徙薪，方为上策。只有对强国建设、民族复兴历史任务的艰巨性有充分把握，对这一历史进程中的困难风险有清醒认识，才能做到防患于未然、有备而无患，从容应对中国式现代化道路上的各种挑战考验。

一、中国式现代化进程中有哪些艰巨历史任务？

从历史上看，现代化进程于18世纪中叶发端于英国等西欧国家，随后扩展到北美地区，20世纪特别是第二次世界大战后成为世界各国普遍追求的潮流。

从18世纪中叶到19世纪中叶，大概是100年时间，是工业革命发轫和蓬勃发展的时期。1793年，由乔治·马戛尔尼率领的英国使团访问中国，带来包括科学仪器、工业机器、军用武器等在内的600箱"贡品"，甚至还带了一个热气球驾驶员。如果清朝皇帝感兴趣，可以坐着热气球到天上转一圈，那么他就会成为东半球第一个飞上天空的人。然而，皇帝对工业革命的新鲜事物兴趣寥寥，认为英国人"所称奇异之物，只觉视等平常耳"，却对"自行人""机器狗"那样的精巧玩具钟爱有加，白白浪费了一次与工业革命对话的机遇。加之当时统治者闭关锁国、夜郎自大，导致我国经济技术进步大大落后于世界发展步伐。

从19世纪中叶到20世纪中叶，大概又是100年时间。在西方坚船利炮攻击下，中华民族遭受了前所未有的劫难。辛亥革命推翻清王朝专制统治，建立了中华民国。当时，实业救国在神州大地风起云涌，中国的民族工业也得到了长足发展。实业家张謇的南通大生纱厂中，仅一厂、二厂在1914年至1921年间就获利白银1600多万两。然而，第一次世界大战结束后，列强恢复并加强了对中国的商品倾销、投资设厂、市场占领，加之天灾和军阀混战，使刚刚建起的大生各厂遭到严重打击，一厂、二厂均出现严重亏损，逐渐走向衰落。1925年，大生各厂全面被银团接管；1935年，大生二厂倒闭。当时列强侵略、政府腐败、战乱频仍、动荡不安、民不聊生，根本没有条件进行国家建设，实业救国只能是昙花一现，也根本没有条件赶上时代前进步伐。

南通大生纱厂使用的亨利织机

总之,从18世纪中叶到20世纪中叶的二百年,是西方逐渐走上现代化道路、世界历史发生巨变的时间段,而中国却一次次错失工业革命的机遇、全球化的机遇、科技革命和产业变革的浪潮,只是"蜗牛般地爬行"。

与这"失去的二百年"形成鲜明对照的,是新中国成立以来特别是改革开放40多年来的奋起直追。习近平指出:"我国现代化同西方发达国家有很大不同。西方发达国家是一个'串联式'的发展过程,工业化、城镇化、农业现代化、信息化顺序发展,发展到目前水平用了二百多年时间。我们要后来居上,把'失去的二百年'找回来,决定了我国发展必然是一个'并联式'的过程,工业化、信息化、城镇化、农业现代化是叠加发展的。"这种"并联式"发展的现代化的显著优势就是速度快,但也必然会面对各种现代化任务交织叠加、复杂繁重的状况。用最短的时间同步实现最多的现代化发展目标,赶上世界现代化国家发展步伐,是贯穿整个中国式现代化进程的一项艰巨任务,其难度之大、对治国理政能力要求之高,世所罕见。

另一项艰巨的任务就是怎么带领这么多人一起走向现代化。20世纪五六十年代，毛泽东就在持续考虑这个问题。1954年8月24日，他在同英国工党代表团谈话时认为，从为中国工业化争取和平环境而言，人多有人多的优势。他指出："中国是农业国，要变为工业国需要几十年，需要各方面帮助，首先需要和平环境。……谁要打仗，就反对他。我们没有别的本钱，只有一桩，就是老百姓。人多，地大，是我们的两桩本钱。"1957年2月27日，他在《关于正确处理人民内部矛盾的问题》中认为，要从大规模人口出发，统筹兼顾考虑各类问题。他强调："我们作计划、办事、想问题，都要从我国有六亿人口这一点出发，千万不要忘记这一点。……决不可以嫌人多，嫌人落后，嫌事情麻烦难办，推出门外了事。"1963年5月3日，他在同几内亚政府经济代表团和妇女代表团谈话时又指出："我们的国家有一个很大的缺点，人太多，这么多人要吃饭，要穿衣，所以现在还有不少困难，但这些困难不是不可克服的，而是能够克服的，正在采取措施克服。"1967年2月15日，他在会见由外交、计划部部长瓦尼率领的毛里塔尼亚政府代表团时指出："我们国家人太多了，好处在这里，坏处也在这里。"邓小平也指出："中国式的现代化，必须从中国的特点出发。比方说，现代化的生产只需要较少的人就够了，而我们人口这样多，怎样两方面兼顾？"

毛泽东、邓小平的思考、探索和实践，深刻揭示了中国现代化历史过程中面临的最大国情。今天，这一国情特点同样摆在新时代中国共产党人面前。

中国式现代化不同于几十万人、几百万人、几千万人的现代化，而是14亿多人口规模巨大的现代化。人口规模不同，现代化的任务就不同，其艰巨性和复杂性就不同，发展途径和推进方式也必然有自己的特点。

习近平指出："在我国这样一个十四亿人口的国家实现社会主义现代化，这是多么伟大、多么不易！"

未来一段时间，我国人口总量仍将保持在 14 亿人以上，充足的人力资源优势、超大规模市场优势也将长期存在，但也带来一系列难题和挑战，光是解决吃饭问题就是一个不小的挑战，还有就业、分配、教育、医疗、住房、养老、托幼等问题，哪一项解决起来都不容易，哪一项涉及的人群都是天文数字。这决定了我们在推进中国式现代化过程中，必须始终从人口规模巨大这一具体国情出发想问题、作决策、办事情，不可好高骛远、因循守旧，而要保持历史耐心，坚持稳中求进、循序渐进、持续推进。

全面建成社会主义现代化强国的战略安排时间紧、要求高、任务重。党的二十大分别提出了未来 5 年、到 2035 年以及到 21 世纪中叶强国建设的战略安排，为全党指明了奋斗方向、提出了更高要求、部署了很多任务，既催人奋进，又让人感到时不我待。特别是党的二十大之后的 5 年，是全面建设社会主义现代化国家开局起步的关键时期，时间尤为紧迫。

滚石上山，不进则退。今天，我国仍处于并将长期处于社会主义初级阶段，仍然是世界最大的发展中国家之一，要在这些重要时间节点完成既定的现代化目标任务，努力实现物质文明、政治文明、精神文明、社会文明、生态文明协调发展，还面临着其他国家都不曾遇到的各种压力和严峻挑战，需要付出长期艰苦的努力。比如，城乡区域发展和收入分配差距较大，发展不平衡不充分问题仍然突出，推动全体人民共同富裕始终是一项长期艰巨的任务。一些发展中国家在现代化过程中曾接近发达国家的门槛，却掉进了"中等收入陷阱"，长期陷于停滞状态，甚至严重倒退，一个重要原因就是没有解决好两极分化、阶层固化等问题。按照党中央部署，到"十四五"末全体人民共同富裕迈出坚实步伐，到2035年全体人民共同富裕取得更为明显的实质性进展，到21世纪中叶全体人民共同富裕基本实现。这意味着我们要坚持循序渐进，充分估计长期性、艰巨性、复杂性，实打实把一件件事办好，扎实推进共同富裕。

中等收入陷阱

中等收入陷阱这个概念由世界银行提出，指的是部分新兴经济体在快速发展过程中积累了大量矛盾和问题，当人均GDP达到一定数量后，这些矛盾和问题就会集中爆发出来，如果应对不当，就会导致经济增长停滞甚至回落，引发一系列社会问题，无法跨入高收入国家行列。

中国式现代化是中国共产党和中国人民长期实践探索的成果，是一项伟大而艰巨的事业。惟其艰巨，所以伟大；惟其艰巨，更显荣光。

二、推进中国式现代化面临哪些外部挑战？

今天，大家有一个共同的感觉，那就是在一些科技领域，我国正由"跟跑者"变为"同行者"，在个别领域甚至是"领跑者"。比如，近年来我国一些企业坚持自主创新，瞄准高端市场，推出高端智能手机，满足了人们对更多样的功能、更快捷的速度、更清晰的图像、更时尚的外观的要求，在国内外市场的占有率不断上升。国际数据公司（IDC）报告显示，2024年国内智能手机市场出货量约2.86亿台，VIVO、华为、苹果、荣耀、OPPO位列前五名，其中有4个是国产品牌；全球手机市场出货量位列前五的品牌中，有3个是中国品牌。但是，作为手机最核心部件的芯片，却是中国手机产业一直以来的"芯病"。

> 装备制造业的芯片,相当于人的心脏。心脏不强,体量再大也不算强。
>
> ——2018年4月26日,习近平在湖北考察时的讲话

现代社会处处离不开芯片。它是通信设备、消费电子、汽车电子、医疗仪器、机器人、工业控制等各种电子产品和系统的运算处理中枢,是现代工业最重要的基础之一,是现代信息社会的心脏。在这个意义上,"芯片"这一中文译名,可谓生动形象。对我国来说,芯片是较为典型的"卡脖子"领域。2024年,我国芯片进口总额高达约3856亿美元,是国内进口规模最大的行业之一。同时,近年来以美国为首的西方国家频频对中国企业进行高端芯片"断供",美国甚至动用国家力量推出所谓《芯片与科学法》,拼凑所谓"半导体产业联盟""芯片四方联盟",全方位打压中国高新技术产业的发展。这充分说明,对于以芯片为代表的核心技术而言,如果核心元器件严重依赖外国进口,供应链的"命门"掌握在别人手里,那就好比在别人的墙基上砌房子,再大再漂亮也可能经不起风雨,甚至会不堪一击。

1963年,周恩来在上海市科学技术工作会议上的讲话中就指出:"我们要实现农业现代化、工业现代化、国防现代化和科学技术现代化,把我们祖国建设成为一个社会主义强国,关键在于实现科学技术的现代化。"他还强调,要"使我们科学技术的发展适应二十世纪六十年代的要求,比较快地赶上世界先进水平"。邓小平也强调:"中国必须发展自己的高科技,在世界高科技领域占有一席之地。"这充分反映了当时我们对于中国科技落后于世界先进水平的强烈危机意识和追赶意识。

今天,我们比以往任何时候都更加深刻地认识到,科技是全面建设社

会主义现代化国家的基础性、战略性支撑之一,科技创新在我国现代化建设全局中居于核心地位。在推进中国式现代化过程中,"核心技术受制于人是我们最大的隐患",亟待我们在现代化进程中大力提升自主创新能力,加快科技自立自强,尽快突破关键核心技术。

当前,世界百年未有之大变局加速演进,国际力量对比深刻调整,和平、发展、合作、共赢的历史潮流不可阻挡,我国发展面临新的战略机遇。同时,世纪疫情影响深远,逆全球化思潮抬头,世界经济复苏乏力,局部冲突和动荡频发,恃强凌弱、巧取豪夺、零和博弈等霸权霸道霸凌行径危害深重,和平赤字、发展赤字、安全赤字、治理赤字加重,世界进入新的动荡变革期,人类社会面临前所未有的挑战。对中国式现代化而言,除了科技领域面临的外部挑战,还有两个方面的外部挑战尤其值得关注。

一方面是全球性问题凸显,单边主义、保护主义明显上升。近年来,在应对气候变化、防控传染性疾病、保障粮食安全和能源安全等方面问题和挑战不断出现,给全球治理提出新的课题。我国是最大的能源进口国,全球能源的供应短缺和价格波动对我国能源安全形成挑战。气候变化、地缘政治冲突等也给世界贸易和投资、全球金融市场稳定、全球粮食安全等造成严重影响。美国等西方发达国家为维护既有利益,还频频采取金融、科技、贸易等手段遏制新兴市场国家和发展中国家,不断挑起贸易摩擦,成为世界经济增长的阻碍,严重影响了全球产业链、供应链、价值链的有序重构。这些都对中国式现代化提出了新的严峻挑战。

另一方面是美西方调整对华战略,对我国千方百计遏制。2021年,中国经济总量相当于美国经济总量的77%,达到历史最高值。美西方朝野对我国的疑惧明显增加,斗争、竞争、遏制的一面在增强,合作的一面在减弱。以美国为首的部分西方国家不断拼凑团团伙伙,极力实施并不断

阿尔卑斯山冰川正加速消融

升级打压中国的战略和政策，截至2023年，美国将1300多家中国企业、机构和个人列入各类制裁清单，甚至连中国社交媒体应用程序都不放过。2023年8月10日，时任美国总统拜登更是签署行政令，设立对外投资审查机制，限制美国主体投资中国半导体和微电子、量子信息技术和人工智能领域。美国打着国家安全的幌子，限制其企业对华投资，大搞泛安全化、泛政治化，执意拉起"科技铁幕"、构筑"小院高墙"，其真实目的是剥夺中国发展权利、封堵中国上升路径、阻滞中国发展进步、维护一己霸权私利，其实质是搞逆全球化、"去中国化"。美西方不仅在经贸科技交流方面设置障碍，还以意识形态划线，在涉港、涉台、涉疆、涉藏、涉海等各个方面不断制造麻烦。这是中国式现代化面临的又一个严峻挑战。

习近平敏锐洞察外部环境发展变化，深刻指出："过去我们是顺势而上，机遇比较好把握；现在要顶风而上，把握机遇的难度就不一样了。过去大环境相对平稳，风险挑战比较容易看清楚；现在世界形势动荡复杂，地缘政治挑战风高浪急，暗礁和潜流又多，对应变能力提出了更高要求。

过去我们发展水平低，同别人的互补性就多一些；现在我们发展水平提高了，同别人的竞争性就多起来了。"国际竞争犹如逆水行舟，不进则退。同时，两种意识形态、两种社会制度的竞争和较量更趋激烈，守成势力不甘心失去优势地位，必然会对我们进行各种打压、遏制甚至破坏。这些都需要我们在推进中国式现代化过程中，敢于面对国际竞争压力、充分认识外部风险挑战。

三、推进中国式现代化面临哪些内部考验？

现代化是人类社会从传统文明向现代文明转变的历史过程。遍览世界各国历史，一个国家在从传统社会向现代社会转变的过程中，往往都要经历一个社会矛盾和风险的高发期。在中国共产党领导中国人民、引领中华文明从传统向现代跨越过程中，我国发展也进入了战略机遇和风险挑战并存、不确定难预料因素增多的时期。

从国内看，在全面建设社会主义现代化国家的道路上，我国改革发展稳定面临不少深层次矛盾，躲不开、绕不过。

发展不平衡不充分问题仍然突出。发展不平衡，主要是指各区域各领域各方面存在失衡现象，制约了整体发展水平提升；发展不充分，主要是指我国全面实现社会主义现代化还有相当长的路要走，发展任务仍然很重，发展质量亟待提高。发展不平衡不充分问题，成为满足人民日益增长的美好生活需要的主要制约因素。

推进高质量发展还有许多瓶颈。比如，推动高质量发展，就要把实施扩大内需战略同深化供给侧结构性改革有机结合起来。当前，我国供给质量总体水平仍然滞后于发展需要，产业大而不强、产品多而不优等问题依然突出，在通过高质量供给创造有效需求、满足日益升级的国内市场需求方面仍有短板，未能充分发挥消费拉动经济增长的基础性作用。100多年前，德国产品也曾是粗制滥造的代名词。19世纪后期以来，德国制定了一系列严格的标准和制度，实施了一揽子硬核措施和政策，使制造工艺和产品质量大为改观。现在的"德国制造"可谓有口皆碑，在欧洲乃至全世界都处于领先地位。此外，日本通过"质量救国"战略、韩国通过"质量赶超"计划等，也实现了经济发展从数量增长到质量提升的转变，成功进入高收入经济体行列。未来我国经济发展、社会供给要实现从"有"向"好"转变，还需要一个比较长期的过程。

稳定就业这一民生之本仍面临不少挑战。2021年、2022年我国城镇新增就业人数均超过1200万，分别为1269万、1206万。2023年我国城镇新增就业人数为1244万，需在城镇就业的新成长劳动力人数仍在高位，仅高校毕业生就达到1158万人，规模和增量均创历史新高。除就业总量上的压力外，同时存在"招工难"和"就业难"并存的结构性矛盾突出等问题。

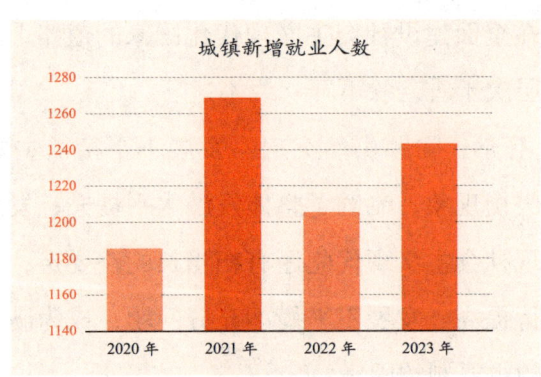

2020—2023年城镇新增就业人数（单位：万人）

此外，确保粮食、能源、产业链供应链可靠安全和防范金融风险等重大问题还须解决，重点领域改革还有不少硬骨头要啃，意识形态领域存在不少挑战，城乡区域发展和收入分配差距仍然较大，群众在教育、医疗、托育、养老、住房等方面面临不少难题，生态环境保护任务依然艰巨。总之，推进中国式现代化涉及思想观念、生产方式、利益格局的深刻变革，还有一系列难点、卡点、堵点需要突破，改革发展稳定的任务异常繁重。

中国共产党的领导直接关系中国式现代化的根本方向、前途命运、最终成败。党的十八大以来，我们党发扬彻底的自我革命精神，以前所未有的决心和力度深入推进全面从严治党，解决了党内许多突出问题，全面从严治党取得了历史性、开创性成就，但新征程上仍面临各种考验，"赶考"永远在路上。

2018年1月，习近平在新进中央委员会的委员、候补委员和省部级主要领导干部学习贯彻习近平新时代中国特色社会主义思想和党的十九大精神研讨班上的讲话中，曾引用过《红楼梦》第七十四回中的一段话来警示大家要高度重视党内问题。这一回里，贾探春在抄检大观园时说道："可知这样大族人家，若从外头杀来，一时是杀不死的，这是古人曾说的'百足之虫，至死不僵'，必须先从家里自杀自灭起来，才能一败涂地。正所谓'物必先腐而后虫生'！"习近平引用这段话，意在说明对于我们这样一个拥有9900多万名党员、500多万个基层党组织的大党而言，"能打败我们的只有我们自己，没有第二人"。只有高度重视党内风险隐患、不断加强党的自身建设，才能巩固长期执政地位、始终立于不败之地。

从党内看，一些深层次问题尚未根本解决，一些老问题反弹回潮的可能始终存在，稍有松懈就会死灰复燃，新的问题还在不断出现，党面临的执政考验、改革开放考验、市场经济考验、外部环境考验将长期存在，精神懈怠危险、能力不足危险、脱离群众危险、消极腐败危险将长期存在。党的建设特别是党风廉政建设和反腐败斗争面临不少顽固性、多发性问题。一些党员、干部缺乏担当精神，斗争本领不强，实干精神不足，形式主义、官僚主义现象仍较突出；铲除腐败滋生土壤任务依然艰巨。特别是"形式主义、官僚主义害死人！"那些"一声不响，二目无光，三餐不食，四肢无力,五官不正,六亲无靠,七窍不通,八面威风,久坐不动,十分无用"的"泥神"式官僚主义者,除了"三餐不食"这一点,其高高在上、养尊处优、闭目塞听、脱离群众的形象,与泥塑神像十分相似,严重影响了党的形象。

我们党是世界上最大的马克思主义执政党,在历史悠久、人数众多的国家长期执政,既有办大事、建伟业的巨大优势,也面临着治党治国的特殊难题,必须时刻保持解决大党独有难题的清醒和坚定。这些独有难题包括:如何始终不忘初心、牢记使命;如何始终统一思想、统一意志、统一行动;如何始终具备强大的执政能力和领导水平;如何始终保持干事创业精神状态;如何始终能够及时发现和解决自身存在的问题;如何始终保持风清气正的政治生态。解决好这些难题,是我们党在新的长征路上必须迈过的一道坎、必须啃下的硬骨头。

四、如何应对中国式现代化道路上的"黑天鹅""灰犀牛"事件?

今天,我们在公园、动物园等处游玩时,经常会看到黑天鹅,这其实是一种原产于澳大利亚的珍贵品种。然而,在澳大利亚的黑天鹅被发现之前,生活在17世纪欧洲的人们都相信一件事——所有的天鹅都是白色的。当第一只黑天鹅出现在欧洲人面前时,这个曾经不可动摇的观念被改变了。后来,欧洲人用"黑天鹅"事件比喻那些在经验之外、超越一般认知、难以预见的影响巨大的小概率风险事件。在2008年国际金融危机背景下,纳西姆·尼古拉斯·塔勒布的《黑天鹅》一书畅销全球,让大家熟知了"黑天鹅"事件。

多年后,米歇尔·渥克所著《灰犀牛》一书,则让大家了解了"灰犀牛"事件。灰犀牛体形庞大、行动迟缓,远远看去似乎并无威胁、无需在意，而一旦它向人狂奔而来，又定会让人猝不及防，能够逃脱的概率微乎其微。"灰犀牛"事件正是比喻那些具有一定确定性、可以预见、影响巨大的大概率风险事件。

"天下之患，最不可为者，名为治平无事，而其实有不测之忧。"中国式现代化是强国建设、民族复兴的康庄大道，但康庄大道并不等于一马平川。推进中国式现代化，是一项前无古人的开创性事业，必然会遇到各种可以预料和难以预料的风险挑战、艰难险阻。这些风险挑战，既有国内的也有国际的，既有政治、经济、文化、社会等领域的也有来自自然界的，既有传统的也有非传统的，"黑天鹅""灰犀牛"事件很可能不期而至。

党的十八大以来，习近平多次在党的重要会议上反复强调要防范前进路上的挑战考验。2018年1月，习近平从8个方面列举了16个需要高度重视的风险。2019年1月，习近平在省部级主要领导干部坚持底线思维着力防范化解重大风险专题研讨班开班式上发表重要讲话，分析了要防范化解政治、意识形态、经济、科技、社会、外部环境、党的建设等领域的重大风险并提出了明确要求，强调既要高度警惕"黑天鹅"事件，也要防范"灰犀牛"事件。在党的二十大上，习近平在充分总结新时代伟大变革的同时，也深刻阐述了全面建设社会主义现代化国家道路上可能面临的挑战和考验。

　　我国发展进入战略机遇和风险挑战并存、不确定难预料因素增多的时期，各种"黑天鹅"、"灰犀牛"事件随时可能发生。我们必须增强忧患意识，坚持底线思维，做到居安思危、未雨绸缪，准备经受风高浪急甚至惊涛骇浪的重大考验。

　　——2022年10月16日，习近平在中国共产党第二十次全国代表大会上的报告应对中国式现代化面临的挑战考验，需要我们以强烈的忧患意识深刻认识推进中国式现代化所面临的艰巨性和长期性，以强烈的历史主动精神有力推动"中华号"巨轮劈波斩浪，穿越"问题岛链"和"矛盾旋涡"，全速平稳驶向更加辽阔的海域。

应对中国式现代化面临的挑战考验，需要有坚定立场和强大定力。我们党曾提出过"要在中国实现四个现代化，必须在思想政治上坚持四项基本原则"，并将之作为实现四个现代化的根本前提。党的二十大立足时代之基，科学判断时与势、辩证把握危与机，鲜明提出了前进道路上必须牢牢把握的五条重大原则，即坚持和加强党的全面领导、坚持中国特色社会主义道路、坚持以人民为中心的发展思想、坚持深化改革开放、坚持发扬斗争精神。这五条重大原则好比"定海神针"，决定着中国式现代化的方向道路、价值立场和动力活力。只要守住了、把稳了，中国式现代化就能不偏向、不迷航，始终朝着既定的目标破浪前进。

特别需要说明的是，现在虽然是和平年代，我国发展也正处于历史上最好时期，但是"发展起来以后的问题不比不发展时少"，并且问题的严峻性、复杂性、系统性更加凸显，解决起来更加考验我们的勇气和智慧。这就需要我们保持斗争的锐气，练就斗争的本领，依靠顽强斗争打开事业发展新天地。

应对中国式现代化面临的挑战考验，需要统筹兼顾、系统谋划、整体推进，正确处理一系列重大关系。在初步探索社会主义建设道路的过程中，毛泽东就曾提出过走中国工业化道路，要正确处理重工业和轻工业、农业的关系等十大关系的问题，其主要目的在于以苏为鉴，总结我国的经验，提出这十个问题，都是围绕着一个基本方针，就是要把国内外一切积极因素调动起来，为社会主义事业服务。今天我们所推进的中国式现代化，作为人类历史上最为宏大而独特的实践创新，是一个高度复杂的系统工程。这种复杂程度既体现在内部新旧问题的交织叠加上，也体现在内外因素的深度互动上，其整体性、关联性、动态性前所未有，可谓牵一发而动全身，需要"凭六韬以安天下"。

"十大关系"

"十大关系"前五条主要讨论经济问题，从经济工作的各个方面来调动各种积极因素。"十大关系"后五条主要讨论政治关系。

1. 重工业和轻工业、农业的关系
2. 沿海工业和内地工业的关系
3. 经济建设和国防建设的关系
4. 国家、生产单位和生产者个人的关系
5. 中央和地方的关系
6. 汉族和少数民族的关系
7. 党和非党的关系
8. 革命和反革命的关系
9. 是非关系
10. 中国和外国的关系

习近平指出，推进中国式现代化，要"正确处理好顶层设计与实践探索、战略与策略、守正与创新、效率与公平、活力与秩序、自立自强与对外开放等一系列重大关系"。这是通往中国式现代化建设胜利彼岸的"桥或船"，是我们认识问题、分析问题、解决问题的"金钥匙"。

应对中国式现代化面临的挑战考验，需要团结奋斗。中华民族是有着伟大团结奋斗精神的民族，中国共产党继承和发扬中华民族团结奋斗的优良传统，团结带领人民在100多年的持续奋斗中战胜了一系列艰难险阻，取得了一系列历史性胜利。实践证明,团结奋斗是中国人民创造历史伟业的必由之路。

全面建设社会主义现代化国家、以中国式现代化全面推进中华民族伟大复兴,目标宏伟、任务艰巨、形势复杂,需要全国上下团结一心,需要一代又一代人接力奋斗。我们相信,新时代新征程上,中国共产党带领中国人民必将在团结奋斗中继续破浪前行,创造中国式现代化新的历史伟业。

中国式现代化的世界意义

立己达人是中华民族鲜明的文化底色。古老的中国曾经凭借卓越的智慧,创造了巨大的辉煌,风光无限之时,依然恪守协和万邦、天下一家的信条,毫不吝啬地与世界分享当时自身相对先进的器物、技术、制度、艺术以及文化。历史已经表明,一个强盛的中国,是世界的福音。鸦片战争之后,虽然中国在100多年的时间里饱经沧桑,但是在中国共产党的领导和中国人民艰苦卓绝的奋斗下,中华民族和中国人民迎来了从站起来、富起来到强起来的伟大飞跃,踏上了推进与实现中国式现代化的新征程。着眼于中国,推进与实现中国式现代化,承载着复兴图强的夙愿;放眼于世界,推进与实现中国式现代化,又具有怎样的意义?

一、为什么说中国式现代化丰富了世界现代化理论?

现代化既是人类社会发展的重要历史篇章,也是人类社会未来发展的主流趋向。现代化起步于西方,西方国家是现代化的先行者,创造了人类社会现代化图景中的第一种图式。正因如此,长期以来,世界上蔓延着一股"向西看"的浪潮,西方国家的现代化理论在全世界范围内产生了巨大影响。不过,西方国家的现代化理论虽然是最早的现代化理论,却并不意味着一定是最好的现代化理论,更不是放之四海而皆准的现代化理论。

西方不少政要和学者在探索和构建现代化理论过程中,主张整个世界是充满竞争与博弈的,是优胜劣汰的,长期致力于打造并维持西方中心主义的世界体系,并将整个世界划分为"宗主国—殖民地""中心—外围""发达国家—发展中国家""民主国家—威权国家"等类别。他们极为推崇自由和民主,不过对自由和民主的认知却带有明显的西方中心主义色彩,凡是与西方国家理解不同的,凡是与西方国家利益不一致的,就都不是"真正的自由"和"真正的民主";他们还常常打着自由和民主的旗号,对其他国家的发展与治理指手画脚,增加而不是减少了世界范围内的冲突与对抗。他们认为西方制度模式已经是人类社会走向现代化的最好的制度模式,世界上其他国家对现代化的探索最终都要走向西方制度模式,西式自由民主制度将成为人类政府的终极形式。他们坚信世界上不同文明之间存在高低优劣之分,认为民主的本质只在于"一人一票"和竞争性选举,主张人类凌驾于自然之上等等。

然而,西方现代化理论观点内涵及其实践,并没有持续、深入、稳定地增进全人类的福祉,并没有让整个世界变得更和平、更团结、更美好。这也表明,就世界现代化理论探索而言,西方现代化理论虽然影响大,但并不等于没有缺陷或不可替代。中国式现代化理论则在以上诸多方面都展现出了与西方现代化理论完全不同的境界和格局。

其一,和合的世界观。中国在推进现代化过程中,始终主张世界各国不分大小、强弱、贫富一律平等,始终强调每个国家在谋求自身发展的同时,也要积极促进其他国家的共同发展,始终倡导面对诸多人类共同难题和挑战，合作而不是对抗应该成为国家间交往的主调，始终坚守整个世界是你中有我、我中有你的命运共同体。

其二，包容的价值观。中国在推进现代化过程中，同样高度认可自由和民主的价值，自由和民主与富强、文明、和谐、平等、公正、法治、爱国、敬业、诚信、友善等同样是社会主义核心价值观的基本内容，是当代中国的核心价值理念。中国在推进现代化过程中，始终尊重其他国家对自由和民主的理解，还主张不同国家对自由的追求和对民主的探索，应该基于本国国情，和而不同，求同存异。

其三，发展的历史观。中国在推进现代化过程中，始终认为世界上不存在定于一尊的现代化模式；一个国家的现代化发展道路合不合适，只有这个国家的人民才最有发言权，毕竟"鞋子合不合脚，自己穿了才知道"。世界上其他国家对现代化的探索，不管是在理论层面，还是在实践层面，都不会必然地走向西方制度模式。历史的车轮只会滚滚向前，绝对不会"终结"。

其四，平等的文明观。中国在推进现代化过程中，始终坚信文明是多彩的，人类文明因多样才有交流互鉴的价值，不论是中华文明，还是世界上存在的其他文明，都是人类文明创造的成果；始终主张文明是平等的，平等才是人类文明交流互鉴的前提；始终坚信文明是包容的，人类文明因包容才有交流互鉴的动力，一切文明成果都值得尊重，一切文明成果都要珍惜。

其五，完整的民主观。中国在推进现代化过程中，创造性地提出了全过程人民民主的重大理念，推动全过程人民民主取得历史性成就，丰富了人类政治文明形态。我们认为，"一人一票"和竞争性选举，只是民主的一种形式，但并不构成民主的全部内容。民主除了民主选举这一环节，还有民主决策、民主管理、民主监督等重要环节。只有在民主选举、民主决策、民主管理、民主监督等各个环节都真正做到让人民当家作主,这样的民主才是最广泛、最真实、最管用的民主。"如果人民只有在投票时被唤醒、投票后就进入休眠期,只有竞选时聆听天花乱坠的口号、竞选后就毫无发言权,只有拉票时受宠、选举后就被冷落,这样的民主不是真正的民主。"

"豆选法"

"豆选法"是抗日战争时期陕甘宁边区农民用豆子作选票选出自己中意的候选人的一种政治参与方式。针对当时文盲占绝大多数的情况,在选举时,候选人背对选民坐成一排,每人背后放有一个空碗,18岁以上的村民在领到豆子后,将豆子放在中意的候选人碗中,根据碗中的豆子数确定最终人选。

其六,长远的生态观。中国在推进现代化过程中,目光长远,注重人与自然和谐共生,坚决不做"吃祖宗饭、断子孙路"的事;坚持绿色发展,认为"绿水青山就是金山银山";认为人类社会不能一味地向自然索取,也要保护自然;主张保护生态环境就是保护生产力,改善生态环境就是发展生产力。

总的来说,中国式现代化理论中蕴含的世界观、价值观、历史观、文明观、民主观、生态观等,是对世界现代化理论的重大创新和丰富发展,有助于增进人类社会共同福祉以及构建更加美好的世界。展望未来,中国式现代化理论必将随着现代化建设实践而不断丰富发展,必将为世界上那些既希望加快发展又希望保持自身独立性的国家和民族,提供更多关于发展中国家走向现代化的中国智慧和中国方案。

经过保护治理的洱海水清景色美

二、中国式现代化如何拓新了世界现代化道路？

实现现代化是近现代以来世界上众多国家发展的主要目标和实践探索的核心主题。西方国家是现代化的先行者，在现代化实践方面取得过不少成就，成为后发国家或者发展中国家长期模仿与学习的对象。正如意大利左翼政治活动家弗斯科·贾尼尼所言：如今，世界上大多数国家依然是发展中国家，仍在实现现代化的进程中艰辛探索。由于西方资本主义国家更早取得了现代化成就，使得"西方中心论"在全世界盛行。因此，走"西方的路"，对于很多发展中国家而言，是一种无法抗拒的诱惑。

然而历史已经证明，西方现代化是一种以资本为中心的现代化，是推崇弱肉强食丛林法则的现代化，是充满侵略扩张、殖民掠夺、奴役盘剥的现代化，曾给广大发展中国家造成了深重苦难。近年来，越来越多的事实显示，一些西方国家当前依然试图通过鼓动"颜色革命"等方式在世界范围内进行制度输出，结果导致了拉美国家经济危机和"阿拉伯之春"等政治危机，破坏而不是增加了世界的安宁祥和，损耗而不是增进了世界人民的福祉。与此同时，一些西方国家自身也深陷经济发展危机和社会治理危机泥潭，这进一步揭示了西方现代化道路的局限。另外，一些尝试通过走"西方的路"实现现代化的国家并没有达到预期的效果。究其原因，今天的发展中国家，与西方发达国家的现代化发展起点是不同的，面对的科技水平、身处的全球环境也是不同的。因此，后发现代化国家若完全去模仿现代化国家曾经的发展模式，既不具备历史条件，又会陷入更多的困境。20世纪后半叶，非洲、拉丁美洲的一些国家和地区，就曾过度迷信、高度模仿欧美现代化模式，但没考虑自身的各种政治、社会因素，这些国家不仅未能成功实现现代化，反而丧失了自身发展独立性，甚至陷入"中等收入陷阱"，陷于依附欧美国家的境地。

巴以冲突中加沙地带被摧毁的建筑物

《淮南子·说林训》曾记载了这样一个故事，"杨子见逵路而哭之，为其可以南，可以北"，说的是一个叫杨朱的人有一次走到岔路口的时候，突然就哭了起来，因为它既可以往南，也可以往北。后人常用来比喻作选择时的左右为难以及对选择错误的担忧。当今世界上一些后发国家或者说发展中国家在进行现代化建设时，也常常陷入这样的选择迷茫，对于到底应该走一条什么样的现代化建设道路，缺乏明晰的思路和坚定的信心。

中国式现代化道路的成功实践，为后发国家开展现代化实践提供了新的参考借鉴。这也意味着它们在探索推进现代化建设时，特别是在遵照"西方的路"开展现代化实践却陷入穷途末路时，可以考虑从"中国的路"中汲取成功的实践经验。比如，人口大国可以参考践行中国取得脱贫攻坚全面胜利、14亿多人口正整体迈进现代化社会的实践经验，特别是集中力量办大事开展现代化建设的经验。国家再小，也应基于自身国情自主探索具有本国特色的现代化之路，把现代化发展放在自己力量的基点上，把现代化命运牢牢掌握在自己手中。任何国家在追求现代化道路上，都应坚决反对通过打压遏制别国现代化来维护自身发展"特权"，走共建共享共赢之路，让世界现代化成果更多更公平惠及各国人民。

实际上，中国式现代化的正确道路和实践成果也越来越获得其他发展中国家的认可。恰如阿根廷资深外交官、国际问题专家迭戈·盖拉尔所言："毫无疑问，作为发展中国家的'领头羊'，中国将引领21世纪。正如19世纪是属于英国的世纪、20世纪是属于美国的世纪一样，21世纪是属于中国的世纪。"也有人指出，尽管中国的社会主义现代化建设成就是卓越的，但是中国的领导人都依然非常清醒地将自己的国家置于发展中国家之列。这种做法，并不意味着中国不具备成为"另一种现代化选择"的可能，反而意味着其他致力于实现现代化但落后于中国的国家，通过与中国的交流合作，更易获得有意义的启示。时任印尼总统佐科2022年7月26日在与习近平主席会谈时更是直接表示："印尼钦佩中国在扶贫方面取得的杰出成就，愿借鉴中方成功经验。"

世界上并不存在定于一尊的现代化模式，中国式现代化展现了不同于西方现代化模式的新图景，走出了一条人类社会探索现代化的新路，始终站在历史正确一边、站在人类文明进步一边。中国式现代化道路的存在，为处在现代化探索的岔路口、不知何去何从的迷茫的后发国家或者发展中国家，提供了新思路新方案。

三、中国共产党向世界展现了怎样的现代化担当？

2023年3月15日，中共中央对外联络部主办了中国共产党与世界政党高层对话会，主题是"现代化道路：政党的责任"。来自150多个国家的500多个政党和政治组织领导人出席了会议。南非非洲人国民大会、南苏丹苏丹人民解放运动、尼加拉瓜桑地诺民族解放阵线、委内瑞拉统一社会主义党、塞尔维亚前进党、蒙古人民党、东帝汶人民解放党、巴布亚新几内亚潘古党、格林纳达民族民主大会党、俄罗斯统一俄罗斯党、哈萨克斯坦"阿玛纳特"党、多哥保卫共和联盟等众多政党的领导人纷纷表示，愿同中国共产党一道，在现代化进程中发挥好引领和推动作用。

> 中国共产党100多年团结带领中国人民追求民族复兴的历史，也是一部不断探索现代化道路的历史。经过数代人不懈努力，我们走出了中国式现代化道路。
>
> ——2023年3月15日，习近平在中国共产党与世界政党高层对话会上的主旨讲话

当今世界有6000多个政党，现实政治的运行与发展，处处可见政党的身影，政党政治成为现代政治的鲜明标签。政党的诞生与成长，政党的竞争与合作，在政治舞台上的登场与退场，在执政施策上的成功与失败，构成了一幅幅色彩斑斓的政治图景。政党的属性、政党的使命、政党的能力、政党的风格等，成为影响国家建设、发展、改革与治理的关键变量，

政党在国家探索实现现代化的进程中扮演着至关重要的角色。

人类社会的现代化往往是政党引领的现代化。特别是在多重挑战和危机交织叠加、世界经济复苏艰难、发展鸿沟不断拉大、生态环境持续恶化、冷战思维阴魂不散的新形势下，在人类社会现代化进程来到需要对两极分化还是共同富裕、物质至上还是物质精神协调发展、竭泽而渔还是人与自然和谐共生、零和博弈还是合作共赢、照抄照搬别国模式还是立足自身国情自主发展等问题作出选择的十字路口，政党的选择与行动尤为关键。习近平就明确指出："作为现代化事业的引领和推动力量，政党的价值理念、领导水平、治理能力、精神风貌、意志品质直接关系国家现代化的前途命运。"

近代中国曾经因为落后而挨打，也曾苦求破局突围的方案，但各种尝试，皆无成效。直至中国共产党成立，才终于找到了让国家富强、社会稳定、人民幸福的"现代化良方"。在中国共产党的领导下，中国克服了许多现代化发展的难题与挑战，在现代化建设一次又一次走到十字路口时选对了方向，成功走出了一条中国式现代化道路，为人类社会对现代化道路的探索提供了新路标，为人类社会现代化理论和实践创新作出了新贡献。正如俄罗斯联邦共产党中央委员会第一副主席伊万·伊万诺维奇·梅利尼科夫所言："中国共产党的成功实践助益世界。"中国式现代化道路的开辟，充分展现了中国共产党引领现代化建设的智慧与能力，再一次有力地证实了"办好中国的事情，关键在党"。这也启示其他致力于推动现代化建设的发展中国家，在探索实现现代化过程中，抓好政党特别是执政党这一关键引领性力量的建设极为重要。

一是要树立坚定而正确的理念。理念指引方向，方向对了，行则将至；方向错了，所愿难偿。在引领推动现代化过程中，中国共产党始终坚持以人民为中心理念，从物质富裕、政治清明、精神富足、社会安定、生态宜人等多向度发力,让现代化造福于民,让人民成为现代化的创造者、参与者、见证者和评判者。始终代表中国最广大人民根本利益,为中国共产党赢得了广泛且深厚的支持,也使中国共产党所作出的一系列推进现代化的战略安排,能够更快更广泛地达成共识。

中国共产党始终秉持独立自主原则,坚信现代化不是少数国家的"专利品",也不是非此即彼的"单选题",不能搞简单的千篇一律、"复制粘贴",一个国家走向现代化,既要遵循现代化一般规律,又要立足本国国情,具有本国特色。在亚美尼亚国民会议议员、外事委员会副主席艾克·马米扎尼杨看来,"中国发展经验的独特之处在于不照搬照抄他国模式,而是牢牢立足本国国情,把发展的主动权掌握在自己手中"。独立自主而不是依靠依附,充分激发了中国共产党的潜力与智慧,让中国共产党把国家发展进步的命运牢牢掌握在了自己手中,也让中国共产党在尊重和支持各国人民自主选择发展道路的同时,在世界范围内赢得了更多的尊重和支持。

中国共产党始终保持守正创新意识,既坚持经过历史检验的正确方向、正确理论、正确道路不动摇,又在面对现代化进程中遇到的各种新问题新情况新挑战时,敢于担当、勇于作为,冲破思想观念束缚,破除体制机制弊端,探索优化方法路径,不断实现理论和实践上的创新突破。正是这种守正创新意识,让中国共产党在领导中国式现代化时,既能让整个社会保持秩序感,又能使整个社会充满活力。

中国共产党始终弘扬立己达人精神,深信吹灭别人的"灯",并不会让自己更加光明,阻挡别人的路,也不会让自己行得更远,致力于共同做大人类社会现代化的"蛋糕",努力让现代化成果更多更公平惠及各国人民。立己达人而不是损人利己,既让世界看到了中国共产党对人类命运共同体理念的信守,更让世界看到了中国式现代化这一幅现代化新图景的魅力。

中国共产党始终保持奋发有为姿态，坚信现代化不会从天上掉下来，而是要通过发扬历史主动精神干出来。中国共产党既不躺在历史功劳簿上，也从来不在困难挑战面前畏手畏脚，而是主动谋划，敢闯敢干，勇毅前行，不仅给中国人民，也给世界人民，注入了未来会更美好的信心与底气。

二是要在政策执行上狠下功夫。中国共产党的卓越品格和强大执行力是中国在发展与治理中一切难题得以解决、一切大事要事得以办成的根本支撑。中国共产党具有推进中国式现代化的强烈意愿，为此作出了一系列高瞻远瞩的战略部署。

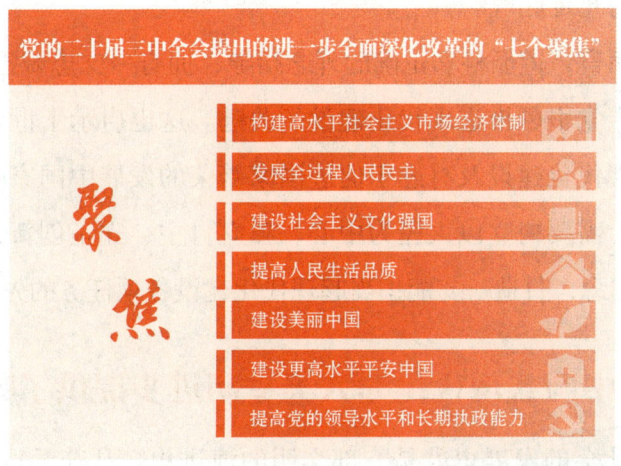

进一步全面深化改革的"七个聚焦"

然而，从意图良好的战略设计到令人满意的战略效果，这中间还存在一定距离。古今中外出现过太多因执行不力而导致战略失败，存在太多战略意图良好最终却达不到预期效果的情况。这都表明，推进中国式现代化，制定出好战略只是第一步，更关键的一步在于保障推进中国式现代化相关战略的有效执行。影响战略执行效果的因素有很多，其中执行主体毫无疑问是最为关键的因素。作为一个具有强烈责任感的政党，中国共产党有能力、有信心保障推动中国式现代化的相关战略举措得到保质保量执行。

极具责任感的党员先锋群体能够自觉地执行中国共产党推进中国式现代化的系列政策。中国共产党是一个英雄模范层出不穷、先锋典型不断涌现的优秀政党，在新民主主义革命时期、社会主义革命和建设时期、改革开放和社会主义现代化建设新时期以及中国特色社会主义新时代，在推进每一项重大任务、重大事业、重大工程的关键时刻，在应对每一次重大危机、重大事件、重大挑战的急难关头，总会有一批又一批英雄模范、先锋典型挺身而出，冲锋在前，听党指挥，以实际行动履行对党忠诚、为民负责的坚定信念。正是这样一个党员先锋群体的存在，给予中国共产党谋事干事成事的充足底气。

总体而言，遵循科学正确的理念指导，拥有一支忠诚担当的先锋队伍，是中国共产党引领推进现代化建设的关键。这也启示了世界上其他致力于引领推进现代化建设及有志于促进国家繁荣的发展中国家政党，在努力奋斗过程中，需要树立以人民为中心、独立自主、守正创新、立己达人、奋发有为等理念，打造一支能担当起现代化建设各项任务的先锋队伍。

四、中国式现代化为人类文明进步提供了哪些助力？

人类社会的发展史就是一部文明的演进史。从茹毛饮血到田园农耕，从工业革命到信息社会，从各据一方到全球互联，人类社会在漫长的历史长河中，创造和发展了五彩斑斓的文明。令人庆幸的是，不管历史如何风云变幻，人类社会文明的类型总体上依然丰富多彩；令人遗憾的是，一些曾经璀璨夺目的文明因为各种原因湮没于历史的尘埃中；令人担忧的是，当今世界正在经历百年未有之大变局，人类社会文明演进的车轮能否继续滚滚向前？历史已经充分表明，文明只有在和平稳定又充满发展活力的环境中才能日益丰富和不断进步，只有在交流与互鉴中才能具备更加蓬勃向上的生命力。中国式现代化致力于推动世界和平与发展、促进文明交流与互鉴，对于人类文明进步具有重要影响。

其一，中国式现代化为维护世界和平与发展、推动人类文明进步注入"稳定剂"。中国式现代化既致力于为中国人民谋幸福、为中华民族谋复兴，也致力于为人类谋进步、为世界谋大同。不管是在理论层面，还是在实践层面，中国式现代化都恪守和平与发展的信条，透射出和平与发展的底色。

一方面，中国式现代化不走殖民掠夺、国强必霸的老路。无论发展到什么程度，中国永远不称霸、永远不搞扩张，这从根本上使得中国的发展与强大不会成为"世界局势的挑事者"或"文明冲突的导火索"。信守亲仁善邻、协和万邦的中国实现现代化，意味着世界和平力量的增长，是国际正义力量的壮大。与此同时，即使出现分歧与争端，中国也始终倡导以对话弥合分歧、以合作化解争端，坚决反对一切形式的霸权主义和强权政治，主张以团结精神和共赢思维应对复杂交织的安全挑战。换言之，善于"灭火"和"防火"而不是"拱火"的中国，让世界和平又多了一重保障。

中欧班列

另一方面，中国式现代化致力于推动高质量发展，加快构建新发展格局，不断扩大高水平对外开放，促进全球发展繁荣。"开放是中国式现代化的鲜明标识。"随着中国式现代化的推进，中国开放的大门只会越开越大，中国将为世界提供更多更好的中国制造和中国创造，为世界提供更大规模的中国市场和中国需求。与此同时，中国式现代化还致力于支持和帮助广大发展中国家加快发展，实现工业化、现代化。阿根廷地缘政治研究所所长鲁文·达里奥·古塞蒂就曾明言，世界如何才能在和平中发展？就此而言，所有期待的目光都集中在中国身上。为了发展，我们需要和平。为了巩固和平，我们需要发展。而且，我们需要像中国这样的新兴力量继续和平发展，并为各国紧密交织互联的世界持续注入更多的和平与发展的力量，与美国等西方资本主义国家抗衡，帮助广大发展中国家摆脱困境，共建一个同享和平、共谋发展、远离战争的世界。

"紫禁城与凡尔赛宫——17、18世纪的中法交往"展展品

其二，中国式现代化为人类文明交流互鉴注入"催化剂"。文明的多样性是当今世界的基本特征。当今世界有200多个国家和地区、2500多个

民族，多种宗教，不同的历史和国情，不同的民族和习俗，孕育了不同的文明。习近平曾强调："文明没有高下、优劣之分，只有特色、地域之别。文明差异不应该成为世界冲突的根源，而应该成为人类文明进步的动力。"要让文明差异成为人类文明进步的动力而不是世界冲突的根源，就需要加快推动文明间的接触、交流、了解与互鉴。

长期以来，西方国家总是戴着"有色眼镜"看待其他文明，总是居高临下地对待其他文明，各种直接或间接的傲慢与偏见构成了不同文明间交流与互鉴的最大障碍。相反，中国深信"一花独放不是春，百花齐放春满园"，深信只有交流与互鉴，一种文明才能充满生命力，只有不同文明交流与互鉴，人类文明的百花园才能姹紫嫣红、生机盎然。更为关键的是，中国还通过促进各国在各种全球发展与治理事务上的沟通对话、协商合作，通过促进不同国家在经济方面的共建共享，通过主动搭建各类平台与机制，切实拉近了不同国家和地区间的距离，让不同文明能够互知互晓、互尊互惜。令人印象深刻的是，2023年12月15日，中国、沙特阿拉伯、伊朗三方联合委员会首次会议在北京圆满结束，正是在中国的努力下，曾经充满敌对的沙伊关系不断在积极的轨道上向前迈进。同为中东传统大国，沙伊关系的明显改善也让世界看到了和平中东、稳定中东、繁荣中东的希望。

总而言之，和平与发展、交流与互鉴是人类文明得以持续和进步的前提，中国式现代化有助于增进世界和平与推进世界发展，致力于促进不同文明之间的交流与互鉴，为人类文明进步提供了源源不断的养分和能量。

篇二

治理之维

新中国成立 70 多年来，中国共产党团结带领中国人民创造了世所罕见的经济快速发展和社会长期稳定的两大奇迹，成就了举世瞩目的"中国之治"。中国共产党既注重高屋建瓴的顶层设计，也持续优化治理过程中的微观运作，二者的结合使我国避免了后发现代化国家普遍出现的"制度空转"问题。中国之治不断迈向新境界，在消除贫困、反腐倡廉、绿色发展、民主法治等领域进展显著，社会安定有序又不失活力。"中国之治"与"西方之乱"形成鲜明对照，我们走出了一条属于自己的路。要开启新征程、续写新篇章，就要努力将这条路走得更对、走得更通，走得更稳、走得更好。

中国之治得益于"中国之制"。认清历史方位，把握历史大势，才能赢得历史主动。在把握"变"与"不变"的辩证法中，中国之治得以长盛不衰。国家治理不是儿戏，绝不能因循守旧，但也"不能割断历史，不能想象突然就搬来一座政治制度上的'飞来峰'"。要延续中国之治，就要洞悉其"制度密码"。中国特色社会主义制度是合实际、合规律、合目的的统一，符合中国国情、时代需要与中国经济社会发展规律，能够始终代表最广大人民的根本利益。中国共产党领导是中国制度优势得以展现的核心密码，是长期稳定发展和改革得以全面深化的关键保障。明者因时而变，知者随事而制。制度建设不能一蹴而就，也不能一劳永逸。"中国之制"的完善和发展始终在路上。

时代问答　治理之维

中国共产党是世界上最大的政党,是中国之治的轴心。大有大的好处,但大也有大的难处。要把握并破解大党独有难题,中国之治的基石才会愈发稳固。面向未来,如何在两个大局的波诡云谲中引领中国经济大船乘风破浪持续前行,如何以新安全格局保障新发展格局,都是事关中国之治成败的关键问题。这些问题的回答既需要治理的智慧,也需要治理的定力。

只有形成对中国之治的系统认识,才能更好地将中国之治推向前进。那么,中国之治是如何一步步实现的?中国之治彰显了怎样的时代价值?如何进一步探求中国之治的制度密码?如何在时代的风云变幻中更好地成就中国之治?要解答时代不断提出的新课题,就不能不对这些"治理之问"有清醒而自觉的认识。

中国之治的历史观照

一个国家的治理行不行,要看它的导向如何,是服务少数人还是多数人,是追求进步还是甘于停滞落后;要看结果如何,想做的能不能真正做到;还要看它是否能始终推动"善治",是"昙花一现"还是"治理长青"。中国要立稳潮头,要向前看,也要回头看。知道了中国之治从何处来,才能更好地理解中国之治要往何处去。

一、中国之治内含有哪些可贵的历史经验?

中国之治并非一朝一夕形成的,而是长期探索和积淀使然。在风云变幻中,要有"变"也要有"不变"。推进中国之治,要坚守值得一以贯之的宝贵经验。

没有最完美的治理,只有最合适的治理。国家治理应当围绕具体国情展开,否则便会遭受失败。集中力量办大事是我国治理体系的优势,但"大事"是什么,要联系历史发展加以判断。这就引出了第一条历史经验,即立足特定历史发展阶段寻找治理的主攻点。在这一问题上,苏联的教训值得我们警醒。斯大林、赫鲁晓夫、勃列日涅夫等苏联领导人都曾错误估计了苏联的历史发展阶段。斯大林对向共产主义社会过渡所需要的时间与条件过于乐观，赫鲁晓夫更是在苏共二十二大上提出"20年内基本建成共产主义社会"，勃列日涅夫则宣布苏联已进入"发达的社会主义"阶段，这些错误研判使国家治理难以找准社会发展的历史阶段。"党的百年奋斗历程告诉我们，党和人民事业能不能沿着正确方向前进，取决于我们能否准确认识和把握社会主要矛盾、确定中心任务。"回望历史，新中国成立初期我们找准了治理的中心任务，捍卫了国家的独立自主，保障了社会秩序的恢复重建；改革开放和社会主义现代化建设新时期，有效的治理释放了社会发展的动力和活力，为人民摆脱贫困创造了各方面条件；党的十八大以来，站在强起来的历史起点，党带领人民全面深化改革，使中国特色社会主义制度更加成熟定型。在2024年7月召开的党的二十届三中全会上，又通过了《中共中央关于进一步全面深化改革、推进中国式现代化的决定》。对国家治理而言，一个时期有一个时期的矛盾，一个历史阶段有一个历史阶段要解决的主要问题，一代人有一代人的任务。正是找准了矛盾、解决了问题、完成了任务，中国之治才得以实现。在西方出于自身利益考量将中国定义为"发达国家"的时候，我们一再强调我们虽然已经进入中国特色社会主义新时代，但仍然处于社会主义初级阶段，社会主义初级阶段仍然是中国最大国情与最大实际。这背后实际上是一种历史自觉，只有对历史发展阶段时刻保持清醒，才能使治理不偏离方向。

顺应民心、尊重民意巩固了中国之治的基石。1934年，蒋介石发动"新生活运动"，在这场形式大于内容的运动中臆想民心民意，脱离现实大搞"生活艺术化"。在到处是战乱和饥荒的年代，这样的运动不仅无助于人民生活，反而给人民制造诸多麻烦，使国民党执政形象进一步恶化。对于这一点，蒋介石败退台湾后终于"幡然醒悟"，自认"当政二十年，对其社会改造与民众福利，毫未著手，而党政军事教育人员，只重做官，而未注意三民主义之实行"。时代洪流中，谁能真正站在人民的一边，谁才能真正顺潮而动，把握住历史的前进方向。

在决定中国未来命运的斗争中，中国共产党之所以能够由弱变强、以弱胜强，关键在于对民心的顺应与民意的尊重。毛泽东曾讲："世界什么问题最大？吃饭问题最大。"邓小平则强调："细心倾听群众呼声，关心群众疾苦，一刻也不脱离群众。"1975年铁路部门整顿时，火车司机如何洗澡是他十分关注的问题。不难看出，中国共产党理解的民心民意不是臆想出来的抽象的民意，而是具体的、接地气的、反映着人民真实需要的呼声。因此可以看到，习近平多次要求党员干部要想群众之所想，急群众之所急，解群众之所难。2023年3月，中共中央办公厅印发了《关于在全党大兴调查研究的工作方案》，在全党大兴调查研究，将人民最关心最直接最现实的利益问题，特别是就业、教育、医疗、托育、养老、住房等群众急难愁盼的具体问题作为调查重点，目的便是更好地获知民心民意，防止治理与民心民意脱节。同时，民心民意本身便是民智，是改进治理的智慧源泉。值得一提的是，2020年，华东政法大学附属中学学生通过立法联系点向全国人大递交了《中华人民共和国未成年人保护法》的修改建议，这条涉及保证金缴纳的修改建议被新颁布的《中华人民共和国未成年人保护法》正式采纳。中学生的立法意见被采纳，是中国共产党领导的国家治理重视民心民意的鲜明体现。

上海中学生的意见写进未成年人保护法

2021年6月1日起施行的新修订未成年人保护法中，有一条立法修改意见来自上海华东政法大学附属中学的学生们。

这条意见是：关于第116条提出的"公安机关发现未成年人的监护人对未成年人实施家庭暴力等行为的，应当予以训诫、责令其

> 缴纳保证金并接受家庭教育指导。对于拒不接受家庭教育指导的，可以没收保证金"的内容，鉴于每个未成年人家庭经济条件不一样，建议修改为对发生此类情况的监护人予以教育为主。在最新发布的未成年人保护法中，删除了缴纳和没收保证金的内容。2020年10月，学生们还收到了全国人大常委会法制工作委员会的感谢信。

以政党治理引领国家治理是中国之治又一个宝贵经验。孙中山一生几十次提到"一片散沙"。他曾讲道，虽有四万万人结合成一个中国，实在是一片散沙，弄到今日，是世界上最贫弱的国家，处国际中最低下的地位。人为刀俎，我为鱼肉，我们的地位在此时最为危险。孙中山十分清楚，中国人民如果不能团结起来结为一体，便有亡国灭种的危险。治理有效的前提在于能够将民众结合为一个整体，否则即便是好的治理规划也很难落地。

1919年，毛泽东在《湘江评论》的《创刊宣言》中便指明："什么力量最强？民众联合的力量最强。"但彼时民众为何不能联合起来？是因为缺乏众望所归的领导力量。为什么缺乏众望所归的领导力量？是因为权力的掌握者总是希望谋求特殊利益。治国必先治党，党兴才能国强。只有把党治理成具有先进性、纯洁性的党，才可能把人民团结在自己周围。这一点，是中国共产党领导国家治理的基本认识。党的十八大以来，党的自我革命被不断推向前进，党内不良风气得到遏制，中国共产党的执政能力得以提高，党的先进性与纯洁性得以进一步夯实。在这一基础上，中国共产党的政党意志与国家意志才能保持互动与同向，人民对于党的拥护才能不断转化为国家建设的动力。从"一穷二白"向世界第二大经济体飞跃的过程中，我们没有成为财团政治挟持的"俘获型国家"，更没有沦为境外势力任意支配的"依附型国家"，有效的政党治理引领国家治理是其中一个宝贵经验。

二、中国之治的大势为何不可逆转？

中国发展的内外部环境长期充满复杂的风险挑战，但中国之治的大势却日益牢固。对于我国而言，这一成就的取得并不容易。受制于外部干预与本国治理水平，能同时实现经济发展和社会稳定的国家并不多，能够持续保持经济快速发展和社会长期稳定的国家就更加稀少。那么，中国之治的大势为何不可逆转？

首先，中国共产党的领导赋予了治理以强大韧性。国家治理的韧性，指的是国家面对风险挑战时的进化和修复能力。中华民族伟大复兴不可能一帆风顺，总是会遇到这样或那样的考验，也难免"走弯路"。当前，中华民族伟大复兴战略全局和世界百年未有之大变局相互交织、相互激荡，中国在前进道路上必将面临更多重大风险和挑战，这就更加考验国家治理的韧性。治理韧性根植于我国的历史文化，对于大一统国家的共同追求、勤劳坚韧的民族性格以及好学善学的民族传统都为其提供了支撑。但是，近代的屈辱历史提醒我们，仅有这些是不够的。当代中国国家治理之所以具有强大韧性，关键在于中国共产党领导制定的制度设计，能够落实到国家治理各领域各方面各环节。中国共产党总揽全局、协调各方，其坚定的理想信念、一以贯之的忧患意识、以伟大自我革命引领社会革命的勇气以及凝聚社会共识的能力在执政过程中不断转化为国家治理的制度韧性。

早在新中国成立之前，这一优势便得以显现。1937年5月，国民党曾派所谓"中央考察团"赴延安了解陕北红色政权。团长涂思宗在一段时间的观察后作出自己的判断，他认为：一时的挫败与困难并没有击垮他们，反而让他们更认真地学习，不断地调整与改进。比照国民党此时大范围推进的"正规化"，尽管延安几乎没有一样东西算得上是正规的，不过它呈现的精神状态却不能轻估。面对挫折，中国共产党不气馁，不断调整和改进，根据地人民也被中国共产党的精神鼓舞，在艰难形势下拥护和支持根据地建设。陕北红色政权不怕打、不怕压，在一次次失败后仍保留火种并终成燎原之势，使中国改天换地。相比之下，国民党缺乏将中国人民团结起来的能力，在其治理下，国家如一盘散沙，而国民党最终也无法摆脱失败的下场。

陕西延安杨家岭革命旧址

其次，中国国家治理具有渐进性。邓小平强调："发展才是硬道理。"习近平则指出："我们党领导人民治国理政，很重要的一个方面就是要回答好实现什么样的发展、怎样实现发展这个重大问题。"因为我们重视发展，从不满足于既有成果，中华民族才得以迎来从站起来、富起来到强起来的伟大飞跃。中国的发展是在开放包容的文明交流互鉴中实现的，也只有博采众长，跟得上时代乃至引领时代，中国之治才能经久不衰。在这个意义上，中国之治实际上也是人类治理文明的结晶。我们还可以看到，中共中央政治局多次开会"点名"人工智能，强调"要重视通用人工智能发展"。这反映出中国国家治理与前沿技术的结合，其背后是一种拥抱时代变革的积极态度。中国国家治理积极面对变化、始终以发展为导向，但同时又遵循循序渐进的原则。习近平指出："我国国家治理体系需要改进和完善，但怎么改、怎么完善，我们要有主张、有定力。""改革是循序渐进的工作，既要敢于突破，又要一步一个脚印、稳扎稳打向前走，确保实现改革的目标任务。"对于新技术发展，习近平强调，要密切关注、防范化解高科技的各类重大风险，确保科技尽量在安全的轨道上运行。行稳致远，进而有为。国家发展是一个复杂的系统工程，需要我们用全面、辩证、长远的眼光来看待，做到"蹄疾步稳"。

最后，中国国家治理具有接续性。我们现在经常讲中国道路，其实中国道路恰恰与中国国家治理具有接续性密切相关。发展性和接续性看似冲突和矛盾，实则互为前提、互为支撑。发展性使中国之治充满生机活力，而接续性则保证了中国之治得以始终沿着正确道路前行、不断迈向更高水平，是一种以发展为目的的接续。习近平讲道："历史是从昨天走到今天再走向明天，历史的联系是不可能割断的，人们总是在继承前人的基础上向前发展的。"中国治理重视守正创新，一个目标一个目标地实现，一个步骤一个步骤地完成，而不是总想把前人的成果推翻，另辟蹊径。这一特点集中体现在五年规划的统筹制定与实施上。截至目前，我国已经完成了13个五年规划，正在为完成第十四个五年规划而奋斗。虽然五年计划的制定借鉴于苏联，但我们没有像当初苏联等社会主义国家一样实行全面的计划控制，而是采取了一种抓大放小的策略。在国家重大战略问题上制定计划，同时考虑到治理的具体性与可变性，既目标明确，又不乏灵活度。遍观世界历史，没有哪个政党能够像中国共产党这样，没有哪个国家政府能够像中国政府这样，如此科学有序地制定每一个阶段社会发展的规划目标，接续前行，不断为下一阶段的发展创造条件。

三、中国之治何以能够促进世界之治？

　　西方一些媒体在涉华报道中常通过调整画面的色调、饱和度、亮度、对比度营造昏暗的"阴间滤镜"，在叙事上则常铺设逻辑陷阱，掩盖"双标叙事"。其目的就是想混淆视听，误导民众，似乎中国乱了，他们才能好。事实上，中国始终将自身置于人类文明进步的坐标系，为世界和平发展创造机遇。2023年3月，中国、沙特阿拉伯和伊朗发表三方联合声明，宣布沙特阿拉伯与伊朗同意恢复双方外交关系，重开双方使馆和代表机构，将互派大使和探讨加强双边关系提上议程。这为冲突、对抗已成常态的全球局势添注了一抹难得的亮色。不仅如此，中国还通过举办亚洲文明对话大会、中国共产党与世界政党高层对话会、中国—中亚峰会、中非合作论坛峰会等，积极推动世界范围内的合作共赢。与此同时，少数霸权国家一副道貌岸然的样子，却热衷拉偏架、退群、废约、筑墙、排外、断链、助推地缘冲突升级，以"实际行动"破坏世界的和平稳定，迟滞全球经济发展。一正一反的对比下，便可以明白中国之治对世界意味着什么。

2024年中非合作论坛北京峰会开幕式

只有中国之治更好地实现，才更有能力助力于"世界之治"。回溯以往中国的国际交往，可以清楚地认识到，中国之治不仅不是世界发展的阻碍，反而是世界发展的助力。

中国是世界和平的维护者，而不是矛盾的输出者与麻烦的制造者。从现实来看，以美国为代表的部分西方国家常从自身实力和地位出发采取行动，习惯支持一国打压另一国，支持一派打压另一派，这也是近年来地缘矛盾冲突加剧的重要因素。在这一点上，中国与之相反，世界上越来越多国家和地区也开始认识到这一点。欧洲议会爱尔兰籍议员米克·华莱士指出，中国从来不侵略、从来不轰炸、从来不制裁别国，始终遵循着和平发展的理念。持维护和平立场的中国无疑是推动世界之治的重要力量。

中国是全球治理秩序积极的建设者和改革者，而不是挑战者。一些国家常无端指责中国是全球治理体系的挑战者，这种指责是十分荒唐的。从现实来看，中国捍卫《联合国宪章》的宗旨和原则，迄今已加入几乎所有普遍性政府间国际组织和600多项国际公约及修正案，推动达成《巴黎协定》，宣布"双碳"目标，是全球治理体系积极的维护者。与此同时，也不难发现，全球治理之所以存在"治理赤字"，很大程度上源于全球治理中存在治理空场或治理失效。针对治理供需不平衡、新兴领域治理缺环等现实，我国积极提供全球治理方案和公共产品，做全球治理建设和改革的行动派，这从我国提出"三大全球倡议"以及国际粮食安全合作倡议、全球数据安全倡议等举措上便可见一斑。罔顾事实对中国大加指责的言论，只能是哗众取宠的偏见和谬论。

中国是全球治理方案的提出者与贡献者，而不是自以为是的霸权主义者。如何实现现代化是全球各国都无法回避的重要治理问题。一些国家常自诩为现代化的"典范"，将自身作为模板输出"现代化模式"，并将与自身社会制度或意识形态不相同的国家视为"非文明"或是"野蛮"，大搞"颜色革命"和政权颠覆。回溯世界现代化进程,大部分移植了西方现代化模式的国家都出现了"水土不服"的现象,以致陷入长期的社会停滞和混乱,乃至丧失国家主权。归根结底,每个国家都有自身的国情以及与之匹配的现代化模式,试图强制向别国输出现代化的想法是傲慢的,是一种自以为是的霸权主义。习近平在党的二十大报告中强调,"中国式现代化为人类实现现代化提供了新的选择"。这句话背后十分清晰地展现了中国对于全球治理问题的基本态度:中国方案并不是强制的,而是各国可以根据自身的需要自行选择的。这就与那些把本国现代化模式视为完美而"普世"的傲慢国家根本区别开来。世界之治的实现在很大程度上需要破解"傲慢",将问题的解决带入平等、交流、互鉴、协商的轨道。在这一点上,中国有十分清楚的认识。

2019年,习近平在中法全球治理论坛闭幕式上发表了题为《为建设更加美好的地球家园贡献智慧和力量》的重要讲话。他提出了治理赤字、信任赤字、和平赤字、发展赤字这"四大赤字",直指全球治理的症结。构建人类命运共同体是破解这"四大赤字"的统合性方案,其意图在于推动构建公正合理的全球治理体系、增进各国信任、推动世界和平发展,既表达了中国对于全球治理的认识,又代表一种有利于共同实现现代化的方案,反映着中国国家利益与世界各国特别是后发国家利益的最大公约数。践行人类命运共同体不是一句空话,中国通过共建"一带一路"倡议、搭建上海合作组织等平台深化国际合作,提升了新兴市场国家和发展中国家的参与度和话语权。人类命运共同体不附加政治条件,不侵犯别国主权,在平等合作、协商与互补中加快各国现代化进程。在这一过程中,拒斥资本主导的、加剧世界不平等的现代化模式,而是在依靠国家力量有效驾驭资本的前提下、在"逆全球化"与"保护主义"横行的现实中帮助更多国家融入世界经济,发挥自身的现代化潜力,这也是我国始终坚持双边、多边协商，扩大各国利益汇合点的原因。推动构建人类命运共同体伴随着中国式现代化的推进，展示了中国对于全球和谐共荣的坚定承诺和贡献。

四、新时代以来我们如何推动中国之治迈向更高水平？

近些年来，"中国崩溃论"被炒作多次，但无一例外，这些煞有介事的所谓预测都伴随时间推移自行崩溃了。让"中国崩溃论"者更为崩溃的是，中国国家治理正在赢得世界范围内越来越多的肯定。英国学者马丁·雅克认为，西方可以从中国的治理中学到很多，应当理解中国政治制度的优势，并找到将其应用于西方的方法。曾宣扬"历史终结论"的弗朗西斯·福山也从一味宣扬西式民主转变为推崇国家能力与有效政府，承认中国治理的有效性。这些现象的背后，是新时代以来中国之治迈向了更高水平，这离不开法治、智治与共治。

1954年，中华人民共和国第一部宪法颁布。1997年，党的十五大报告将依法治国确立为党领导人民治理国家的基本方略。进入新时代，中国对于法治的重视更是提升到前所未有的历史高度。全面依法治国被纳入"四个全面"战略布局；《中共中央关于坚持和完善中国特色社会主义制度、推进国家治理体系和治理能力现代化若干重大问题的决定》提出，建设中国特色社会主义法治体系、建设社会主义法治国家是坚持和发展中国特色社会主义的内在要求；党的二十大报告首次单独把法治建设作为专章论述、专门部署；党的二十届三中全会通过的《决定》将"中国特色社会主义法治体系更加完善，社会主义法治国家建设达到更高水平"视为接下来一个阶段进一步全面深化改革的重要目标。这些重要举措充分体现了以习近平同志为核心的党中央对全面依法治国的高度重视。

从现实来看，中国特色社会主义法律体系得到进一步完善，这使中国国家治理更加有法可依。2018年，《中华人民共和国宪法》完成了第五次修改，根本大法得到进一步完善。不仅如此，遵循问题导向，我们加强了重点领域、新兴领域、涉外领域立法。既有《中华人民共和国民法典》（以下简称《民法典》）的编撰，也有《中华人民共和国慈善法》《中华人民共和国反家庭暴力法》等新法的颁布，同时还有《中华人民共和国食品安全法》等原有法律的修订。其中，《民法典》的颁布是新中国法治史上浓墨重彩的一笔，解决了诸多与人民日常生活息息相关却悬而未决、缺乏规范的问题。针对"霸座"问题，《民法典》的相关条例使民众有理有据地向霸座者说"不"；针对"禁止自带酒水""特价商品出现质量问题概不退换"等"霸王条款"，《民法典》也提供了法律支持。

同时，"法律体系建设"迈向"法治体系建设"，统筹推进法律规范体系、法治实施体系、法治监督体系、法治保障体系和党内法规体系建设，全面推进依法治国。为避免地方保护主义，增强审判的公正性，设置了巡回法院、跨区法院，积极探索与行政区划适当分离的司法管辖制度。这些具有问题导向的法治工作，夯实了中国之治的法治基石。

中国更加重视智治对治理效能提升的意义。2020年，习近平在浙江考察期间来到杭州城市大脑运营指挥中心，观看了"数字治堵""数字治城""数字治疫"等应用展示，指出"从数字化到智能化再到智慧化，让城市更聪明一些、更智慧一些，是推动城市治理体系和治理能力现代化的必由之路"。与前沿技术的深度结合是新时代以来中国之治的重要特点与发力方向。通过大数据、云计算、人工智能等前沿技术，实现了治理的流程再造、主体的高效协同与资源的有机整合，大大提高了治理效能。2012年，住房和城乡建设部发布《关于开展国家智慧城市试点工作的通知》，开展智慧城市的布局与试点工作。2014年，国家发展改革委等八部门联合印发《关于促进智慧城市健康发展的指导意见》，对智治进行了方向指导。从现实来看，智治大大提升了治理的效率，打破了"信息孤岛"，让信息在政府部门内部实现了共享，破除了不同职能部门的行政壁垒，办事进度能够实时监测，减少了"踢皮球"现象。当然，智治不仅要讲效率，也要有温度，要充分考虑用户的接受度和满意度。对此，上海"一网通办"推出了长者版和国际版、上线"好差评"功能等，满足不同群体的政务办理需求，同时也有利于更好地收集人民建议。

江苏常州"一网通办"自助服务专区

智治不能只将眼光聚焦城市，乡村同样需要智治赋能。党的十八大以来，针对乡村智治发布了《数字乡村发展战略纲要》《数字乡村发展行动计划（2022—2025年）》等文件，积极进行乡村数字治理的探索。"数字产业园"助力了乡村振兴，"法律机器人"进村对乡村法治观念的形成影响深远，"互联网+政务服务"向街乡、村社的延伸覆盖提升了乡村的权力监督效率。智治在城市治理与乡村治理中的步伐均大大加快，为中国之治提供了效能的支撑。

共治将人民智慧广泛凝聚起来，使中国之治充满生机活力。过去我们讲社会管理，现在讲社会治理，表达不同的背后是理念的变化，其中一个重要方面便是对治理广泛参与性的强调。新中国成立初期，我们一度实行党委政府包揽社会管理的体制机制，指令性和行政化色彩浓厚，这与社会时代背景有关。当时我国文盲率超过80%，大量旧社会痼疾尚未清除，国内外敌对势力相互勾结随时准备策划暴动骚乱。因此，在当时的中国一味强调广泛参与治理并不现实，高度集中的管理方式为维护社会秩序、保障国家安全以及恢复社会生产作出了贡献。

但伴随着社会发展，政府作为单一的治理主体对社会庞大的治理需求疲于应付，这就易于滋生社会矛盾。改革开放后，党和国家逐步放松社会领域管理，释放社会活力，促进社会流动，社会治理方式更加科学。2004年，党中央更是正式提出"党委领导、政府负责、社会协同、公众参与"的社会管理格局。党的十八大以来，我国治理的制度逐渐完善，人民参与社会治理的意愿与能力均显著提升，深化共治的各方面主客观条件日益成熟。习近平强调："要完善共建共治共享的社会治理制度，实现政府治理同社会调节、居民自治良性互动，建设人人有责、人人尽责、人人享有的社会治理共同体。"

从现实来看，党和国家对共治的推动愈加具有系统性和科学性。该由政府负责的，政府就一定要管好，不能缺位、错位，不能盲目地推给社会；不该政府管的，就不应大包大揽，坚决而科学地"放手"给社会。在各级党委政府的牵头组织下，类似"社区议事厅""流动人口议事会""村民议事会""民情理事会""商圈共治理事会"等越来越多协商治理的创新形式得以涌现，共治越来越成为新时代中国国家治理的一个突出特点。

治大国若烹小鲜。要善于从历史中获取智慧，才能更恰到好处地掌握火候，调配"油盐酱醋"，不过头也不缺料。从历史走向未来，要在守正创新中进一步推进治理的精细化，既不操之过急，也不松弛懈怠，这样才能把中国之治这道大菜做得更可口，让越来越多的人心向往之。

中国之治的时代价值

　　新时代以来,社会大众进一步破除了对于西方的崇拜,特别是西方国家在许多事件中表现出来的"人权双标"和霸权逻辑,使得我国民众更加看清西方国家的本质。而支撑这一心态转变的很重要的一点是中国之治。

一、中国之治如何将新时代国家治理推向前进?

　　小时候家门口有一条浅浅的小溪,平日里溪中无水,夏天的某个午后突然下了场暴雨,很快就把这条小溪溢满了,怎么过河呢?对于富有探险精神的男孩来说,往小溪中垫上几块石头便可以很轻易地过去。光阴的故事让男孩日后有了"出海"的机会。置身于航船上,看到了一望无际的大海,怎样顺利地从此岸到达彼岸呢?恐怕童年记忆里的那几块"石头"已经不管用了,面对大江大河时,男孩发现,航船需要舵手、锚和导航仪。我们很多人都有类似"过河"的经历,改革开放之初中国面对的就是一条大江大河。

　　如果说在改革开放初期,"摸着石头过河"是改革开放的一个重要特征的话,那么,进入全面深化改革的新时代,在基层探索基础上注重顶层设计的路径取向成为一个新的特征，而那些"锚和导航仪"就好比"制度"，紧紧依靠"制度"来定位和前进，这恰恰是"国家治理现代化"的一个典型标志。

2013年，党的十八届三中全会召开，意味着从"改革开放"到"全面深化改革"的展开。让人耳目一新、掷地有声的政治话语包括"'老虎''苍蝇'一起打""把权力关进制度的笼子""打铁还需自身硬"等，这些话语反映的是反腐败斗争的全面铺开，反映的是新时代党的自我革命正在推进的生动画面。同时，让人印象深刻的还有这一句："全面深化改革的总目标是完善和发展中国特色社会主义制度，推进国家治理体系和治理能力现代化。"2024年，党的二十届三中全会通过的《决定》明确提出，进一步全面深化改革的总目标是"继续完善和发展中国特色社会主义制度，推进国家治理体系和治理能力现代化"。这些话旗帜鲜明地点出了新时代国家治理推向前进的两方面主要内容：一是目标方向，二是制度体系。

新时代国家治理向何处去，这是一个重大命题。进入新时代，全面深化改革的目标方向亟须明确。我国已经成为世界上第二大经济体并保持着经济快速增长的瞩目成绩，与此同时也面临着一系列新的挑战和考验：党内仍然存在对坚持党的领导认识模糊、行动乏力问题，经济结构性体制性矛盾突出，发展不平衡、不协调、不可持续，一些深层次体制机制问题和利益固化藩篱日益显现等。由此，推进国家治理体系和治理能力现代化作为全面深化改革的总目标就应运而生了。

明确了目标方向，那么靠什么实现这个目标方向呢？靠制度。2019年，党的十九届四中全会审议通过了《中共中央关于坚持和完善中国特色社会主义制度、推进国家治理体系和治理能力现代化若干重大问题的决定》，系统集成了党的十八届三中全会以来全面深化改革的理论成果、制度成果、实践成果，对新时代全面深化改革勾勒出更加清晰的顶层设计，为全面深化改革系统集成、协同高效提供了根本遵循。这次全会从13个方面系统总结了我国国家制度和国家治理体系的显著优势。透过社会实践的角度来感受新时代以来国家治理的系统性变化是一方面，而深入到理论层次讲清楚"中国制度""中国治理"的显著优势，就是更高层面的认知，说明我们对目标方向的把握更加清晰准确了。

全面深化改革的重要特征就是系统性、整体性、协同性。从机构改革方面来看，中央全面深化改革领导小组、中央网络安全和信息化领导小组等机构的成立，加强了党中央对涉及党和国家事业全局的重大工作的集中统一领导，强化决策和统筹协调职责。国家治理现代化靠的是什么？靠的是制度，靠的是基于国情和实践探索而趋向成熟稳定的制度体系。

新时代大步前进，国家发生了有目共睹的翻天覆地的变化。从"0"到"1"的进步变化很重要，因为这是具有原创性的；而从"1"到"2"，即从"有"到"优"，这一步同样很重要。新时代的"问题意识"就在于解决从"1"到"2"这个难题，国家治理现代化则是从体制机制层面"穿针引线"，将中国的"血肉筋骨"变得更加健康，通过成熟定型的制度体系将新时代改革开放推向前进。

从形成更加成熟更加定型的制度看，我国社会主义实践的前半程已经走过了，前半程我们的主要历史任务是建立社会主义基本制度，并在这个基础上进行改革，现在已经有了很好的基础。后半程，我们的主要历史任务是完善和发展中国特色社会主义制度，为党和国家事业发展、为人民幸福安康、为社会和谐稳定、为国家长治久安提供一整套更完备、更稳定、更管用的制度体系。这项工程极为宏大，零敲碎打调整不行，碎片化修补也不

> 行，必须是全面的系统的改革和改进，是各领域改革和改进的联动和集成，在国家治理体系和治理能力现代化上形成总体效应、取得总体效果。
>
> ——2014年2月17日，习近平在省部级主要领导干部学习贯彻党的十八届三中全会精神全面深化改革专题研讨班上的讲话

二、中国之治在哪些方面使得社会主义更具比较优势？

不妨设想一下，两幅画面摆在我们面前：左边的画面，20世纪80年代在某个寒风凛冽的冬天，东欧某一国家的老百姓排着长龙站在商店门口，等待领取牛奶和面包；右边的画面，同一时期西方国家百货大楼橱窗里展示着琳琅满目、样式时髦的奢侈品，让人眼花缭乱。如果是这样两幅画面出现在一起让你对比的话，那么，极有可能你会产生以下的认知：社会主义＝短缺经济，资本主义＝丰裕社会。这种画面是特定历史阶段的产物，在某种程度上资本主义国家对社会主义的印象仍然停留于此。今天，中国之治以有力事实将这一刻板印象打破，特别是通过经济快速发展和社会长期稳定"两大奇迹"充分证明了社会主义更具优势。

在经济快速发展方面，改革开放40多年，我国经济保持中高速增长，在世界主要国家中名列前茅，成为世界上第二大经济体，被称为"中国奇迹"。社会主义市场经济作为我们党的一个伟大创举，打破了"社会主义与市场经济不相容论"，实现了社会主义市场经济的重大理论和实践创新。

改革开放以来，"发展"一词一直是我国经济体制改革的高频词汇。应当明确，当代中国语境中的"发展"一词同马克思主义阐释的"生产"

一词高度同义，坚持发展作为党执政兴国的第一要务，在政治经济学意义上意味着生产能力和生产体系边界的不断拓展。进入新时代，基于我国社会主要矛盾的变化，"高质量发展"作为发展生产的一个全新概念进入了人们的视野。高质量发展意味着继续保持经济发展总体规模优势的同时，不断推动经济发展质量变革、效率变革、动力变革，高质量发展就是要解决发展的不平衡与不充分问题。

社会治理是国家治理的重要方面。通过加强和创新社会治理，人人有责、人人尽责、人人享有的社会治理共同体建设稳步推进，让人民更加安居乐业，让社会更加安定有序。"朝阳群众""西城大妈"等群众代表，在夯实基层群防群治基础、织牢社会治安防控体系上大显身手。近年来，从深入开展"昆仑"行动守护"舌尖上的安全"，到持续部署"净网"行动构建清朗网络空间，从集中打击整治跨境赌博、长江流域非法捕捞、涉枪涉爆、涉文物、涉野生动物等违法犯罪，到持续打击电信网络诈骗、非法集资、侵犯知识产权等违法犯罪，一系列重拳出击有效净化了社会治安环境。

在过去的十多年时间里，西方国家先后出现了"占领华尔街"运动、"黄马甲"运动、"欧洲难民危机"等。同世界上一些国家频现政治动荡、政权更迭、社会分裂、暴力蔓延、枪击案件不断等现象不同，中国这边风景独好，社会大局保持长期稳定，成为世界上最有安全感的国家之一，呈现一派政治稳定、经济发展、文化繁荣、民族团结、人民幸福、社会安宁的景象。从世界范围来看，一个国家和社会在一定时期内经济快速发展、社会保持稳定并不少见，但像中国这样在长时间跨度内经济快速发展、社会保持稳定的情况则世所罕见。

面向新的技术时代，"社会主义+数字化"使中国之治更具比较优势。2023年，我国数字经济规模达53.9万亿元，我国数字经济核心产业增加值占 GDP 比重达到 10% 左右,数字基础设施不断扩容提速。客观看待数字技术带来的生产力革命的同时,不妨进一步追问两个层面的问题:一是现代经济数字化趋势与社会主义结合的可能性,是通过计划经济还是共享经济的形式;二是社会主义驾驭数字资本垄断的可行性,是通过数据安全管控还是通过资本反垄断的形式。

安徽芜湖建设数字经济产业园

实际上,数字化或者"数字政府"建设成为中国式现代化进程中的内嵌命题。中国式现代化要实现"赶超",这意味着"多期叠加",即中国不仅要在几十年的时间里走完西方国家几百年的工业化道路,而且要在新科技革命的背景下,充分利用对于新兴数字技术应用的包容度这一"后发优势"实现"弯道超车"。置于政府治理的语境中,在市场经济条件下特别是新数字技术条件下,这就要求政府治理更加合理化和高效化。

政府一方面要通过优化政府组织结构、改进政府运行方式等举措加强对自身的内部管理,从而达到提升政府治理能力的效果,另一方面要转变政府职能、更好发挥政府作用进而提升经济运行效率。在面向数字化时代的治理创新中，"一网统管""一网通办"已经不再是陌生的名词，虽然这对于传统治理模式和知识体系都构成了一定冲击，但蕴含着数字政府治理范式创新的可能性。

今天，国家治理不再是一个单一层面的问题，它对于科学社会主义的发展产生了深远影响，正如习近平在党的二十大报告中再次庄严宣告的那样，"科学社会主义在二十一世纪的中国焕发出新的蓬勃生机"。

三、中国之治如何打破"现代化＝西方化"的制度迷思？

1935年南开大学新学年"始业式"上，面对国家危难的时局，时任校长张伯苓发出的"你是中国人吗？你爱中国吗？你愿意中国好吗？"这"爱国三问"振聋发聩。在今天，爱一个国家，在主观愿望方面就是希望这个国家繁荣强盛。但是，这个美好愿望并不是那么容易就可以实现的。从世界范围来看，发达国家只占到少数，发达国家与发展中国家的差距在过往的经济全球化进程中进一步加大。我们不禁要问，为什么这种发展差距在扩大？为什么一些国家和地区陷入了持续的贫困动乱状态？

在对"中国奇迹"和中国之治的考察中，不难发现改革开放的打开方式：一是对内改革，调整生产关系中与生产力不相适应的部分，建立健全社会主义市场经济体制；二是对外开放，统筹国内国际两个市场，融入经济全球化打造开放经济。那么，为什么许多发展中国家在经济全球化中失败了而中国取得了成功？

长期以来，现代化叙事存在一个"欧洲中心论"的理论预设。所谓"欧洲中心论"，主要是指关于经济全球化的叙事往往与现代世界的形成关联在一起，而后者又以西方的兴起为背景，加之后人总结的诸多欧洲文化的历史优越性要素，如古希腊古罗马的民主基础、新教的工作伦理以及西方的理性主义等，欧洲由此获得了向世界扩散"现代性"的道义和权力。"欧洲中心论"强调西方文化的优越性，把欧洲视为世界历史的唯一创造者，基于这样的认知方式，欧洲及其分支（如美国）相较于其他国家在政治、经济和军事等诸多方面的优势地位是必然且持久的。从本质来看，"欧洲中心论"是"一个神话、一种意识形态、一种理论或者一种主导叙事"。

正是基于"欧洲中心论"的逻辑，许多发展中国家对标西方，误以为西方化就是全球化、现代化的本质，结果给本国经济社会造成巨大伤害。这种"伤害"至少表现在两个方面：

一是一些发展中国家对发达国家形成包括经济在内的多重依附关系，在经济全球化进程中固化了以资本逻辑为主导的"中心—外围"世界体系。"中心—外围"的世界体系在繁荣的表象下暗藏着非均衡状态，从侧面反映出西方主导的经济全球化的不稳定性和不公平性。马克思主义经济学家萨米尔·阿明将中心国家的这种非理性行为归结为"五种垄断力"，即技术垄断、对世界金融市场的金融控制、对全球自然资源开发的垄断、媒体和通信垄断以及对大规模杀伤性武器的垄断。

二是一些发展中国家对西方陷入制度崇拜，盲目西化，丧失国家自主性。政府的国界性与市场的跨国性一直是经济全球化的最大悖论，在生产要素全球自由流动的背景下实现一国生产关系与生产力的有效互动时，必须充分考虑本土化和适应性问题。以俄罗斯为例，在采用"休克疗法"的过程中，快速自由化引发了宏观经济失衡，金融和石油寡头们趁机操控国民经济，结果出现了严重的通货膨胀，最终造成了"20世纪90年代的转型经济衰退"。

基于新时代国家治理现代化的有效实践而推进和拓展的中国式现代化，破除了"现代化＝西方化"的迷思，真正意义上拓展了发展中国家走向现代化的途径。中国式现代化既有各国现代化的共同特征，更有基于自己国情的中国特色。经济市场化、政治民主化、社会法治化等都是现代化的题中之义，中国之治的突出特点在于实现了"并联式发展"而非"串联式发展"，在尽可能短的时间内实现经济快速发展和社会长期稳定，这为广大后发国家提供了有益经验。

第六次发展中国家议员研讨班成员参访中国共产党历史展览馆

现代化不是西方化，如果简单照搬西方标准对标本国发展，必定会产生"橘生淮北则为枳"的后果。经济全球化是一把双刃剑，在促进生产要素全球流动以及生产在全球范围的水平和垂直分工的同时，资本市场自由化也对本地市场带来冲击。尽管经济全球化条件下的市场经济和自由贸易有利于提高经济效率，但是自由贸易也要讲求时机和条件。部分学者的主张忽视了比较优势理论背后的国别差异性，忽视了技术外溢对于一国经济成长的深层次作用，以及对于边际报酬递增产业的筛选。

相较而言，在融入经济全球化的40多年间，中国的探索立足于国情实践，顺应全球经济发展趋势，逐步推进经济体制改革，提升经济发展水平。这些特殊的基本国情，既包括发展特点上作为世界上的人口大国以及发展中国家，又包括制度属性上作为坚持人民民主专政的社会主义国家。在这一过程中，我国既汲取了苏联社会主义道路探索失败亡党亡国的深刻教训，又借鉴了拉美等后发国家接受新自由主义方案的经验教训，在发展导向上破除了现代化就是西方化的迷思。因此如果离开了"国家主体性"，那么必然会滑向"现代化＝西方化"的泥潭。

四、中国之治在哪些方面对世界现代化作出新贡献？

"现在所有的'一带一路'项目都会考虑到可持续性，采用绿色技术、绿色金融。"在 2024 年"一带一路"贸易投资论坛上，英中贸易协会首席执行官彼得·博内特这样说。各国嘉宾纷纷表示，共建"一带一路"倡议源于中国，成果和机遇属于世界。150 多个国家和 30 多个国际组织的参与，汇聚了共同发展的最大公约数。当前，"一带一路"已经成为中国对外交往的一张名片，中国不仅着眼于自身的发展，而且以自身发展惠及全球，正在为世界作出越来越多的贡献，而这些都离不开中国自身国家治理的成功实践。

国家治理既包括经济、政治、文化、社会、生态等不同领域，又可细分为政府治理、政党治理、基层治理等不同层次。今天，我们对于国家治理和中国之治的认知，特别是对于中国之治所呈现出来的不同于西方的新道路的理解，从广义上讲都属于"中国式现代化"的范畴，治理命题内嵌于现代化命题。那么，进一步探讨中国之治对于世界的贡献意义，不妨通过中国式现代化对世界现代化的贡献来加以挖掘。

从价值观念的角度来看，中国之治提供了一整套不同于西方的价值主张。2023 年，习近平在新进中央委员会的委员、候补委员和省部级主要领导干部学习贯彻习近平新时代中国特色社会主义思想和党的二十大精神研讨班开班式上的讲话中强调："中国式现代化蕴含的独特世界观、价值观、历史观、文明观、民主观、生态观等及其伟大实践，是对世界现代化理论和实践的重大创新。"这为我们更好理解中国之治之于世界现代化的贡献意义提供了指引。在这个过程中，我们旗帜鲜明地坚持人民至上而非资本至上的价值立场，既深刻把握"国之大者"也始终胸怀天下，坚定不移"走自己的路"，由此走出了一条不同于西方资本主义现代化的新路。

从政治民主的角度来看，中国之治探索出了一条全过程人民民主的政治发展道路。政治民主的核心要义即在于追求和实现民主，在于坚持和践行主权在民。中国共产党秉持人民至上的政治理念，把坚持以人民为中心贯穿在政治治理的全过程，集中体现在全过程人民民主上。现代化的本质是人的现代化，而人的现代化的要义不在于选举层面的"一人一票"，选举民主是一种形式，归根到底要在"最广泛、最真实、最管用的民主"方面下功夫。中国式现代化语境下的全过程人民民主，对于民主内涵的拓新

工作人员将人大换届选举流动投票箱送到居民家门口

表现在"民主选举、民主协商、民主决策、民主管理、民主监督"的内在要求上，由此构成一个丰富完整的体系。全过程人民民主实现了过程民主和成果民主、程序民主和实质民主、直接民主和间接民主、人民民主和国家意志相统一，为世界各国探索符合本国国情的政治发展道路提供了借鉴。

从经济发展的角度来看，开放与共赢已经成为中国经济对世界经济作出突出贡献的重要标签。面对西方国家掀起的所谓"逆全球化"浪潮，中国成为经济全球化坚定不移的支持者和拥护者。在经济全球化不断深入的今天，面对全球增长动能不足、全球经济治理滞后、全球发展失衡的现实，中国率先提出共建"一带一路"倡议，秉持共商共建共享的全球治理观，旨在推动建设开放型世界经济，通过经贸人文交流将世界打造成真正意义上的人类命运共同体。"一带一路"切中的正是经济全球化的本质目标，即真正的经济全球化致力于通过多种经济合作方式促进共同发展，推动经济全球化朝着更加开放、包容、普惠、平衡、共赢的方向发展。今天，中国不断扩大自己的"朋友圈"，也与世界各国共同分享发展成果，为世界现代化作出了积极的贡献。

中国之治的"制度密码"

新时代以来,中国取得的历史性成就、发生的历史性变革举世瞩目,赢得了不少国际友人的交口称赞,这样的治理成就被他们称为"中国之治"。制度优势是一个国家的最大优势,制度竞争是国家间最根本的竞争。那么,中国之治到底是依靠怎样的中国制度实现的?中国之治背后蕴含着怎样的"制度密码"呢?

一、为什么说中国共产党领导是中国之治的"核心密码"?

习近平曾指出:"我国社会主义政治制度优越性的一个突出特点是党总揽全局、协调各方的领导核心作用,形象地说是'众星捧月',这个'月'就是中国共产党。"这一论断,十分准确深刻地阐明了中国共产党在国家治理体系中的核心地位和领导作用。在国家治理体系的大棋局中,党中央是坐镇中军帐的"帅",党政军民学,东西南北中,党是领导一切的。这是中国共产党治国理政的成功经验和基本事实,也是中国之治的显著特征和"核心密码"。

历史是最好的教科书,让我们结合历史来看中国共产党领导的"核心密码"。1921年中国共产党成立,中国革命的面貌从此焕然一新。经过28年浴血奋战,党带领人民建立了中华人民共和国,确立了社会主义制度,开辟了中国历史的新纪元。1952年,我国GDP仅有679亿元,人均GDP只有几十美元;而到2023年,中国GDP超过了126万亿元,人均GDP增至1.27万美元,稳居世界第二大经济体,实现从低收入国家到中等偏上收入国家的历史性跨越。

新中国成立初期,我们连火柴、铁钉这样的物品都要靠进口,而到现在,中国在量子信息、中微子、干细胞、脑科学等前沿方向取得一系列重大原创成果,在载人航天、北斗导航、载人深潜、高速铁路、5G移动通信、超级计算机等一大批战略高技术领域取得重大突破。新中国成立70多年来,中国经济持续发展,人民民主不断扩大,文化更加繁荣发展,民生福祉显著提升,生态环境明显改善……中华民族就像一艘气势磅礴的巨轮,在中国共产党的掌舵领航下,开启了全面建设社会主义现代化国家、全面推进中华民族伟大复兴的新征程。一桩桩、一件件生动的事实告诉我们,没有中国共产党的领导,就没有中国特色社会主义,更没有新时代的中国之治。

中国共产党历史展览馆

然而，放眼全球，在世界上近万个大大小小的政党中，能有中国共产党这般历史担当、能取得如此辉煌成就的十分罕见。一些国家的执政党或是缺乏使命担当，或是选择了错误的发展方向，导致贫富分化严重，社会矛盾加剧，落入"发展陷阱"，老百姓苦不堪言。一些国家的反对党并不能充分发挥建设性作用，常常是"为了反对而反对"，"否决政治"盛行，产生严重的政治纷争和内耗。

正如邓小平指出的："在中国这样的大国，要把几亿人口的思想和力量统一起来建设社会主义，没有一个由具有高度觉悟性、纪律性和自我牺牲精神的党员组成的能够真正代表和团结人民群众的党，没有这样一个党的统一领导，是不可能设想的，那就只会四分五裂，一事无成。"党的领导是中国这样一个国情如此复杂的超大型国家取得经济快速发展、社会长期稳定的两大奇迹的"密钥"。

党的十八大以来，以习近平同志为核心的党中央准确把好改革开放的"方向盘"，既不走封闭僵化的老路，也不走改旗易帜的邪路，而是坚定不移走中国特色社会主义道路，不怕风险、排除干扰，避免了在根本性问题上出现颠覆性错误，保证国家治理沿着正确的方向前进，取得了历史性成就，发生了历史性变革，使得"中国之治"与"西方之乱"呈现鲜明对照。

究其根本，没有中国共产党的领导，就没有中国特色社会主义制度的形成、完善和发展，制度优势就无从谈起。在长期奋斗中，中国共产党形成了理论优势、政治优势、组织优势、制度优势和密切联系群众的优势，从而锻造了中国特色社会主义的制度优势，并将其转化为国家治理的强大效能。

比如，在治理腐败这个世界性顽疾上，中国共产党始终保持自我革命精神，不断完善体制机制，统筹加强治理腐败的资源与力量，"打虎""拍蝇""猎狐"，一体推进不敢腐、不能腐、不想腐。从党的十八大到二十大，全国纪检监察机关共立案 464.8 万余件，其中立案审查调查中管干部 553 人，处分厅局级干部 2.5 万多人、县处级干部 18.2 万多人。全面从严治党得到人民群众坚定支持和认可，2022 年国家统计局民意调查显示，97.4% 的群众对全面从严治党、党风廉政建设和反腐败工作成效表示满意，书写了人类反腐败斗争历史新篇章，推进了国家治理体系和治理能力现代化。法国中国问题专家皮埃尔·皮卡尔也"点赞"道：中国近年来的反腐败斗争提高了社会治理的透明度，有助于促进社会公平正义，并为中国深化改革、实现长期稳定和发展提供保障。中国作为一个世界大国，其在反腐领域的成功经验，可为其他国家提供借鉴。

又如，在打赢新冠疫情防控阻击战中，中国共产党充分发挥领导核心作用，把各级各地各方面调动起来、把广大党员凝聚起来、把亿万群众动员起来，构筑起保卫人民生命安全的坚固防线。正如世界卫生组织总干事谭德塞所言，中方行动速度之快、规模之大，世所罕见，展现出中国速度、中国规模、中国效率。抗疫斗争伟大实践再次证明，具有无比坚强的领导力的中国共产党，是风雨来袭时中国人民最可靠的主心骨。

再如，党的领导作为一项制度安排是中国特色社会主义制度的重要组成部分。作为党的根本组织制度和领导制度的民主集中制，最能体现中国特色社会主义制度的优越性。这项制度把充分发扬党内民主和正确实行集中有机结合起来，既可以最大限度激发全党创造活力，又可以统一全党思想和行动，有效防止和克服议而不决、决而不行的分散主义，是科学合理而又有效率的制度。

中国共产党领导，是中国特色社会主义制度的最大优势，是我国国家制度和国家治理体系的"核心密码"。坚持和完善党的领导，是党和国家的根本所在、命脉所在，是全国各族人民的利益所在、幸福所在。

二、为什么说坚持人民至上是中国之治的鲜明底色？

英国小说家、戏剧家亨利·菲尔丁曾说，把金钱奉为神明，它就会像魔鬼一样降祸于你。这句话在美国政坛被充分演绎。在美国，金钱是政治的母乳，选举是富人的独角戏，普通民众对民主的呼声反倒成为"杂音"。竞选中消耗的巨额金钱没有转化成有效的国家治理，反而导致"政治分肥"愈演愈烈。过去几十年，西方民主政治已经变质。政治把持在富人和政客手中，服务于他们的自身利益。民众虽然有着名义上的投票权，但实际上对政治影响甚微。人们对传统政党、政府丧失信心，感到无力和失落，民粹主义由此产生并成为国家治理中的制度顽疾。

长期以来，西方政党和理论家疑惑不解，他们试图破解一个"密码"：为什么中国共产党能够从"小小红船"发展为"巍巍巨轮"？为什么当初只有几十人的中国共产党能在百余年间壮大成为世界上最大的马克思主义执政党？中国共产党为什么能领导中国人民实现从站起来、富起来到强起来的伟大飞跃？中国创造经济快速发展、社会长期稳定的奇迹究竟根源何在？这些问题的答案可以归结为一句话：中国共产党是一个全心全意为人民服务的政党，中国特色社会主义制度是一种以人民为中心的制度。"坚持人民至上"是中国共产党百余年奋斗的历史经验之一，也是中国特色社会主义制度显著优势的根基所在。

淮海战役是解放战争时期一场规模空前的战略决战，60万中国人民解放军经历60多个昼夜，在力量对比劣势情况下打败了80万国民党军，创造了战争史上以少胜多的光辉范例。在这场伟大胜利背后，蕴含着一种深厚且广泛的决定性力量，那就是人民群众的磅礴伟力。543万群众奋勇支前，平均一名解放军身后就有9名百姓支撑和保障。对于这场人民投入热情高、参与力度大的支前运动，陈毅曾给予高度评价："淮海战役的胜利，是人民群众用小车推出来的。"习近平在参观淮海战役纪念馆时也深有感触地说道:"革命胜利来之不易,靠有革命英雄主义精神的一大批将帅之才和战斗英雄,更靠人民的支持和奉献。"正是因为中国共产党为了人民、代表人民,才能获得人民群众一往无前的拥护和爱戴。

江苏徐州淮海战役纪念馆

党的十八大以来,随着我国经济社会的持续发展和人民生活水平的不断提高,广大人民群众对生活品位和质量的要求也在不断提高,对干净饮水、新鲜空气、安全食品、优美环境、稳定工作等方面的要求越来越高。人民的需要包括物质需要、精神需要、政治需要、文化需要及安全需要等,随着社会的发展其内涵也在不断变化。正如马克思、恩格斯所言,已经得到满足的第一个需要本身、满足需要的活动和已经获得的为满足需要而用的工具又引起新的需要。习近平指出:"让大家过上更好生活,我们不能满足于眼前的成绩,还有很长的路要走。"人民是社会变革的决定性力量,人民是历史的创造者。百余年来,中国共产党始终坚持人民当家作主,一切依靠人民;把人民当作目的,一切为了人民;把人民当作尺度,一切由人民评判。人民至上作为价值理念具有根基性、根源性,所以被看作是根本价值理念。

中国共产党作为中国工人阶级的先锋队、中国人民和中华民族的先锋队,除了中国人民和中华民族的根本利益,没有自身的特殊利益。这与那些被垄断利益集团绑架、为垄断利益集团服务的西方资产阶级政党截然不同。"无私才能无畏"。正因为没有自己的特殊利益,中国共产党才有资格有底气代表最广大人民的整体利益,才能够有效防范利益集团的纠缠、冲破利益固化的藩篱,从而成为国家治理体系中当之无愧的坚强核心。

相比之下,西方资产阶级政党是一个出生时就与特殊利益集团有着千丝万缕关系、只有在特殊利益集团的帮助下才能够执政的政治组织。关于这一点,早在1965年,美国经济学家曼瑟尔·奥尔森在其《集体行动的逻辑》一书中就进行了深刻揭示,从书中可以看出利益集团是如何绑架政府和法律法规,进而影响政党的。国际著名财经专家洛丽塔·纳波利奥尼曾经形象地指出,政党这一政治机器越来越像一个银行或对冲基金,将从大多数中小股东处获得的收益交给了董事会。简而言之,西方的政党已经成为"政党有限公司"。所以,代表各利益集团的西方政党之间往往极尽攻讦、互撕、打压之能事,而枉顾民众的根本利益。

而与之形成对照的是以人民为中心的中国共产党认为人民在国家中具有至高无上地位,而这种地位必然要求国家治理者始终把人民作为全部制度安排的出发点和落脚点。这是中国特色社会主义制度建设和国家治理体系建设的根本遵循。《共产党宣言》鲜明指出:"共产党人不是同其他工人政党相对立的特殊政党。他们没有任何同整个无产阶级的利益不同的利益。"具体到每一名共产党员身上,就体现为以群众利益为先、全心全意为人民服务的奉献意识和牺牲精神。

"七一勋章"获得者黄文秀2016年硕士毕业后,放弃了大城市的工作机会,自愿回到百色革命老区工作,并主动请缨到贫困村担任驻村第一书记。她始终把群众的安危冷暖装在心间，带领群众发展多种产业，为村民脱贫致富倾注了全部心血和汗水。2019年6月17日凌晨，黄文秀因惦记村子的防汛抗洪工作和群众安危，冒着暴雨连夜开车返回工作岗位，途中遭遇山洪暴发，不幸因公牺牲，年仅30岁。正是千千万万个这样的优秀党员组成了始终坚持人民至上、为了人民利益不懈奋斗的中国共产党。始终代表最广大人民的根本利益，彰显了中国之治的核心价值，绘就了中国之治的鲜明底色。

习近平指出："始终代表最广大人民根本利益，保证人民当家作主，体现人民共同意志，维护人民合法权益，是我国国家制度和国家治理体系的本质属性，也是我国国家制度和国家治理体系有效运行、充满活力的根本所在。"人民立场是中国特色社会主义制度的价值支撑和根本优势，也是中国之治的"价值密码"。它使中国特色社会主义制度既遵循历史发展的基本规律，也站在人民群众的立场上，占据了人类真理和道义的制高点。因而，中国特色社会主义制度得以焕发出强大的生机活力，展现出巨大的优越性，成为实现最广大人民根本利益的可靠保障。

三、为什么说集中力量办大事是成就事业的"重要法宝"？

2023年5月28日上午，在万众瞩目下，由国产大飞机C919执飞的首个商业航班以其雄健身姿从上海虹桥国际机场腾空而起，于两个小时后顺利抵达北京。这是中国民航史上的一次标志性事件，有着里程碑式的重要意义。民航客机是无数高新科技的集成产品，对一个国家的科技实力和工业水平有着极高要求，C919从研制、投产、交付到最终商用，意味着我国在工业制造业领域实现了新的突破。C919国产大飞机的成功是诸多因素的综合作用，首先一条就是体现了社会主义中国能够集中力量办大事的制度优势。

北京大兴国际机场航站楼综合体总建筑面积超过140万平方米,是全球建设规模最大的单体航站楼,被英国《卫报》列为"新世界七大奇迹"之首。如果作一个对比,就能更好理解为什么它在许多国家是难以想象的奇迹:英国的希思罗机场仅T5航站楼建造就用了6年时间,德国柏林勃兰登堡机场建了14年才投入使用,而大兴国际机场从开工到完工仅用了4年时间。中国速度、中国效率的背后,依然是集中力量办大事的制度优势支撑。

北京大兴国际机场航站楼全景图

马克思曾说过:"我们知道个人是微弱的,但是我们也知道整体就是力量。"邓小平也强调:"社会主义同资本主义比较,它的优越性就在于能做到全国一盘棋,集中力量,保证重点。"习近平指出:"我们最大的优势是我国社会主义制度能够集中力量办大事。这是我们成就事业的重要法宝。"正是依靠集中力量办大事,我国才能在重大战略任务、重大工程建设、重大科技攻关、区域协调发展、抢险救灾、对外援助等方面攻克一个又一个困难，创造一个又一个奇迹。

回顾历史，集中力量办大事的显著优势是在实践中形成并不断完善和发展的。在5000多年文明发展史中，中华民族团结一心、同舟共济，集中力量办成过许多大事。新中国成立后，随着社会主义基本制度的确立，集中力量办大事在体制机制上有了保障，有力促进了我国社会主义建设。针对"两弹一星"这样的复杂性、系统性工程，毛泽东高瞻远瞩地指出，要大力协同做好这件工作。1970年，"东方红一号"卫星发射过程中，在全国数万公里范围，动用近60万战士和民兵昼夜守护电线杆架起来的明线，保障卫星轨道计算机数据的远程传输，为精确计算打下了坚实基础，释放了强大的"大力协同"效应。随着中国特色社会主义进入新时代，我国集中力量办大事的体制机制不断得以完善和发展。

实现好、维护好、发展好最广大人民的根本利益需要发挥集中力量办大事的体制优势。我们集中力量所要办的大事，无一不体现了人民的整体意志，契合群众的长远利益，有利于提高人民生活水平，保障人民合法权益，让发展成果更多更公平惠及全体人民。习近平指出，我们搞社会主义就是要让人民群众过上幸福美好的生活，全面建成小康社会一个民族、一个家庭、一个人都不能少。

进入新时代，党中央把脱贫攻坚作为全面建成小康社会的底线任务，组织开展了脱贫攻坚人民战争。脱贫攻坚是艰巨复杂的系统工程。在脱贫攻坚战中，我们党坚持全国一盘棋，调动各方面积极性，动员和凝聚全社会力量广泛参与，引领市场、社会协同发力，脱贫攻坚战取得了全面胜利，现行标准下9899万农村贫困人口全部脱贫，消除了绝对贫困，创造了彪炳史册的人间奇迹，生动展现了坚持以人民为中心、集中力量办大事的辉煌成就。

解决发展遇到的瓶颈问题也需要发挥集中力量办大事的体制优势。以产业发展为例，经过几十年的发展，我国已拥有全球产业门类最齐全、产业体系最完整的制造业，但与工业强国相比，我国产业基础不牢、对外依存度高的问题仍然突出。多年来中国整个电子工业都处在"缺芯少屏"的焦虑中，不仅严重制约了电子信息产业的产能和利润空间，而且导致较大的产业发展安全隐患。

习近平指出，要加快科技自立自强步伐，解决外国"卡脖子"问题关键在于：健全新型举国体制，强化国家战略科技力量，优化配置创新资源，使我国在重要科技领域成为全球领跑者，在前沿交叉领域成为开拓者，力争尽早成为世界主要科学中心和创新高地。目前，高校、科研院所和华为、中兴等公司正在国家强有力的政策扶持和资源倾斜下，加大芯片研发集中攻关的力度，不断朝着芯片国产化和高端芯片制造的方向迈进，志在填补国内高端芯片空白，为中国自主可控的芯片产业奠定坚实基础。面对复杂形势和繁重任务，我们既要有全局观，又要集中力量优先解决主要矛盾，更好发挥集中力量办大事的制度优势。

必须清醒认识到，集中力量办大事，是由党总揽全局、协调各方的领导核心地位决定的。我们党作为中国工人阶级的先锋队，同时是中国人民和中华民族的先锋队，始终代表中国最广大人民的根本利益，能够在妥善处理人民当前利益与长远利益的关系中制定大政方针，能够在统筹兼顾局部利益与整体利益的关系中作出战略部署。我们党把为中国人民谋幸福、为中华民族谋复兴作为初心和使命，坚持以马克思主义为指导，能够准确把握时代脉搏，正确认识社会发展规律，立足我国国情提出奋斗目标，始终保持战略定力，一张蓝图绘到底。我们党组织严密、纪律严明，具有强大的执行力，能够为自己确立的奋斗目标不懈努力。我们党的一系列特质，决定了在党的领导下集中力量办大事才有主心骨、方向感、向心力。

为了更好发挥集中力量办大事的优势，我们必须始终坚持全国一盘棋，强化大局意识，克服地方保护主义、本位主义等错误倾向；有效化解社会矛盾，广泛凝聚社会共识，调动各方面积极性。特别需要指出的是，坚持全国一盘棋，就必须要增强"四个意识"、坚定"四个自信"、做到"两个维护"，认真贯彻落实以习近平同志为核心的党中央决策部署，做到令行禁止，将集中力量办大事的制度优势更好转化为治理效能。

四、制度的自我完善何以使中国特色社会主义持续焕发生机活力？

今日之中国，处处涌动着改革的力量。2016年，国务院颁布《关于农村土地所有权承包权经营权分置办法的意见》，这是继改革开放初期家庭联产承包责任制后农村改革又一重大制度创新。2019年，2018年召开的首届中国国际进口博览会上提出的中国扩大对外开放的五方面举措已经基本落实，中国（上海）自由贸易试验区临港新片区正式设立。《中华人民共和国外商投资法》于2020年1月1日起施行，扩大进口促进消费、进一步降低关税等取得重大进展。2023年，《党和国家机构改革方案》正式印发。2024年，党的二十届三中全会审议通过了《中共中央关于进一步全面深化改革、推进中国式现代化的决定》……密集出台的举措层出不穷，改革一直在进行，制度永远在完善和发展，彰显着中国特色社会主义制度强大的自我完善能力。

坚持和发展中国特色社会主义，必须不断调整生产关系以适应生产力发展，不断完善上层建筑以适应经济基础发展。40多年的改革开放破除了体制机制的弊端，推动着中国特色社会主义制度和国家治理体系不断成熟，充分显示出我国国家制度和国家治理体系强大的自我完善能力。邓小平曾指出，改革是社会主义制度的自我完善。习近平强调，推进改革的目的是要不断推进我国社会主义制度自我完善和发展，赋予社会主义新的生机活力。科学社会主义和空想社会主义的一大区别，就在于它不是一成不变的教条，而是把社会主义看作一个不断完善和发展的实践过程。

改革创新是通往长久繁荣的必由之路。党的十八大以来，我们全面深化改革，构建系统完备、科学规范、运行有效的制度体系，使各方面制度更加成熟，充分显示出我国国家制度和国家治理体系强大的自我完善能力。可以预见，随着全面深化改革向纵深推进，我国国家制度和国家治理体系必将在国际竞争中赢得更大优势，展现出更为旺盛的生命力。

以生态文明建设为例，随着生态环境治理的不断推进，生态环境各要素之间、生态环境治理各领域各环节之间的关联性日益凸显，这就需要改变传统的割裂思维，用系统思维推进生态环境治理体系建设，用最严格制度最严密法治保护生态环境，促进生态环境保护发生历史性、转折性、全局性变化。因此，我们进一步全面深化改革，既要保持中国特色社会主义制度的稳定性和延续性，又要抓紧制定国家治理体系和治理能力现代化急需的制度、满足人民对美好生活需要必备的制度，推动制度不断自我完善和发展。

中国特色社会主义制度的成熟和定型是一个动态过程，国家治理体系和治理能力现代化也是一个动态过程，不能一蹴而就，也不能一劳永逸，需要持续自我完善和发展。近年来，"有事好商量，众人的事众人商量"成为在社区治理中践行全过程人民民主的新形态。上海市杨浦区大桥街道幸福村居民区下辖多个小区，多为建造于20世纪八九十年代的多层住宅。和所有老小区一样，该居民区普遍存在没有电梯、停车困难、绿化杂乱无章等社区治理难题。杨浦区人大代表、大桥街道幸福村居民区党总支书记、居委会主任郑恋咏充分发挥人大代表职能，当好党和国家密切联系人民群众的桥梁和纽带，积极推动解决居民急难愁盼问题，吸引越来越多的老百姓"沉浸式"参与社区治理，确保全过程人民民主在基层社区治理中落地落实。

从"一家用力"到"多方参与"、从"各自为战"到"统筹联动",充分调动人民群众参与基层事务的积极性,让各种意见、建议、愿望、诉求得到充分合理的表达,从而推动解决工作中的实际问题。全过程人民民主正是顺应新时代人民在民主、法治、公平、正义等方面日益增长的需求,体现了党领导人民把民主向纵深推进,开展政治建设的制度创新和实践创新的最新成果以及中国特色社会主义制度的动态发展、不断优化和持续改进。

往深层看,中国特色社会主义制度之所以能够自我完善、自我发展,根本上是因为中国共产党始终保有自我净化、自我完善、自我革新、自我提高的能力。1981年,党的十一届六中全会通过的《关于建国以来党的若干历史问题的决议》指出:"我们党敢于正视和纠正自己的错误,有决心有能力防止重犯过去那样严重的错误。""'坚持真理,修正错误',这是我们党必须采取的辩证唯物主义的根本立场。过去采取这个立场,曾使我们的事业转危为安、转败为胜。今后继续采取这个立场,必将引导我们取得更大的胜利。"勇于自我革命,是我们党最鲜明的品格,也是我们党最大的优势。以党的伟大自我革命引领社会革命,就能坚持改革创新、与时俱进,使中国特色社会主义持续焕发生机活力。

> 惟改革者进,惟创新者强,惟改革创新者胜。
> ——2014年11月9日,习近平在亚太经合组织工商领导人峰会开幕式上的演讲

党的十九届四中全会系统总结了我国国家制度和国家治理体系的显著优势,这本身就是我们的制度自我完善、自我发展的体现。党的二十届三

中全会明确，进一步全面深化改革的总目标是继续完善和发展中国特色社会主义制度，推进国家治理体系和治理能力现代化。到 2035 年，全面建成高水平社会主义市场经济体制，中国特色社会主义制度更加完善，基本实现国家治理体系和治理能力现代化，基本实现社会主义现代化，为到 21 世纪中叶全面建成社会主义现代化强国奠定坚实基础。

新时代新征程上，需要继续弘扬变中求新、变中求进、变中突破的改革精神，更加充分地发挥国家制度和国家治理体系强大的自我完善和自我发展能力，不断有所发现、有所发明、有所创造，在革故鼎新中不断开辟美好未来。

中国之治的未来向度

　　中国之治是涵盖"五位一体"总体布局和"四个全面"战略布局在内的宏大叙事体系，也是囊括改革发展稳定、内政外交国防、治党治国治军等各项事业的宏大范畴体系。政党、政府、市场、社会，构成了中国之治未来向度的主要维度，执政党建设、政府建设、经济发展、国家安全等构成了中国之治未来向度的核心议题。身处世界百年未有之大变局，行至民族复兴关键一程，要以政党之治引领大国之治，启迪全球之治，穿越"历史的三峡"，不断通达中国之治的新天地，开辟中国之治新境界。

一、如何保持解决大党独有难题的清醒和坚定？

　　2024年是《甲申三百年祭》发表80周年。我们把目光拉回到1944年。这一年是农历甲申年，52岁的历史学家郭沫若潜心月余写就了一篇近两万字的史学论述《甲申三百年祭》，剖析了李自成因骄傲懈怠在取得政权仅40余天后便仓皇逃遁、一败涂地的过程和原因。毛泽东十分赞赏这篇文章，他要求《甲申三百年祭》一文要在《解放日报》上全文转载并印发单行本，还把这篇文章"当作整风文件看待"。毛泽东谈道："我党历史上曾经有过几次表现了大的骄傲，都是吃了亏的。……全党同志对于这几次骄傲，几次错误，都要引为鉴戒。近日我们印了郭沫若论李自成的文章，也是叫同志们引为鉴戒，不要重犯胜利时骄傲的错误。"他还提醒干部必须永远保持清醒与学习态度，万万不可冲昏头脑，忘其所以，重蹈李自成的覆辙。1949年3月，毛泽东率领中共中央机关从西柏坡动身前往北平。在乘车前往北平的路上，毛泽东又说起了《甲申三百年祭》，他说："这仅仅是读了个开头，这篇文章是要永远读下去的。"对《甲申三百年祭》的重视，彰显的是我们党对如何永葆先进性和纯洁性，如何永远得到人民拥护和支持，如何实现长期执政等问题，始终保持着清醒和坚定。

> 我们党作为世界上最大的马克思主义执政党，要始终赢得人民拥护、巩固长期执政地位，必须时刻保持解决大党独有难题的清醒和坚定。
> ——2022年10月16日，习近平在中国共产党第二十次全国代表大会上的报告

解决大党独有难题，何以清醒？据统计，截至2021年，世界上有6000多个政党，历史超过百年的政党有60多个。其中，连续执政时间超过70年的政党不超过10个，如苏联共产党、蒙古人民党（蒙古人民革命党）、墨西哥革命制度党、利比里亚真正独立党等；连续执政时间超过70年且仍在继续执政的政党仅有2个，分别是1945年成立的朝鲜劳动党和1921年成立的中国共产党；而连续执政时间超过70年的百年大党只有中国共产党。也正是这种"大党"的独一无二性，决定了要解决"难题"的独一无二性。我们党作为在马克思主义建党学说指导下、按照民主集中制原则建立起来的世界最大政党，在世界上人口最多的国家长期执政，历史

久、人数多、规模大,既有办大事、建伟业的巨大优势,也面临治党治国的特殊难题。这些独有难题包括:如何始终不忘初心、牢记使命,如何始终统一思想、统一意志、统一行动,如何始终具备强大的执政能力和领导水平,如何始终保持干事创业精神状态,如何始终及时发现和解决自身存在的问题,如何始终保持风清气正的政治生态等。这"六个如何始终"既各有侧重,又内在统一,着眼坚定理想信念,着力维护团结统一,紧扣提升治理能力,聚焦振奋精神状态,注重纠正错误偏差,强调做到激浊扬清,点明了党当前和今后一段时期面临的最为紧迫、最为关键、最为根本的大问题。

保持解决大党独有难题的清醒,要时刻保持认清自己的清醒。"我是谁,从哪里来,往哪里去",是一代代共产党人驰而不息追索的"灵魂之问"。明己所属,思所从来,方明所去。"我是谁"关乎党的自我认知和定位,"从哪里来"关乎党的性质和宗旨,"往哪里去"关乎党的职责和使命。对于一个百年大党来说,一切向前走,都不能忘记走过的路;走得再远、走到再光辉的未来,也不能忘记走过的过去,不能忘记为什么出发。要时刻保持应对风险的清醒。对于中国共产党来说,所面临的长期执政考验、改革开放考验、市场经济考验、外部环境考验是长期的、复杂的,面临的精神懈怠危险、能力不足危险、脱离群众危险、消极腐败危险是尖锐的、严峻的,党内存在的思想不纯、政治不纯、组织不纯、作风不纯等突出问题尚未得到根本解决,"全面从严治党永远在路上"。要时刻保持自我革命的清醒。对于一个百年大党来说,功成名就时做到居安思危、保持创业初期那种励精图治的精神状态不容易,执掌政权后做到节俭内敛、敬终如始不容易,承平时期严以治吏、防腐戒奢不容易,重大变革关头顺乎潮流、顺应民心不容易。千万不能在一片喝彩声、赞扬声中丧失革命精神和斗志,逐渐陷入安于现状、不思进取、贪图享乐的状态,"党的自我革命永远在路上"。

解决大党独有难题,何以坚定?泰山半腰有一段平路叫"快活三里",一些人爬累了,喜欢在此歇脚。然而,挑山工一般不在此久留,因为休息时间长了,腿就会"发懒",再上"十八盘"就更困难了。解决大党独有难题如同登顶泰山,虽然已经越攀越高,取得了巨大成就,但决不能因为胜利而骄傲,决不能因为成就而懈怠。1949年3月,在中国革命即将取得全国胜利之际,毛泽东在党的七届二中全会上指出:"因为胜利,党内的骄傲情绪,以功臣自居的情绪,停顿起来不求进步的情绪,贪图享乐不愿再过艰苦生活的情绪,可能生长。"他告诫全党,夺取全国胜利,只是万里长征走完了第一步,以后的路更长,工作更伟大、更艰苦,所以,"务必使同志们继续地保持谦虚、谨慎、不骄、不躁的作风,务必使同志们继续地保持艰苦奋斗的作风"。实践充分证明,我们党在重大历史关头的这种坚定,为夺取新民主主义革命伟大胜利提供了有力保证。我们要清醒看到,我们党长期执政,党员干部中容易出现松劲歇脚、疲劳厌战的情绪和心态。有的觉得现在已经可以好好喘口气、歇歇脚,做做安稳官、太平官了;有的觉得"船到码头车到站",不思进取、庸政懒政混日子;有的为个人打算多了,患得患失、不敢担当却贪图名利、享受;有的习惯当"传声筒""中转站",遇到困难绕着走、碰到难题往上交,缺乏攻坚克难的锐气和斗志等。这种状态和心态都要不得。面对全面建成社会主义现代化强国、以中国式现代化全面推进中华民族伟大复兴的崇高使命,面对前进道路上风高浪急甚至惊涛骇浪的重大挑战,解决大党独有难题必然是一个长期而艰巨的过程,必须以最彻底的自我革命精神保持解决大党独有难题的坚定。

总之,解决包括"六个如何始终"在内的大党独有难题,是实现新时代新征程党的使命任务必须迈过的一道坎,是全面从严治党适应新形势新要求必须啃下的硬骨头。中国共产党为什么能？能就能在能够发现这些大党独有难题，也能够解决这些大党独有难题。

二、如何大力提升政府治理效能？

美国哈佛大学有一项持续了10多年的民调，调查结果显示中国老百姓对党和政府的满意度连续10年超过90%。2024年3月，全球最大的公关咨询公司爱德曼发布的《2024年爱德曼信任度调查中国报告》显示，2024年中国在整体信任度方面持续领先，中国信任度指数为79，在所有受访国家中排名第一。国外调查的数据结果，从一个侧面印证了近年来我们国家各级政府治理效能的显著成效。党的十八大以来，政府在机构设置上更加科学、在职能配置上更加优化、在体制机制上更加完善、在运行管理上更加高效，治理效能不断提升，为党和国家事业取得历史性成就、发生历史性变革提供了有力保障。

首先，职能科学。曾经有一段时间，一些政府机构存在着职责划分不够科学、职责缺位和效能不高、政府职能转变还不到位等问题。比如，职责交叉问题。"有时候几个部门开会，还没讲完大家就'打起来了'，互相质问'你的手怎么伸到我部门来了？'"又如，职权"条块化"分割问题。"一只蛤蟆跳进水里，归农业部管，蹦到岸上就归林业局管"，"我种牡丹归林业局管，改种芍药就得归农业部，因为前者是木本，后者是草本"。再如，监管覆盖不全面的问题。"一个煎饼果子，到底该谁管？"以往群众要投诉，得跑食品安全、质量、价格等好几个部门，人们用"几个大盖帽管不住一个大草帽"来形容这种监管脱节现象。这导致的结果是，政府办事效率不高，老百姓的问题无法根本解决。党的十八大以来，我们国家不断优化政府职责体系，理顺部门职责关系，完善政府经济调节、市场监管、社会管理、公共服务、生态环境保护等职能，坚决克服政府职能错位、越位、缺位现象。政府职能深刻转变、持续优化，对解放和发展生产力、促进经济持续健康发展、增进社会公平正义发挥了重要作用。

2023年以来，"淄博烧烤"走红全国，"尔滨"火爆出圈，"天水麻辣烫"热辣滚烫。在被网友形容为"泼天的富贵""赢麻了"的背后，我们看到的是当地政府转变政府职能，优化消费环境，加强对行业的监管和规范，确保质量和安全的服务态度等。这种建设有为政府的做法，值得深入学习。当前，我国已进入高质量发展阶段。面对经济发展的新形势、新任务、新要求，更加迫切需要政府部门为企业提供更加便利的生产投资环境，为广大人民群众提供更优质的社会服务。

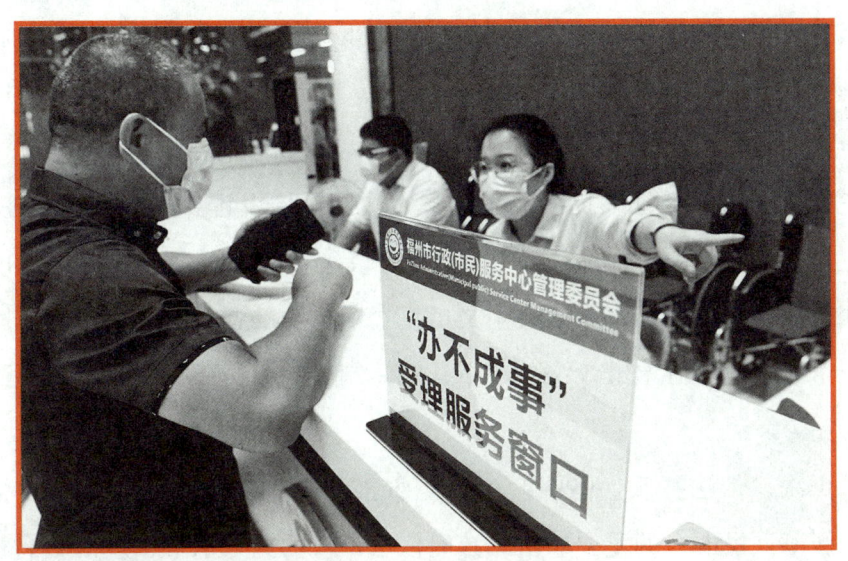

福建福州政务服务大厅开设"办不成事"受理专窗

其次，结构优化。经济基础决定上层建筑，政府作为上层建筑的一部分，是由经济基础决定的。经济基础就好比气候，政府体制就像衣服一样，气候出现冷热变化，衣服也随之增减。1949年10月，新中国中央人民政府政务院成立时，设有35个机构。为适应社会主义建设的需要，我国先后进行了6次政府机构改革，到1981年国务院组成部门增加到52个、其他工作部门48个，达到新中国成立以来的最高峰。随着改革开放的深入推进，我国又先后于1982年、1988年、1993年、1998年、2003年、2008年、2013年、2018年、2023年进行了9轮改革，推动政府机构设置更加科学、职能更加优化、权责更加协同、监督监管更加有力、运行更加高效。

特别是，2018年3月的国务院机构改革，破除制约使市场在资源配置中起决定性作用、更好发挥政府作用的体制机制弊端，按照优化协同高效的原则，推进重点领域和关键环节的机构职能优化和调整。改革后，国务院正部级机构减少8个，副部级机构减少7个。通过改革，国务院机构设置更加符合实际、科学合理、更有效率。2023年新一轮国务院机构改革，突出重点行业和领域，针对性比较强，力度比较大，涉及面比较广，触及的利益比较深，着力解决了一些事关重大、社会关注的难点问题。党的领导全面加强，机构整合取得新突破，制度优势发挥得更加彻底。

面对新时代新征程提出的新任务，政府机构设置要同推进强国建设、民族复兴伟业的要求相适应，同实现国家治理体系和治理能力现代化的要求相适应，同构建高水平社会主义市场经济体制的要求相适应，在巩固机构改革成果的基础上继续深化改革，对体制机制和机构职责等进行不断调整和完善。

再次，依法行政。各级政府承担着推动经济社会发展、管理社会事务、服务人民群众的重要职责，政府依法行政的能力水平，直接影响着法治国家和法治政府的建设成效。党的十八届四中全会明确将"深入推进依法行政，加快建设法治政府"列为全面推进依法治国的重大任务之一。《法治政府建设实施纲要（2015—2020年）》确立我国第一个法治政府建设规划，为率先基本建成法治政府作出重要部署。党的十九大把法治政府基本建成作为2035年基本实现社会主义现代化的重要目标之一，明确提出"建设法治政府，推进依法行政，严格规范公正文明执法"。《法治政府建设实施纲要（2021—2025年）》明确要"把法治政府建设放在党和国家事业发展全局中统筹谋划"。党的二十大对在新形势下扎实推进依法行政作出全面部署。党的二十届三中全会强调要"深入推进依法行政"，对健全政府机构职能体系、深化行政执法体制改革、完善政府管理体制机制等作出重要部署，提出新的要求。

要看到，我国法治政府建设还面临不少问题和挑战，依法行政观念不牢固、行政决策合法性审查走形式等问题还没有根本解决，一些地方运动式、"一刀切"执法问题仍时有发生，要继续扎实推进依法行政，把政府工作全面纳入法治轨道，切实提高政府依法治理效能。

最后，以人民为中心。1948年9月，在西柏坡召开的中共中央政治局扩大会议上，毛泽东对新中国的政权性质作过这样一段深刻精辟的阐述，他强调，我们是人民民主专政，各级政府都要加上"人民"二字，各种政权机关都要加上"人民"二字。新中国成立后，"从前对于政治不愿闻问"的北平辅仁大学校长、著名历史学家陈垣以自己的耳闻目睹和内心感怀，满怀深情地写下了这样的文字："解放后的北平，来了新的军队，那是人民的军队；树立了新的政权，那是人民的政权；来了新的一切，一切都是属于人民的。我活了七十多岁的年纪，现在才看到了真正人民的社会，在历史上从不曾有过的新的社会。"

人民政府为人民。新中国成立70多年以来，党和政府一以贯之坚持全心全意为人民服务的根本宗旨，开展的所有工作都以人民利益为根本考量。特别是党的十八大以来，党和政府坚持以人民为中心的发展思想，在促进共同富裕、实现公平正义上推出一系列开创性举措，从全面建成小康社会一个都不能少到抗击新冠疫情救治病患不惜一切代价，从打赢脱贫攻坚战、实施乡村振兴战略到推进以人为核心的新型城镇化，从"绿水青山就是金山银山"到"房子是用来住的、不是用来炒的"，从防止资本无序扩张到让人民群众在每一宗司法案件中感受到公平正义，人民享有更多实实在在的发展成果。

在强国建设、民族复兴的新征程上要坚持人民至上，完善分配制度，健全社会保障体系，强化基本公共服务，兜牢民生底线，解决好人民群众急难愁盼问题，让现代化建设成果更多更公平惠及全体人民，在推进全体人民共同富裕上不断取得更为明显的实质性进展。

三、如何继续引领中国经济大船乘风破浪持续前行？

2024年10月，教育部大数据与国家传播战略实验室发布了《寰球民意指数（2024）》报告。报告显示，中国经济强国的形象在海外受访者中得到了广泛认同，成为世界民众心中中国最显著的形象特征。近六成的受访民众认为中国已经发展成为一个经济强国，七成的受访民众认为中国的经济实力强劲，这一比例显著高于反对意见的比例（不到9%），五成的受访民众认为中国的日益发展将对本国的发展起到非常正向的推动作用。此外，受访民众普遍认为中国的发展潜力最大。在发展潜力指数方面，中国位居榜首。这从一个侧面表明，全球经济体中的大多数民众都认可中国作为世界第二大经济体的地位及其在全球经济中的重要作用，并普遍对中国的发展持积极态度。承载着新的期盼和使命，中国经济大船如何继续乘风破浪持续前行？

继续引领中国经济大船乘风破浪持续前行，我们有巨大优势。我国经济稳中向好、长期向好的基本面没有变，我国经济潜力足、韧性大、活力强、回旋空间大、政策工具多的基本特点没有变，我国发展具有的多方面优势和条件没有变。2022年全国两会期间，习近平强调，我国发展仍具有诸多战略性的有利条件，一是有中国共产党的坚强领导，二是有中国特色社会主义制度的显著优势，三是有持续快速发展积累的坚实基础，四是有长期稳定的社会环境，五是有自信自强的精神力量。2023年11月，习近平在旧金山举行的亚太经合组织工商领导人峰会上特别指出，中国具有社会主义市场经济的体制优势、超大规模市场的需求优势、产业体系配套完整的供给优势、大量高素质劳动者和企业家的人才优势，经济发展具备强劲的内生动力、韧性、潜力。

具体来说：第一，发展基础更加坚实。我国建立起世界上最完备的工业体系，长期稳居世界第二大经济体、制造业第一大国、货物贸易第一大国、外汇储备第一大国，国家经济实力、科技实力、综合国力跃上新台阶，奠定了我国经济持续发展的坚实基础。第二，发展潜力依然强劲。我国拥有14亿多人口形成的超大规模内需市场，为经济发展、转型升级提供了强大内生动力。积极推进新型城镇化、着力推进城乡融合和区域协调发展，培育完整内需体系具有巨大空间。第三，发展红利持续释放。着力优化营商环境、加快建设全国统一大市场、推进高水平对外开放、建设世界重要人才和创新高地等，以深层次改革高水平开放持续激发社会主义现代化建设的动力和活力。第四，体制优势更加彰显。在外部环境复杂严峻、国内发展面临超预期冲击的背景下，我国构建高水平社会主义市场经

广西钦州货物贸易港口

济体制，表现出抵御风险、应对考验的强大张力，社会主义集中力量办大事的制度优势和创新完善宏观经济治理的政策效应持续显现。

继续引领中国经济大船乘风破浪持续前行，要有效应对外部风险。从国际看，世界百年未有之大变局加速演进，世界经济复苏乏力，逆全球化思潮抬头，单边主义、保护主义明显上升，大国博弈、地缘冲突进一步加剧，全球产业链和供应链面临深层次调整与重构。少数国家以所谓摆脱对中国的经济依赖、维护国家安全与公平竞争等为名构筑"小院高墙"、大搞"脱钩断链"和"去风险"，限制和中国的经济往来，在关键领域对中国"卡脖子"，试图遏制中国发展。

美国等对中国的打压，其实是对追赶者的防备、遏制。在一些学者看来，在美国的国际交往逻辑里，存在一个"60%定律"：当另一个国家经济规模达到美国的60%，并保持强劲的增长势头，甚至有快速赶超美国的可能之时，美国就一定会将其定为对手，要千方百计地遏制住对手的成长。从美国"干趴下"几个"老二"（包括英国、德国、苏联、日本、欧盟等）的历史看，哪怕是一样制度和意识形态的盟友，只要经济总量逼近，其都会毫不留情、不择手段地进行打击。2018年，我国经济总量同美国之比约达2∶3，突破了有些学者所谓"守成大国"和"新兴大国"平衡关系的临界值。在美国看来，中国的发展已经"危及到了美国第一"。美国学者格雷厄姆·艾利森在其著作《注定一战：中美能避免修昔底德陷阱吗？》中，也认为美国把中国视为重要竞争对手，并对华发起贸易战的出发点其实是对两国实力变化趋势的悲观判断。美国对中国发展壮大的遏制和打压，将伴随中华民族伟大复兴全过程，我们必须跨过这道坎。

继续引领中国经济大船乘风破浪持续前行，要始终坚定信心。1949年5月27日，中国人民解放军胜利进入中国第一大城市和经济中心——上海。彼时的上海，生产萎缩、工厂停工、物价飞涨、民生困苦，经济局面相当严峻。物价能不能稳定？通货膨胀能不能控制？投机资本能不能清除？这些成为摆在中国共产党人面前亟须解决的重大问题。当时社会上对共产党管理经济能力的质疑声音不绝于耳，他们认为"共产党在军事上得了满分，在政治上是八十分，在经济上恐怕要得零分"。面对如此严峻的经济形势，中国共产党以上海为中心展开了轰轰烈烈的经济战，成功组织了同投机资本作斗争的"银元之战"和"米棉之战"等，大力整顿经济、恢复民生，打赢了这场没有硝烟的战斗，有力证明了自身管理经济的能力。

从一座上海城到整个新中国，70多年来特别是改革开放40多年来，中国共产党关关难过关关过，事事难成事事成，成功地驾驭中国经济巨轮乘风破浪、行稳致远。在国家统计局有记录之初的1952年，中国GDP只有679亿元，到2010年已达到40万亿元并超越日本成为世界第二大经济体。2020年，我国GDP突破100万亿元大关。新冠疫情暴发以来，我国经济在世界各国中率先复苏，并顶住多轮疫情冲击，保持恢复向好态势。2020年我国成为全球唯一实现经济正增长的主要经济体，2021年GDP同比增长8.4%，2022年同比增长3%，2023年同比增长5.2%，GDP超过126万亿元，稳居世界第二大经济体。按不变价计算，2023年我国GDP比1952年增长223倍，年均增长7.9%。其中，1979—2023年年均增长8.9%，远高于同期世界经济3%的增速水平，对世界经济增长的年均贡献率为24.8%，居世界首位。

面对中国的经济发展现状，一些西方政客和媒体却戴着有色眼镜，故意放大中国在新冠疫情后经济复苏过程中存在的阶段性问题，极力炒作所谓"中国经济通缩""复苏受挫""政策乏力"等论调，"中国经济崩溃论"等又沉渣泛起。事实已经说明，20多年前唱衰中国的所谓"著名畅销书"《中国即将崩溃》已经成了历史笑话。亚洲时报网站副主编、克莱尔蒙特研究所研究员戴维·戈德曼认为，如今对中国经济"即将崩溃"的预言和20年前一样，都是误导性的。唱衰中国，只会在事实面前反复碰壁。

中国经济不是一个小池塘，而是一片汪洋大海。这片大海，有着奔腾万里的气势、海纳百川的底蕴和激浊扬清的力量。中国经济大海的浪涛，澎湃奔涌，滚滚向前；中国经济大海的潮涌，波澜壮阔，势不可挡。

四、如何以新安全格局保障新发展格局？

美国政治学者塞缪尔·亨廷顿曾因两个理论在政治学界"出圈"，一是"文明冲突论"，二是"亨廷顿悖论"。"亨廷顿悖论"，简单来说，就是亨廷顿在研究了100多个国家的现代化过程后，认为现代化是近代以来世界历史发展的潮流和趋势，但与现代性孕育着稳定不同，现代化过程却滋生着动乱，而产生秩序混乱的原因，不在于缺乏现代性，而在于为实现现代性所进行的努力。甚至有人断言，如果一个国家出现动乱，那并非因为他们贫穷，而是因为他们想致富。

在现实中，"亨廷顿悖论"屡次得到验证。作为世界上率先实现现代化的国家，英国的现代化进程就充满了矛盾与冲突。除了财经危机和对外贸易冲突等，不同阶级、政党、社会群体之间的矛盾也时有发生。拉美、东亚、北非等地区的许多国家在探索现代化前行之路时，更是屡屡出现政局不稳、社会动荡乱象，甚至长期积累的深层次矛盾集中爆发。经济愁云与政治动荡，成为许多国家走向现代化过程中难以逾越的鸿沟。

不过，令人惊讶的是，中国却通过实际行动在事实上打破了所谓"亨廷顿悖论"，成为少数的例外者。改革开放以来，中国的经济一直快速增长，社会大局却一直保持稳定，创造了发展中国家走向现代化的奇迹。根据国家统计局的调查，2021年人民群众的安全感达到了98.6%，较2012年提升了11个百分点，中国已经成为世界上公认的最有安全感的国家之一。2018年，巴西学者奥利弗·施廷克尔在《中国之治与世界未来》一文中指出："'中国之治'作为一个成功样板已经在全球完美树立。"他认为，"西方之乱"成为世界和平发展的不稳定因素。在不确定的国际环境下，"中国之治"不仅让这个东方文明古国焕发了更大的生机，也增加了全球的稳定性，给人类制度和文明的演进提供了另一种可能。

"中国之治"与"西方之乱"形成鲜明的对比。究其原因，在于我们始终坚持统筹发展和安全两件大事。习近平指出："统筹发展和安全，增强忧患意识，做到居安思危，是我们党治国理政的一个重大原则。"踏上全面建设社会主义现代化国家的新征程，我国发展面临新的战略机遇、新的战略任务、新的战略阶段、新的战略要求、新的战略环境，进入战略机遇和风险挑战并存、不确定难预料因素增多的时期，各种"黑天鹅""灰犀牛"事件随时可能发生。我们遭遇的风险挑战可能"风高浪急"，甚至"惊涛骇浪"。党的二十大报告对"推进国家安全体系和能力现代化，坚决维护国家安全和社会稳定"作出专章部署，鲜明提出"以新安全格局保障新发展格局"的战略要求。那么新安全格局"新"在哪里？

"新"在坚持党的绝对领导。坚持党对国家安全工作的绝对领导，是做好国家安全工作的根本原则，是维护国家安全的根本保证。"新安全格局"坚持党中央对国家安全工作的集中统一领导，完善高效权威的国家安全领导体制，健全国家安全体系，增强维护国家安全的能力，把党的领导贯穿到国家安全工作各方面全过程。

"新"在坚持总体国家安全。当前，我国国家安全概念的内涵和外延比历史上任何时候都要丰富，时空领域比历史上任何时候都要宽广，内外因素比历史上任何时候都要复杂。"新安全格局"坚持总体国家安全观，突出"大安全"理念，涵盖政治、军事、国土、经济、金融、文化、社会、科技、网络、粮食、生态、资源、核、海外利益、太空、深海、极地、生物、人工智能、数据等诸多领域，无所不在。

香港历史博物馆常设国家安全展览厅

"新"在坚持安全发展。发展和安全是一体之两翼、驱动之双轮。"新安全格局"坚持推动高质量发展和高水平安全动态平衡，既加快构建新发展格局，形成强大的国内经济循环体系和稳固的基本盘，通过发展提升国家安全能力，尤其注重织密织牢开放安全网，增强在对外开放环境中动态维护国家安全的本领；又深入推进国家安全思路、体制、手段创新，全面提高国家安全工作能力和水平，营造有利于经济社会发展的安全环境，更好统筹发展和安全。

"新"在坚持系统思维。总体国家安全观坚持以人民安全为宗旨、以政治安全为根本、以经济安全为基础、以军事科技文化社会安全为保障、以促进国际安全为依托，统筹外部安全和内部安全、国土安全和国民安全、传统安全和非传统安全、自身安全和共同安全，统筹维护和塑造国家安全，夯实国家安全和社会稳定基层基础，完善参与全球安全治理机制，建设更高水平的平安中国，以新安全格局保障新发展格局。

"新"在坚持命运与共。当今世界，没有绝对安全的世外桃源。"新安全格局"落实全球安全倡议，提倡共同、综合、合作、可持续的全球安全观，构建人类命运共同体，推动各方朝着互利互惠、共同安全的目标相向而行。

总之，构建新安全格局，是着眼强国复兴大业的长远战略谋划，是关系全局的国家安全治理实践。加快构建新安全格局，以新安全格局保障新发展格局，将对更好统筹发展和安全，增强发展的安全性稳定性，在各种可以预见和难以预见的狂风暴雨、惊涛骇浪中增强我国的生存力、竞争力、发展力、持续力，确保中华民族伟大复兴进程不被迟滞甚至中断，推动中国式现代化行稳致远产生至关重要的影响。

篇三

文明之维

文明，是人类社会永恒的价值追求，发展前行的不竭动力，进步程度的重要标志。人类社会的历史，就是一部不断战胜野蛮，提升文明程度，由低级走向高级的文明发展历史。人类的脚步，印证着文明前进的足迹；社会的发展，体现着人类文明的升华。文明具有多样性，不同的历史和国情，不同的民族和风俗，孕育了不同的文明。作为世界文明体系中唯一绵延不断且以国家形态发展至今的中华文明博大精深、源远流长，是中华民族独特的精神标识，是世界文化宝库的璀璨瑰宝，是人类文明的重要组成部分。

文化，是一个国家、一个民族的灵魂。狭义的文化是相对于经济、政治而言的人类全部精神活动及其产品。当前，文化越来越成为民族振兴和社会发展的重要源泉、综合国力竞争的重要因素。正确把握文化的前进方向，充分发挥文化的积极作用，对于引领社会发展至关重要。文化关乎国本、国运，文化兴则国运兴，文化强则民族强。文化的力量深深地熔铸在民族的生命力、创造力和凝聚力之中。

审视自身，我们要加强对中华优秀传统文化的传承与弘扬，增强文化自信与自立。习近平指出，老祖宗传下来的优秀传统文化，我们要继续攥在手里，与时俱进，让它发扬光大。一个国家、一个民族，只有对自己的文化有坚定信心，才能获得坚守正道的定力、砥砺前行的动力、变革创新的活力，不断创造新的文化成果以推动中华文明前进，让曾经为世界文明进步作出重大贡献的中华文明重焕荣光、展现优势。

放眼世界，我们要深化文明的交流与互鉴，推动中华文化走向世界。在美国联邦最高法院的大门门楣上，雕刻着三位人物的画像，分别是三个国家文化的奠基人——雅典的梭伦、以色列的摩西和中国的孔子，他们分别代表着人类文化的法律、宗教、教育三个方面。美国1980年出版的《人民年鉴手册》曾列出世界十大思想家，孔子被推举为十大思想家之首。由此可见中华传统文化和人文思想的广泛影响。正是东西方文明交流与互鉴带来的思想激荡，拉近了心的距离，造福了更多民众，让世界更加美好。

展望未来，我们要推动中华文明不断创新发展，以崭新的现代形态去探寻人类文明发展的全新路径。中国之美，在于它实现了古老与现代的完美融汇。习近平指出："中华文明是革故鼎新、辉光日新的文明，静水深流与波澜壮阔交织。连续不是停滞、更不是僵化，而是以创新为支撑的历史进步过程。"由中国式现代化创造的人类文明新形态，必将使中华民族伟大复兴展现出前所未有的光明前景，并以文明新成就不断为世界贡献中国方案、中国力量、中国智慧。

文化传承与弘扬

  "沉睡数千年，一醒惊天下"，代表古蜀文明的三星堆考古遗址已发现8个"祭祀坑"，出土距今4800年至2800年间的文物1.7万多件，神奇青铜立人、人身鸟足像、青铜神树、金面罩……令人叹为观止，目不暇接。这一重要考古发现震惊全球，截至2022年5月，TikTok上三星堆话题热度已超过2080万，话题标签"chinese museum"（中国博物馆）视频播放总量达到3480万次。三星堆文物先后70余次出展日本、美国、加拿大等20多个国家和地区的100余座城市，所到之处引起轰动，外国观众无不惊叹中国历史文化的独特韵味与深厚底蕴。

  习近平指出："中华文明源远流长、博大精深，是中华民族独特的精神标识，是当代中国文化的根基，是维系全世界华人的精神纽带，也是中国文化创新的宝藏。"在任何时代，文化传承与创新都是相互关联、互为前提的。文化传承，既需要不忘根本，延续好中华文明的内核、根基、精髓，使其永葆旺盛生命力；又需要适时注入新鲜养分，使古老文明革故鼎新、与时偕行，展现时代的精神特质。如何让古老文明在新的千年焕发生机？传统文化如何实现当代发展？新时

> 代以来，党和国家高度重视传承与弘扬中华优秀传统文化，注重对中华优秀传统文化进行创造性转化和创新性发展，注重加强"两个结合"，这既是增强民族认同、增强文化自信的内在要求，也是探索新的人类文明前进道路的精神动力。

一、新时代为什么要弘扬中华优秀传统文化？

中华优秀传统文化，是中华民族智慧的结晶和世界文化宝库中独具魅力的瑰宝。中华传统文化引领着东方大国在历史进程中创造了数千年的鼎盛，遥遥领先于世界。德国哲学家莱布尼茨在《中国近事》一书中描述，中华文明是人类最伟大与高雅的文明之一。数千年来，中国人民都是站在文明的山巅，以天朝上国的威仪，接受其他文明和民族的仰视和崇敬。美国汉学家保罗·肯尼迪在《大国的兴衰》一书中写道，在近代以前时期的所有文明中，没有一个国家的文明比中国文明更发达、更先进。他引用瑞士经济史学家保罗·贝罗克关于各文明体在世界制造业产值中所占份额的统计：1750年，整个欧洲占23.2%，英国占1.9%，美国占0.1%，而中国占32.8%；1800年，整个欧洲占28.1%，英国占4.3%，美国占0.8%，中国占33.3%。1830年之前，中国在世界上一直处于领先地位。从人口分布和城市发展来看，汉代，中国人口就超过6000万，垦地超过8亿亩；唐代，长安城面积超过80平方公里，人口超过100万，那个时候，伦敦、巴黎等人口都不足10万，中国10万人口以上的城市十余座。

同样，古代中国在天文历法、数学、农学、医学、地理学等众多科技领域都取得了举世瞩目的成就。16世纪以前，世界上最重要的300项发明和发现中，中国占173项，远远超过同时代的欧洲。这些灿烂的文化遗产记录着中华民族繁荣发展的历史,成为今天民族自信心的重要基础和支撑,是民族创造力的主要源泉。

中华优秀传统文化,是中华民族在当今世界文化激荡中站稳脚跟的基础。中华优秀传统文化作为中华文明的智慧结晶和精华所在,是中华民族的根和魂。坚定文化自信和建设社会主义文化强国,皆需要根植于中华优秀传统文化。"根"属于植物学名词,土壤里的根系固持本体,吸收、储藏并源源不断为植物的茁壮生长输送养分。中华优秀传统文化扎根于华夏沃土,吸收本民族特质形成生命循环,使中华文明在诞生之初就具有自身独特的文化生命活力。纵观世界文明史,中华民族是最重视记录和著述的民族,记录和著述时间之早、延续之久、留存之多,世难有匹。迄今发现最早的成熟汉字,是距今至少3000多年的甲骨文,河南安阳殷墟至今已出土商代甲骨近16万片。商周有铭文的青铜器存世1万余件,"中国"二字就发现于西周初期的何尊上。湖南里耶出土的秦朝竹简上记录的九九乘法

宝鸡青铜器博物院馆藏文物何尊

表，是目前世界上发现最早、最完整的乘法口诀表实物，打破了从阿拉伯传入的说法。同时，中华民族创造了浩如烟海的文化典籍，20多万种、5000多万册古籍蕴含着无尽的智慧宝藏，诗经、楚辞、汉赋、唐诗、宋词、元曲、明清小说等文艺作品，在中华大地上广为传诵，中华文明在这些代代相传的典籍中得以孕育、记载和传承。

"魂"最早是道家和中医的基本概念，本义指"灵魂"，附在人体内的精神，引申义指国家、民族的内在精神。作为生命体，魂固才能神聚。坚定文化自信需要赓续文化血脉，建设文化强国更需传承民族精神。习近平强调："深厚的家国情怀与深沉的历史意识，为中华民族打下了维护大一统的人心根基，成为中华民族历经千难万险而不断复兴的精神支撑。"中华优秀传统文化，赋予了中华民族生生不息的生命力。如"仁义""和合""和平""均等"等思想，承载着"大道之行也，天下为公"的社会理想，"天下兴亡，匹夫有责"的爱国理念，"以和为贵，和而不同"的处世哲学，"天人合一，道法自然"的生命境界，"革故鼎新，与时俱进"的改革精神，"己所不欲，勿施于人"的道德规范，"天行健，君子以自强不息"的奋进精神，"言必信，行必果"的行为规范，"正心诚意，修齐治平"的心性修养等伟大的民族精神。一个国家和民族如果丧失了根脉、丢掉了灵魂，就无法在世界上立足，更何谈成长与壮大。

传承与弘扬中华优秀传统文化，是为实现中华民族伟大复兴积蓄精神动能，是党和国家的历史责任。只有保护好、传承好历史文化遗产，才是对历史负责、对人民负责。早在1939年3月，为防止边区大生产运动对文物的破坏，中共中央宣传部发出《关于保存历史文献及古迹古物的通告》，要求保护各类历史文献和文物古迹。1942年抗日战争时期，八路军付出巨大努力和牺牲，从处于日军占领区的山西赵城广胜寺抢救出《赵城金藏》，使旷世典籍免遭侵略者毒手。几经辗转，直到解放，尚存的4330

卷又9大包的《赵城金藏》被分装42箱，终于从涉县经邯郸安全运到北平。《赵城金藏》是12世纪金代刊刻的一部佛教大藏经，目前与《永乐大典》《四库全书》《敦煌遗书》一同被誉为中国国家图书馆的四大镇馆之宝。

  进入新时代，我们更需要在精心保护中传承发展好中华优秀传统文化。2024年1月28日，海外漂泊40年的西周丰邢叔簋重归祖国怀抱，丰邢叔簋于1978年在陕西省宝鸡市扶风县法门镇一处西周晚期青铜器窖藏出土，器物制作工艺反映了西周青铜器高超的铸造水平。1984年11月被盗，流失海外。2023年1月，丰邢叔簋现身美国纽约，国家文物局第一时间启动流失文物追索程序，联合公安部指导地方文物和公安部门迅速开展相关证据搜集整理，同时与持有人雷蒙德·金及其母亲充分沟通。雷蒙德·金及其母亲了解到文物背景后，毅然决定要"做正确的事"，同意无条件将文物返还给中国政府。2024年11月7日，意大利总统马塔雷拉访华。与意大利总统一同到达中国的还有意方向我国返还的流失海外的56件文物艺术品，其中不乏类似新石器时代马家窑文化彩陶这种研究中华文明起源的艺术品。

  党的十八大以来，我国流失文物追索返还工作取得重大成就。2019年，习近平访问意大利时，意方向我国返还796件文物艺术品，为国际合作追索返还文物树立新范例。截至2024年11月，已实现48批次2113件（组）文物艺术品回归祖国。2016年11月，南京市正式发起"颗粒归仓　守护城墙"项目，面向全社会广泛征集散落的明城砖线索。8年多来，南京市博物总馆共收回流落在外的明城墙砖50多万块，成为全国6000多家博物馆守护文物的生动缩影。70岁的长城保护员许国华，为使更多人了解长城的历史文化，制作《老许讲长城文物》500多期，在微信公众号上用通俗鲜活的语言讲解长城知识，让沉睡的文物"开口说话"。像老许这样的义务传统文化宣传员还有很多。近年来，国家持续推进中华文明探源工程和"考古中国"夏文化研究等18个重大项目，组织实施了268项主动性考古项目，举办了中华文明起源与早期发展专题展览；出台《廊桥保护三年行动计划》，推进了像莫高窟、应县木塔、大足石刻等历史文物的保护利用，擦亮"文化金名片"，不断把中华文明历史研究和保护引向深入。

可见，只有不断传承和弘扬中华优秀传统文化，中华文明才能在新时代日益彰显出旺盛强大的生命力、创造力、凝聚力、影响力，振奋民族精神，凝聚民族力量，助力民族复兴目标的实现。

二、如何推进中华优秀传统文化的创造性转化和创新性发展？

1960年，上海美术电影制片厂创作的水墨动画片《小蝌蚪找妈妈》，取材于齐白石先生的名画《蛙声十里出山泉》，它巧妙地把传统水墨画技法和动画结合，展现了丹青灵韵、水墨精神的中式艺术。1965年，融入京剧脸谱元素、全手绘动画片《大闹天宫》一经问世，即获得一致赞誉。这部历时两年多时间创作的动画综合了古代绘画、庙堂艺术、民间年画特色，又展现了中国传统戏曲重意不重景，舞台上几个人就能营造出千军万马压迫感的精湛表演技巧。鹅黄上衣虎皮短裙的美猴王、取材民间灶王菩萨形象的玉皇大帝、狡黠胆小的龟丞相……人物鲜活灵动，画面绚丽华彩，极具艺术感染力，成为中国动画史上的巅峰之作之一。《大闹天宫》曾先后参加过14个国家和地区举办的18个国际电影节展映，荣获包括1978年第22届伦敦电影节"最佳影片奖"等多项国际大奖。美联社的报道中写道："美国最感兴趣的是《大闹天宫》，因为这部影片惟妙惟肖，有点像《幻想曲》，但比迪士尼的作品更精彩。美国绝不可能拍出这样的动画片。"近年来全球最有影响力的电影工业基地——美国好莱坞，很多电影取材于中国文化遗产，迪士尼公司先后开发我国古代民间故事拍摄的《花木兰》《功夫熊猫》等动画片，在全世界赢得了较高票房。

当下，饱含中华优秀传统文化元素的艺术创作已成为引人关注的文化现象。无论是《中国诗词大会》《朗读者》《典籍里的中国》等文化节目，还是《哪吒之魔童降世》《姜子牙》《长安三万里》《哪吒之魔童闹海》等动画电影，再或是《风起洛阳》《天下长河》《梦华录》等连续剧，以及《景阳钟》《穆桂英挂帅》《贞观盛世》等戏曲片，均对中华优秀传统文化资源沃土挖掘深耕，从中提炼题材、获取灵感，引发了"国学热""汉服热""文创热"等传统文化热潮。

儿童沉浸式体验国学文化

中华优秀传统文化的创造性转化和创新性发展，不仅是我国新时代文化建设的重点之一，也为经济增长带来新的结合点。近几年，国货"潮品"已成为拉动内需的新动能。引领风尚的"紫禁城生活美学"，如"康熙帝表情包"、国宝色口红，让600多岁的故宫更加年轻，拉近了与公众的距离，为青年人所推崇。近年来和故宫相关的产品产值已达200亿元左右，文创衍生品超过1万种。老字号同仁堂也不甘落后，300多岁跨界卖起了咖啡，"枸杞咖啡""熬夜水"等成为年轻人消费打卡的明星产品；老北京布鞋品牌内联升，与手游《王者荣耀》联名，瞬间时尚破圈。

游戏行业是一个市场潜力巨大的产业。2024年上半年，中国游戏用户规模达6.74亿，高居世界首位；上半年国内游戏市场实际销售收入再创新高，达1472.67亿元。新时代以来，我国自主研发、获得版号且迄今仍在活跃运营的近1500款数字游戏中，超过四成借鉴、传播了中华传统文化。如《黑神话：悟空》以四大名著《西游记》为背景设定，为用户展现了一条充满危险与惊奇的西游历险之路；手游《QQ飞车》以不同赛道呈现敦煌、三星堆、千户苗寨等文化风貌；《王者荣耀》各种皮肤展示了壁画造型、民族舞蹈、戏曲唱腔等非遗符号；等等。很多用户在玩过游戏后，受传统文化魅力的感染，纷纷主动去了解学习相关传统文化知识或技能。

中华优秀传统文化的创造性转化和创新性发展，也为地区经济社会发展增光添彩。浙江省棠棣村是中国兰文化的发祥地之一。早在2500多年前，越王勾践就在兰渚山上种植兰花。据我国现存最早的地方志《越绝书》记载："勾践种兰渚山。"今天，兰渚山脚下的棠棣人靠山吃山，以种兰卖兰为生。悠久的兰文化不仅是棠棣人千百年来赖以生存的精神信仰，更是棠棣村从一个偏僻小山村蝶变成精致美丽大花园的文化传承。如今，无论是兰草历史、兰农人数、兰花精品，还是获奖数量，棠棣村均列全国同级之最，被称为"千年兰乡"。2023年，棠棣村村民人均收入突破13万元。近年来，许多地方将传统文化与旅游"联姻"，使旅游文化呈现新亮点，如壮族"三月三"民歌节、苗族"踩山节"、西双版纳"泼水节"、四川自贡"花灯节"等。这些传统文化元素为旅游业的发展注入了独特的文化内涵，并转化为产业兴旺的动力。

同时，中华优秀传统文化创造性转化和创新性发展，为中国特色社会主义发展提供了历史意识和精神支撑。《国家宝藏》节目利用"前世"的剧情演绎阐明文物的本体意义，再通过"今生"的故事借古喻今，发掘出文物的衍生价值。如明永乐青花海水江崖纹三足炉，从过去江山永固的寓意发展为山水相依、守望相助的时代内涵；秦始皇陵铜车马，使古代制造工艺与现代飞机制造时空呼应，共同表征了中国人万众一心、攻坚克难的信念追求。

桃渚位于浙江省台州市东部沿海，是全国重点镇，拥有全国重点文物保护单位——抗倭军事古城桃渚城。"戚家军"在桃渚城抗击倭寇、屡建战功，先后取得桃渚大捷、花街大捷、白水洋大捷等胜利，史称"台州九战九捷"。其间，戚继光修缮了桃渚城、台州府城，当地百姓为其立生祠，镌刻纪功碑。今天，在桃渚抗倭陈列馆展示着戚继光抗倭文物、史料、艺术作品，生动再现了台州抗倭的历史画面。回望历史，最深沉的情感是爱这片热土，最伟大的力量是万众一心。从戚继光抗倭，到新时代发展，时代在变，爱国爱民、众志成城的情感始终未变。

三、马克思主义基本原理为什么能够同中华优秀传统文化相结合？

中华文明具有5000多年的悠久历史，含有许多中华优秀传统文化因子，这些历史长河中的优秀文化因子，如果不激发其现代性，就只能"收藏在博物馆里""陈列在广阔大地上""书写在古籍里"，无法与现代化社会相融合，难以发挥宝贵的作用。近代以来，中华民族的文化主体性曾发生过剧烈动摇。西方的坚船利炮打开了中国的大门，曾经饮誉风流的中华文化在世人眼中逐步沦为"叫化的婆子"。十月革命一声炮响，为人类提供了认识世界和改造世界的理论武器，也涤荡了中华文明近代以来蒙受的风尘,为中华优秀传统文化的传承和弘扬指引了正确的方向。

首先,马克思主义具有科学性、世界性,能够同各民族优秀文化相结合。马克思主义诞生于西方,是资本主义社会发展到一定阶段的产物。但马克思主义绝不只属于西方,它吸收了包括东方文明在内的人类文明优秀成果,揭示整个人类社会发展规律,是全人类的思想财富。正如习近平指出的:"在人类思想史上,就科学性、真理性、影响力、传播面而言,没有一种思想理论能达到马克思主义的高度,也没有一种学说能像马克思主义那样对世界产生了如此巨大的影响。"马克思主义基本原理能够同各国具体实际及各民族优秀文化不断结合,发挥宝贵的作用。

其次,中华优秀传统文化与马克思主义基本原理具有互通性、相契性。习近平指出:"马克思主义传入中国后,科学社会主义的主张受到中国人民热烈欢迎,并最终扎根中国大地、开花结果,绝不是偶然的,而是同我国传承了几千年的优秀历史文化和广大人民日用而不觉的价值观念融通的。"中国古代有着丰富深刻的朴素辩证法思想,与马克思主义的唯物辩证法存在相通性,两者有着高度契合的宇宙观;中国古代思想家提出了"天下大同"愿景,马克思主义描绘的未来"共产主义"社会,两者勾画的社会蓝图有很大相似,体现着较为一致的天下观;中华文化秉持"和而不同"的理念,在社会交往中尊重差异、包容多样,而马克思主义坚持运用矛盾观点来认识和化解各种社会矛盾,两者都体现着在多样性中寻求统一的社会观。诸如此类。马克思主义是发展的理论,不是一成不变的教条,马克思主义基本原理同中华优秀传统文化相结合,不仅仅是增添了中国特有的话语范畴,更赋予马克思主义基本原理新的文化内涵。

最后,两者的结合实现了互相成就,带来了新的创造。马克思主义基本原理同中华优秀传统文化的结合是一种化学反应,造就了一个有机统一的新的文化生命体。让马克思主义成为中国的,中华优秀传统文化成为现代的,实质就是在马克思主义的科学指导下实现对中华传统文化的批判继承和创新发展,在中华优秀传统文化的滋养下实现对马克思主义的丰富和发展。20世纪30年代,艾思奇的《大众哲学》一书,用最通俗的笔法、日常谈话的体裁,溶化专门的理论,使大众读者不必费很大气力,就能够接受马克思主义哲学的基本理论。书中运用了大量中华传统文化中的典故事例、名言比喻,如岳飞是怎样死的、追论雷峰塔的倒塌,"无风不起浪""谈虎色变"等成语。很多人都是通过阅读《大众哲学》而认识马克思主义理论的。延安时期,党的文艺工作者创作了一批寓马克思列宁主义理论于中国故事之中的文艺作品,像歌剧《白毛女》《爷台山》《蓝花花》……生动展现了革命时期人民群众的喜怒哀乐、悲欢离合,也较好地传播了马克思主义思想和理论,在军队和广大群众中起到了极大的动员教育作用。

中国第一部民族歌剧《白毛女》选段《北风吹扎红头绳》剧照

同时,中国共产党领导人的许多理论主张,都借用了古语和历史典故的表达方式,既融入马克思主义理论指导了中国革命和建设实践,又对中华优秀传统文化作了时代解读。比如，毛泽东把《汉书》中评价河间献王刘德的"修学好古，实事求是"中的"实事求是"进行了马克思主义的阐释，形成了中国共产党的思想路线。邓小平把《诗经·大雅·民劳》中的"小康"与中国特色社会主义现代化建设相联系，用"小康社会"来表述社会主义社会在特定发展阶段的特征。江泽民用"与时俱进"概括马克思主义的理论品质和精神状态，吸收借鉴了《魏书》中"与时俱化"思想。胡锦涛提出科学发展观，强调以人为本，对中华优秀传统文化中的"民本""大同""天人合一"等思想进行了新的阐释，推进了马克思主义中国化时代化。

新时代，面对中华民族伟大复兴战略全局和世界百年未有之大变局，习近平从宏大视角将中华优秀传统文化与马克思主义有机结合，创造性提出一系列新思想、新理论，是理论创造的典范。第一，提出坚定文化自信，增强中华文明传播力和影响力。百舸争流，唯自信者胜。古往今来，无论个人成长还是国家发展，都需要一剂精神的"良方"——自信。文化自信为建设文化强国、增强中华文明传播力和影响力、推动中华优秀传统文化走向世界指明了方向。第二，提出构建人类命运共同体。习近平巧妙地将马克思主义的共同体理念，同中华优秀传统文化中"天下为公、天下大同"的社会理想、"惠民利民、安民富民"的价值立场、"讲信修睦、亲仁善邻"的交往之道、"天人合一、万物并育"的生态理念相结合，倡导建立人与自然、人与人、人与社会、国家与国家的命运共同体，为人类文明发展开辟了新道路。第三，提出人类文明新形态的命题。这一论断既阐明了社会主义文明是不同于资本主义文明的新文明形态，又破除了"中国崩溃论""中国模仿论""中国威胁论"等论调，为人类文明的发展提供了全新选择，展现出可信、可爱、可敬的文明大国形象。

四、弘扬中华优秀传统文化对世界有何特殊价值？

中华优秀传统文化，是世界了解新中国的桥梁和纽带。新中国成立初期，国际社会对新生政权缺乏了解，对灿烂的中华文明知之甚少，甚至怀有偏见。中国领导人巧妙运用政治智慧，开展一系列具有中华文化特色的外交，如"瓷器外交""舞剧外交""乒乓外交""熊猫外交"，为新中国外交开创了良好的局面。

1954年日内瓦会议，是新中国第一次登上国际多边舞台。出席会议前夕，周恩来特向故宫博物院借用12件陈列文物，包括齐白石、徐悲鸿等名家书画，"雍正天蓝铉纹兽耳罇""乾隆青花贯耳大方瓶"等，并把文物和中国的宫灯、屏风等工艺品布置在代表团会客室等重要场所。日内瓦会议期间，周恩来在这里会见、宴请了英国外交大臣罗伯特·安东尼·艾登、法国总理孟戴斯·弗朗斯、英国电影明星卓别林等几十位外国客人，其中卓别林还品尝了周恩来专门为他准备的北京烤鸭。参会期间中国代表团举行电影招待会，放映影片《梁山伯与祝英台》，并在请柬上介绍影片为"中国的《罗密欧与朱丽叶》"，上千位各国外交使节、新闻记者观影后如醉如痴，称赞"故事好，表演好，音乐好，色彩好"。罗伯特·安东尼·艾登在回忆录中提到，这些文物所传递出的是主人深深的自信，让人感到，一个有着厚重文化底蕴的国家和人民是不容被忽视的。1972年，美国总统尼克松访华后，周恩来将大熊猫"玲玲"和"兴兴"作为中美友谊的象征赠送给美国。"玲玲"和"兴兴"乘专机抵达华盛顿国家动物园时，8000名美国观众冒雨迎接。仅开馆第一个月，参观者就多达100余万人。2024年5月，习近平将一件产自泉州德化、名为《虚谷长馨》的陶瓷礼物赠送给塞尔维亚总统武契奇。瓷器以竹子和塞尔维亚国花凤凰花为创作元素，竹子寓意虚怀若谷，体现博大胸怀；凤凰花寓意生命力顽强，馨香久远。瓷器作为交流的使者，见证了中塞的"铁杆友谊"。可见，中华优秀传统文化是凝聚人类文明共识的重要纽带。

中华优秀传统文化，推动了人类社会的进步。一种传统文化的现代价值，取决于它能够在多大程度上适应世界经济政治发展的时代要求，东方文明和智慧从古至今都在为人类社会进步贡献力量。英国哲学家培根说过，印刷术、火药、指南针，这三种发明曾经改变了世界事物的面貌和状态，以至没有一个帝国、教派和人物能比这三种发明在人类事业中产生更大的力量和影响。当代，以屠呦呦获得诺贝尔奖为标志，中医药学为世界医药学作出了特殊的贡献。截至2024年12月，中国共认定了1557项国家级非物质文化遗产代表性项目，包括昆曲、古琴艺术、新疆维吾尔木卡姆艺术、蒙古族长调民歌、中国水密隔舱福船制造技艺等在内的44个非物质文化遗产项目被列入联合国教科文组织非物质文化遗产名录（册），居世界第一。同时，作为中华优秀传统文化组成部分的"天人合一"思想所反映的环保理念，已成为世界各国在环境保护、人与自然和谐相处过程中共同的追求；中华优秀传统文化中"和"的价值理念应用到现代中国的对外政策中，从和平共处五项原则的提出，到"一带一路"倡议的具体实践以及推动构建人类命运共同体的主张，中华优秀传统文化不仅在古代为人类社会作出巨大贡献，在当代继续为人类社会进步彰显价值所在。

中国44个项目列入联合国教科文组织非物质文化遗产名录、名册

截至2024年12月，中国共有44个项目列入联合国教科文组织非物质文化遗产名录、名册，总数居世界第一，其中，列入代表作名录39项，列入急需保护名录4项，入选优秀保护实践名册1项。

一、人类非物质文化遗产代表作名录（39项）

2008年：昆曲，古琴艺术，新疆维吾尔木卡姆艺术，蒙古族长调民歌

2009年：中国篆刻，中国雕版印刷技艺，中国书法，中国剪纸，中国传统木结构建筑营造技艺，南京云锦织造技艺，端午节，中国朝鲜族农乐舞，妈祖信俗，蒙古族呼麦歌唱艺术，南音，热贡艺术，中国桑蚕丝织技艺，龙泉青瓷传统烧制技艺，宣纸传统制作技艺，西安鼓乐，粤剧，花儿，玛纳斯，格萨（斯）尔，侗族大歌，藏戏

2010年：中医针灸，京剧

2011年：中国皮影戏

2013年：中国珠算——运用算盘进行数学计算的知识与实践

2016年：二十四节气——中国人通过观察太阳周年运动而形成的时间知识体系及其实践

2018年：藏医药浴法——中国藏族有关生命健康和疾病防治的知识与实践

2020年：太极拳，送王船——有关人与海洋可持续联系的仪式及相关实践

2022年：中国传统制茶技艺及其相关习俗

2024年：春节——中国人庆祝传统新年的社会实践，羌年，中国木拱桥传统营造技艺，黎族传统纺染织绣技艺

二、急需保护的非物质文化遗产名录（4项）

2010年：麦西热甫，中国水密隔舱福船制造技艺，中国活字印刷术

2011年：赫哲族伊玛堪

三、优秀保护实践名册（1项）

2012年：福建木偶戏后继人才培养计划

中华优秀传统文化，与世界优秀文化包容互鉴、融合共生。"达则兼善天下"，"万国各得其所而咸宁"。作为世界上唯一没有中断而绵延至今的文明，中华优秀传统文化具备以天下为己任的博大情怀，虽然古代并无地球的概念，也不知道世界究竟多大，但在中华传统文化的思维体系中，所有的理论和观念都不仅仅是对中国人的，还包括对自然界、人类社会和世界在内问题的整体思考。《周易》《道德经》《大学》《中庸》等都突出地表现了这种整体包容、一体推进的特点。正是这种民族性，使中华文明在对待各种新生事物和外来文化时，既开放吸收、虚心借鉴，又恪守国家与民族的主体特点。如唐代名曲《霓裳羽衣曲》，成为汉乐与胡乐融合发展的最高成就；敦煌、吐鲁番石窟的壁画和写本，既受中原文化影响，又受印度文化、阿拉伯文化浸染。同时，中华传统文化也以服务世界文明为己任。古中国的造纸术很早传入西方，使阿拉伯国家可利用造纸术生产出大量纸张，对《古兰经》进行统一书写，进而流传至世界各地。活字印刷术是西传的又一重要技术。北宋时期，毕昇发明的活字印刷术经丝绸之路传至欧洲。到13世纪，沿丝绸之路来到我国的西方人将这一技术带回欧洲；15世纪时，欧洲人约翰·古腾堡运用印刷术印出了一部《圣经》；1466年，欧洲第一家印刷厂在意大利设立，我国印刷术迅速在欧洲传播，促进了世界文明的交融。

问渠那得清如许？为有源头活水来。传承文明薪火，赓续中华文脉，才能更好地把握中国之变、世界之变，回答好今天的时代之问、文明之问，才能拥有无比强大的前行力量。

文化自信与自立

  作为历史上首座"双奥之城",北京以出色的表现在整个奥林匹克历史上留下了浓墨重彩的一笔。当我们对 2008 年北京奥运会开幕式所展示的悠久历史和灿烂文化念念不忘时,2022 年北京冬奥会开幕式所呈现的从二十四节气开启冬奥会开幕式倒计时,到"黄河之水天上来"幻化的破冰五环,从冰雪雕刻的"中国门"和"中国窗"到"中国结"创意的雪花引导牌和引导员佩戴的传统虎头图案的小礼帽等,中国传统文化元素贯穿整个开幕式的始终。《彭博商业周刊》报道称,与 2008 年夏季奥运会在北京举办时相比,这个国家更富有、更自信、更有底气。奥运会开幕式是集中展示主办方独特文化和良好国家风貌的绝佳机会,从 2008 年夏季奥运会开幕式到 2022 年冬季奥运会开幕式,世界看到一个更自信、更从容的新时代中国,跨越 14 年的两届奥运会开幕式折射出我们更加坚定的文化自信。文化自信是当前我国文化建设的重要议题,是社会生活中的高频词,是我们这个时代的鲜明印记。党的二十届三中全会提出,必须增强文化自信,发展社会主义先进文化,弘扬革命文化,传承中华优秀传统文化。我们要坚定文化自信,担当使命、奋发有为,共同努力创造属于我们这个时代的新文化。

一、文化自信为什么是"说到底"的自信？

党的十八大以来，习近平在不同场合的讲话中多次提到文化自信。2016年5月17日，他在哲学社会科学工作座谈会上指出，我们说要坚定中国特色社会主义道路自信、理论自信、制度自信，说到底是要坚定文化自信。同年11月，他在中国文联十大、中国作协九大开幕式上强调，文化自信，是更基础、更广泛、更深厚的自信，是更基本、更深沉、更持久的力量。坚定文化自信是习近平文化思想具有原创性的重要内容，是习近平文化思想的有机组成部分。

纵览古今中外，从百家争鸣到汉唐气象，从古希腊众贤到文艺复兴人才济济，人类文明发展史上的辉煌阶段必然对应着文化发展的高峰。文化自信是一个国家、一个民族以及一个政党对自身文化发展演变历史的清醒认知，对自身文化价值的充分肯定和积极弘扬，对自身文化生命力持有的坚定信心。文化自信从宏观上表现为一个国家、一个民族、一个政党无论是在纵向的历时态比较、还是横向的共时态比较，都能正确看待自身文化，清楚自身文化的丰富内涵和时代价值，并对这种文化的生命力和发展前景充满信心；从微观上表现为个人对所属国家和民族文化的价值认同、身份认同和情感认同。简言之，文化自信就是文化创造主体对于文化发展的历史积累、现实状况、未来前景的信心和信念。习近平所强调的文化自信，主要包括对中华优秀传统文化、革命文化、社会主义先进文化的自信。

中华文明以历史悠久、文脉赓续、成就璀璨著称于世，为人类文明进步作出了不可磨灭的贡献，这是我们这个民族具有自信气度的精神基石。近代以后，西方帝国主义国家用坚船利炮打开了中国的大门，鸦片战争成为中华民族也是中华文化发展的一道分水岭。由于近代中国国力的衰微和国运的多舛，使得中华文化受到西方文化前所未有的挑战，一些国人一度失掉了文化自信，产生了文化自卑甚至文化自弃的心理。胡适"百事不如人"的论调就是那个时代具有代表性的文化心态。这种犯了严重数典忘祖的民族虚无主义错误的论调产生了深远的影响，甚至时至今日，在传统与现代、东方与西方、民族与世界的文化碰撞交织中，依然会有人缺乏文化自信。

马克思主义传入中国，唤醒了沉睡已久的中华民族，激活了曾经蒙尘的伟大文明。毛泽东说："自从中国人学会了马克思列宁主义以后，中国人在精神上就由被动转入主动。从这时起，近代世界历史上那种看不起中国人，看不起中国文化的时代应当完结了。"在近代中国最危急的时刻，中国共产党找到了马克思主义。马克思主义的传入，不仅掀开了中国革命的崭新一页，也开启了中华文化发展的崭新篇章，中华文化开启了全新的发展历程。在中国共产党团结带领中国人民革命、建设、改革发展的百余年奋斗史中，不断取得思想文化新觉醒、理论创造新成果、文化建设新成就。特别是党的十八大以来，习近平就文化建设提出了一系列新思想新观点新论断，形成了习近平文化思想，推动社会主义文化繁荣发展，不断开辟马克思主义中国化时代化的新境界，也在不断地唤起文化自信、凝聚文化自信、坚定文化自信。

坚定文化自信，是事关国运兴衰、事关文化安全、事关民族精神独立性的大问题。"三个事关"诠释了坚定文化自信的重要性。只有坚定文化自信，才有推进文化创新、文化发展的胆识和勇气，通过建构适合历史传统、现实国情、人民诉求的文化，实现文化发展上的独立自主。文化自信是文化繁荣兴盛和中华民族伟大复兴的重要基础和前提。一个国家、一个民族，只有对自己的文化有坚定信心，才能获得坚守正道的定力、砥砺前行的动力、变革创新的活力，在通往未来的道路上才能行稳致远。

2014 年 9 月 24 日，习近平在纪念孔子诞辰 2565 周年国际学术研讨会暨国际儒学联合会第五届会员大会开幕会上的讲话中指出："文明特别是

时代问答 文明之续

思想文化是一个国家、一个民族的灵魂。无论哪一个国家、哪一个民族，如果不珍惜自己的思想文化，丢掉了思想文化这个灵魂，这个国家、这个民族是立不起来的。"国家之魂，文以化之，文以铸之。中华文明5000多年绵延不断、经久不衰，在长期演进过程中，形成了中国人看待世界、看待社会、看待人生的独特价值体系、文化内涵和精神品质，这是我们区别于其他国家和民族的根本特征，也铸就了中华民族博采众长的文化自信。

2023年央视春晚节目《满庭芳·国色》向我们展示了中国古人从自然万物、天地四时中发现的桃红、缃叶、群青、凝脂、沉香五种色彩，雅致动听的色彩名称传达出东方审美意趣。2024年央视春晚创意节目《年锦》以汉、唐、宋、明四个历史时期的服装纹样为主题，汉服的端庄大气、唐装的华丽瑰丽、宋装的素雅清新以及明装的华贵典雅，都在舞台上得到了完美的呈现。两个节目都是通过传统的舞蹈和音乐，艺术化地呈现中国人的美学追求，在这个全世界观众最多的舞台，展示了中国传统文化的魅力，显示了中国人发自内心的文化自信。

2024年春节联欢晚会陕西西安分会场的多彩民俗表演

新时代呼唤坚定的文化自信，新时代更铸就坚定的文化自信。在新时代的伟大变革中，以习近平同志为核心的党中央把文化建设提升到一个新的历史高度。把马克思主义基本原理同中华优秀传统文化相结合既不是用中华优秀传统文化取代马克思主义，也不是用马克思主义取代中华优秀传统文化，而是以中国式现代化的实践为基础，以马克思主义的思维方式对中华优秀传统文化进行再思考，从而在社会主义的条件下传承、更新、发展中华优秀传统文化。因此，把马克思主义基本原理同中华优秀传统文化相结合，必将造就一个有机统一的新的文化生命体，即中国式现代化的文化形态。

我们党提出把马克思主义基本原理同中华优秀传统文化相结合，不仅是对马克思主义中国化时代化历史经验的深刻总结，更是对中华文明发展规律的深刻把握，表明我们党对中国道路、理论、制度的认识达到了新高度，表明我们党的历史自信、文化自信达到了新高度，表明我们党在传承中华优秀传统文化中推进文化创新的自觉性达到了新高度。中国特色社会主义文化承古开今，向新而行，文化建设气象万千，全党全国各族人民的文化自信显著增强、日益坚定。今天，我们可以自豪地说，坚定文化自信，我们有充足的底气和充分的理由。

二、新时代文化自信的底气来自哪里？

在2024年新年贺词中，习近平指出："泱泱中华，历史何其悠久，文明何其博大，这是我们的自信之基、力量之源。"回首中华民族漫长的发展历史，尤其是近代以来的历史，我们会强烈地感受到，文化自信绝不仅仅是文化自身发展的问题。正如习近平指出，"每到重大历史关头，文化都能感国运之变化、立时代之潮头、发时代之先声"。近代以来中国的历史，既是一部中华民族从备受屈辱到站起来、富起来再到强起来的发奋图强史，也是一部中华文化从自卑到自立再到自信的文化自强史。文化自信不是自命不凡,更不是孤芳自赏,文化自信必须建立在客观事实基础之上。

文化自信来自深厚的文化积淀。北京中轴线北延长线上,中国历史研究院建筑似鼎如尊,硕大篆书"史"字悬于其上,彰显中华民族5000多年历史的深厚底蕴。一路向北,中国国家版本馆中央总馆掩映在青山茂林之中,中华文化种子基因"藏之名山、传之后世"。中华民族绵延5000多年的文明历程铸就了一部博大精深、源远流长的文化发展史。泱泱华夏,从先秦诸子到两汉经学,从魏晋玄学到隋唐佛学,从儒释道到宋明理学,再到明清心学。一次次文化繁荣,一层层文化积淀,中华文明博大精深、卓越辉煌,绵延至今。讲仁爱、重民本、守诚信、崇正义、尚和合、求大同滋养着中华民族5000多年的精神气质。哲学家冯友兰曾指出:"盖并世列强,虽新而不古;希腊罗马,有古而无今。惟我国家,亘古亘今,亦新亦旧。"这是中华文明和中华文化生命力、创造力的真切写照。5000多年的文化积淀是中华民族的突出优势,是我们最深厚的文化软实力,是中国特色社会主义文化的沃土,是当下我们文化自信的深厚历史根基。

中国历史研究院

近代以来，中华民族遭受了内忧外患，但在救亡图存的道路上，中国人民表现出百折不挠的革命精神和民族气概。1921年中国共产党成立，中国革命的面貌焕然一新。在长期的革命实践中，中国共产党形成了以伟大建党精神为源头的精神谱系，这些精神成为党的红色基因，熔铸成近代以来中华民族的精神标识。革命文化是中华民族宝贵的精神财富，淬炼了民族精神，实现了文化自信的涅槃。2024年，电影《志愿军：存亡之战》成为国庆档期票房冠军，从《长津湖》系列再到《志愿军》系列的票房大火，这得益于思想的深度、艺术的高度，更得益于精神的力度。抗美援朝精神的生动呈现，激发了观影者强烈的民族自信和情感共鸣。

社会主义先进文化萃取中华优秀传统文化和革命文化的精华，是对中华优秀传统文化和红色革命文化的深度融合，也是中华文化在当代中国的最新发展。社会主义先进文化是文化自信的时代内涵。新时代，坚持中国特色社会主义发展道路，努力建设和发展社会主义先进文化，推动中国特色社会主义文化繁荣兴盛，是坚定文化自信和价值观自信的时代要求。

文化自信来自当下发展的现实。中华民族从近代的国家蒙辱、人民蒙难、文明蒙尘到今天我们前所未有地接近实现中华民族伟大复兴，前所未有地具有实现民族复兴的能力和信心，古老的中华民族自信自强、守正创新，创造了新时代中国特色社会主义的伟大成就。今天的中国人民前进动力更加强大，奋斗精神更加昂扬，必胜信念更加坚定，中华民族伟大复兴进入了不可逆转的历史进程。党成立以来，团结带领人民创造了一个个人类发展史上的伟大奇迹，深刻改变了中国的面貌、中华民族的面貌、中国人民的面貌，书写了中华民族几千年历史上最恢宏的史诗。

国家能有如此迅速的发展，取得如此辉煌的成就，一方面因为我们这个民族自古以来是一个自强不息、勤劳勇敢的伟大民族；另一方面也证明了我们的道路、理论、制度有自身的优势,我们的文化焕发出深沉、持久的力量。基于此,习近平在庆祝中国共产党成立95周年大会上的讲话中指出:"当今世界,要说哪个政党、哪个国家、哪个民族能够自信的话,那中国共产党、中华人民共和国、中华民族是最有理由自信的。"光辉成就的取得不是撞大运撞出来的,更不是照抄照搬西方模式取得的,而是中国共产党团结带领全国各族人民坚定不移走中国特色社会主义道路、不断丰富中国特色社会主义理论、不断完善中国特色社会主义制度和不断推进中国特色社会主义文化自信自强而取得的。当代中国特色社会主义事业发展取得了历史性成就,创造了中国崛起的伟大奇迹,也夯实了我们文化自信的现实基础,为全党全国各族人民的坚定前行凝聚了磅礴的精神力量。

文化自信来自文化强国建设扎实推进。纵观古今中外,文化自信的高峰与文化实践的辉煌是相互对应的。习近平多次强调,要坚定文化自信,推动中华优秀传统文化创造性转化、创新性发展,继承革命文化,发展社会主义先进文化,不断铸就中华文化新辉煌,建设社会主义文化强国。党的十八大以来,以习近平同志为核心的党中央把文化建设提升到一个新的历史高度,推动文化建设取得历史性成就、发生历史性变革,为坚定文化自信自强,更好担负起新时代新的文化使命,扎实推进社会主义文化强国建设,指明了前进方向、提供了根本遵循。

从系统梳理中华优秀传统文化资源,让收藏在博物馆里的文物、陈列在广阔大地上的遗产、书写在古籍里的文字都活起来,到开展党史、新中国史、改革开放史、社会主义发展史教育;从弘扬革命文化,传承红色基因,再到深化文化体制改革,繁荣发展社会主义先进文化,文化领域呈现出文化兴国运兴、文化强民族强的生动图景,人民群众日益增长的文化需求不断得到满足,国家文化软实力和中华文化影响力不断提升。

党的十九届五中全会审议通过的《中共中央关于制定国民经济和社

会发展第十四个五年规划和二〇三五年远景目标的建议》明确提出，到2035年把我国建成文化强国，首次明确了建成文化强国的具体时间表。《"十四五"文化发展规划》《文化强国建设规划纲要（2021—2035年）》更进一步明确了建成文化强国的路线图。我们相信不久的将来，我国将由一个文化大国跃升为内有实力、外有魅力的文化强国。

三、新时代的我们如何进一步增进文化自信？

新时代新征程，面对新形势新变化新挑战，如何在民族复兴中进一步彰显中国人的文化自信，要回答这个问题，就需要找到推进中国式现代化进程中文化自信的着力点。

一是让马克思主义成为中国的。2020年9月，在湖南考察的习近平来到岳麓书院。望向讲堂上高悬的"实事求是"匾额，他语重心长地说："一定要把真理本土化。"真理本土化的过程，就是"马克思主义成为中国的"的过程。

"马克思主义是我们立党立国的根本指导思想。背离或放弃马克思主义，我们党就会失去灵魂、迷失方向。在坚持马克思主义指导地位这一根本问题上，我们必须坚定不移，任何时候任何情况下都不能有丝毫动摇。"回望百年前的民族危亡之际，中国共产党人找到了马克思主义，让那些以前没有听说过的道理，为中国人的精神世界开辟一片新天地。百余年来，中国共产党人把马克思主义基本原理同中国革命和建设的具体实际结合起来，同中国改革开放的具体实际结合起来，同新时代中国的具体实际结合起来，创立了毛泽东思想，形成了中国特色社会主义理论体系，创立了习近平新时代中国特色社会主义思想，不断开辟马克思主义中国化时代化新境界，使马克思主义更具中国风格和中国气派，并扎根中国大地、开花结果。

二是让中华优秀传统文化成为现代的。近两年来,河南卫视多档中国风的节目备受关注。从春节的《唐宫夜宴》到《河南博物馆元宵奇妙夜》,再到《端午奇妙游》以及之后的《洛神赋》《山海经》等节目,有网友风趣地说,河南卫视火了初一火十五,火了十五火端午,令人惊艳。河南卫视火出圈的节目得益于三维、AR等现代科技的巧妙运用,更重要的是坚持不懈从中华优秀传统文化中汲取资源和灵感,实现创造性转化、创新性发展。中原大地是中华民族和华夏文明的发祥地,河南是当之无愧的文化资源大省,厚重的历史文化是其宝贵资源和重要优势。其实河南卫视火了的背后,最大功臣和最大赢家是中华优秀传统文化。从河南卫视推出的《唐宫夜宴》及《端午奇妙游》等舞台精品,到央视推出的《典籍里的中国》《寻古中国》《国家宝藏》《中国诗词大会》等一大批聚焦中国传统文化的纪录片、综艺节目,都在持续点燃观众对中华优秀传统文化的热情,中华文化日益彰显出穿越时空的深邃智慧和永恒价值。

郑州歌舞剧院演员表演舞蹈《唐宫夜宴》

包括儒家思想在内的中国传统思想文化中的优秀成分所蕴含的丰富哲学思想、人文精神、教化思想、道德理念等，为治国理政和解决人类社会难题提供了有益启示。我们要结合新的时代条件对中华优秀传统文化进行创造性转化、创新性发展，从而使中华优秀传统文化成为现代的。

三是推动文化事业和文化产业繁荣发展。文化事业和文化产业的蓬勃生机与活力，是建设社会主义文化强国的坚强基石。没有繁荣发展的文化事业和文化产业，文化自信就会成为一句空话。党的二十届三中全会提出，必须培育形成规模宏大的优秀文化人才队伍，激发全民族文化创新创造活力。

我们看到，新时代公共文化服务水平不断提升，文化遗产保护传承全面加强。2023年2月，由国家图书馆联合北京大学、字节跳动共同研发的《永乐大典》高清影像数据库正式发布上线，公众可免费使用。《永乐大典》是明成祖朱棣在永乐年间编纂的一部大型百科全书，将其制成高清影像数据库，是活化古籍资源的一次重要实践。这部封建朝廷重臣也难得一见的珍贵典籍，今天的普通读者均可网上阅读。

以影视、出版等为代表的文化产业蓬勃发展，不断满足人民精神文化生活新的需求和期待。国家统计局数据显示，2023年全国规模以上文化企业实现营业收入近13万亿元，比上年增长8.2%。2023年春节档，由刘慈欣原著改编、郭帆执导的科幻影片《流浪地球2》上映，引发观众热烈讨论，好评如潮。硬核科幻与家国大义情怀的融合，令《流浪地球2》在海外也获得了较高的评价，跻身北美周末票房榜前十。

新时代坚定文化自信，就要不断提升公共文化服务水平，要不断健全现代文化产业体系，以高质量文化供给增强人们的文化获得感、幸福感，提升文化的自豪感和自信心。

四是彰显新的文化生命体的影响力和感召力。秉持开放包容，促进外来文化本土化，推动中国式现代化的文化形态向世界传播，使其焕发出蓬勃的生机活力，彰显新的文化生命体的影响力和感召力，这是增强文化自信的重要因素。

1937年，埃德加·斯诺的《红星照耀中国》让世界了解了中国工农红军和中国共产党领导的中国革命，帮助中国革命赢得了国内外舆论的理解和支持。2015年5月，习近平就《人民日报》（海外版）创刊30周年作出重要批示："用海外读者乐于接受的方式、易于理解的语言，讲述好中国故事，传播好中国声音。"正如美国学者斯蒂芬·哈尔珀所说，打赢如今的战争靠的不是最好的武器，而是最好的叙述方式。当前，我们在文化和价值观传播方面存在着不足，与我国的国际地位相比，我们在国际上的话语权和文化影响力依然薄弱，有待增强。

习近平强调："我们有本事做好中国的事情，还没有本事讲好中国的故事？我们应该有这个信心！"讲好中国故事，传播中国声音，要清楚讲什么。要着重讲好中国共产党的故事、中国式现代化的故事、中国人民的故事，让世界更好地了解中国。我们要提升讲好中国故事的能力，加强对外话语体系建设，研究国外不同受众的习惯和特点，要找到与听众的精神共同点、思想共享点、情感共鸣点。要创新中华文化海外传播机制，既要发挥好政府的主导作用，也要发挥好社会力量的独特优势，加强国际传播能力建设，构建更有效力的国际传播体系，全面提升国际传播效能，形成同我国综合国力和国际地位相匹配的国际话语权。要不断深化文明交流互鉴，推动中华文化更好走向世界。"我们不仅要让世界知道'舌尖上的中国'，还要让世界知道'学术中的中国'、'理论中的中国'、'哲学社会科学中的中国'，让世界知道'发展中的中国'、'开放中的中国'、'为人类文明作贡献的中国'。"

四、如何理解当代中国文化的主体性？

2023年6月，习近平在文化传承发展座谈会上鲜明提出"文化主体性"的重大论断，他指出："任何文化要立得住、行得远，要有引领力、凝聚力、塑造力、辐射力，就必须有自己的主体性。"文化主体性是一个国家或民族在文化传承发展中有清醒认知与高度认同的独特价值理念和精神特质，是区别于其他国家、民族的鲜明文化特质和价值立场。可以说有了文化主体性，就有了文化意义上坚定的自我，文化自信就有了根本依托。我们的文化自信就来自中国文化的主体性。

> 有了文化主体性，就有了文化意义上坚定的自我，文化自信就有了根本依托，中国共产党就有了引领时代的强大文化力量，中华民族和中国人民就有了国家认同的坚实文化基础，中华文明就有了和世界其他文明交流互鉴的鲜明文化特性。
> ——2023年6月2日，习近平在文化传承发展座谈会上的讲话

理解当代中国文化的主体性首先要明确我们到底要建设什么样的文化。我们党历来重视文化建设，从成立之日起，既是中国先进文化的积极引领者和践行者，又是中华优秀传统文化的忠实传承者和弘扬者。"在5000多年文明发展中孕育的中华优秀传统文化，在党和人民伟大斗争中孕育的革命文化和社会主义先进文化，积淀着中华民族最深层的精神追求，代表着中华民族独特的精神标识。"这一表达本身就是对文化主体性的彰显，是在文化意义上的自我认知。习近平指出："文化自信就来自我们的文化主体性。这一主体性是中国共产党带领中国人民在中国大地上建立起来的"。新时代新征程上继续巩固中华民族的文化主体性，必须要坚持党

的文化领导权。要在党的领导下，坚持中国特色社会主义文化发展道路，围绕举旗帜、聚民心、育新人、兴文化、展形象建设社会主义文化强国。

巩固当代中国文化的主体性必须以马克思主义为引领。近代以来中华民族遭遇劫难，文化主体性遭遇巨大冲击。以辜鸿铭等为代表的学者提倡"东方文化论"，墨守成规，无视文化发展的外在压力和挑战；以胡适、陈序经等为代表的学者主张"全盘西化论"，数典忘祖，犯了严重的民族虚无主义错误；以杜亚泉等为代表的学者提出"文明调和论"，生硬拼凑，在文化主体性上摇摆不定。在近代中国最危险的时刻，中国共产党找到了马克思主义。伴随着新民主主义革命的风起云涌，中华文化开启全新的发展历程，近代中国的文化建设从此找到正确方向。马克思主义把先进的思想理论带到中国，以真理之光激活了中华文明的基因，引领中国走进现代世界，推动了中华文明的生命更新和现代转型。因此，巩固当代中国文化的主体性决不能抛弃马克思主义这个魂脉。

巩固当代中国文化的主体性必须坚持以中华优秀传统文化为底蕴。中华优秀传统文化源远流长、博大精深，是中华民族的文化基因，为文化主体性建构提供丰富的思想素材。当代中国文化主体性建构，既要自觉接受马克思主义对整个理论思想体系的引领，也要传承中华优秀传统文化的根脉，坚持把马克思主义基本原理同中华优秀传统文化相结合。没有中华5000多年文明，就无法凸显社会主义文化建设的中国特色；不吸取中华优秀传统文化，就没有中国特色社会主义文化发展的坚实根基。因此，巩固当代中国文化的主体性决不能缺少中华优秀传统文化的深厚底蕴。

中国共产党立时代之潮头、担复兴之重任，团结带领中国人民，扎根中国大地、坚守中华文化立场，把马克思主义基本原理同中国具体实际相结合、同中华优秀传统文化相结合。"'结合'不是'拼盘'，不是简单的'物理反应'，而是深刻的'化学反应'，造就了一个有机统一的新的文化生命体。"这一新的文化生命体决不能抛弃马克思主义这个魂脉,决不能抛弃中华优秀传统文化这个根脉,而是让马克思主义成为中国的,中华优秀传统文化成为现代的,让经由"结合"而形成的新文化成为中国式现代化的文化形态。习近平新时代中国特色社会主义思想的创立就是文化主体性的最有力体现。我们要坚持以习近平新时代中国特色社会主义思想引领强国建设、民族复兴伟业,在以中国式现代化全面推进中华民族伟大复兴的历史进程中,确保文化主体性在正确道路上不断巩固。

文明交流与互鉴

在人类漫长的历史长河中,世界各地不同的历史和国情、不同的民族和风俗,孕育了不同文明,形成了多样的文明图景。不同文明有优劣之分吗?不同文明会不会必然导致冲突?中国共产党为什么倡导文明交流互鉴?不同文明如何走向交流互鉴?在人类文明发展的重大历史关口,这些问题事关世界的和平与发展。在中国古代史书《国语》中,有一篇文章名为《史伯为桓公论兴衰》,记载了郑桓公与太史伯就周朝兴衰展开的一场重要对话。郑桓公问太史伯:"周其弊乎?"太史伯说:"殆于必弊者也。"太史伯之所以如此确定,是因为周幽王"弃高明昭显,而好谗慝暗昧",违背了"和实生物,同则不继"的法则。太史伯说:"声一无听,物一无文,味一无果,物一不讲。王将弃是类也而与剸同,天夺之明,欲无弊,得乎?"这种和谐的法则同样适用于对待文明之间的关系,只有不同文明和谐共处,文明才能发展和繁荣。然而,一些西方人同周幽王一样,在文明问题上"弃是类也而与剸同",这必将导致文明停滞甚至衰败。中国共产党传承"和而不同"的理念,秉持平等的文明观,尊重文明多样性,以文明交流超越文明隔阂、文明互鉴超越文明冲突、文明共存超越文明优越,携手各国推动构建人类命运共同体,让世界文明百花园姹紫嫣红、生机盎然。

文明交流与互鉴

一、不同文明有优劣之分吗？

人类在漫长的历史长河中，创造和发展了多姿多彩的文明。从茹毛饮血到田园农耕，从工业革命到信息社会，人类绘就了波澜壮阔的文明图谱，书写了激荡人心的文明华章。那么，我们该如何看待多姿多彩的文明图谱，不同文明有优劣之分吗？

近代以来，一些欧洲学者不仅认为文明有优劣之分，而且认定欧洲文明优于其他文明。这种看法缘于资本主义在欧洲的兴起及欧洲国家在全球的殖民扩张。欧洲殖民者凭借强大的军事和经济实力，打败了其他文明国家和地区，这对欧洲人的文明观产生了双重影响：一是在与其他文明遭遇过程中，强化了欧洲文明的自我意识；二是他们把军事和经济上的胜利归结于自身文明的优越性，由此产生了殖民主义心态的文明观，也就是欧洲文明优越论。

英国工业革命辉煌年代，布里斯托尔为办博览会建起一座城

那么欧洲殖民者凭什么说自己的文明优越呢？一部分人最初从宗教方面寻找理由，认为这是上帝的旨意。然而，随着社会的世俗化，这种立足

于宗教的文明优越论站不住脚了。于是，一些欧洲人试图从科学和社会进步角度来寻找理由，其中代表性的论调有"种族优越论""制度优越论"和"文化（狭义）优越论"。

"种族优越论"把欧洲文明的优越性归结为种族，认为欧洲白种人优于世界其他种族。然而，人类基因组测序结果表明，人种之间基因密码差异极小，相似度高达90%。更令人震惊的是，白人之间的基因差异甚至比白人与其他人种之间的差异还要大，白人并不比其他人种更高贵。千百年来，"雅利安血统最高贵"的说法，只不过是自欺欺人罢了。

"制度优越论"把文明优越性归结为在欧洲产生的自由民主制度。美国学者福山甚至认为，东欧剧变、苏联解体、冷战的结束，标志着共产主义的终结，历史的发展只有一条路，即西方的市场经济和民主政治，自由民主制度是"人类意识形态进化的终点"和"人类政府的最终形式"。福山的"终结论"既不符合人类历史发展的基本规律，也缺乏对西方自由民主政体缺陷的客观评估，更没有认识到马克思主义是颠扑不破的真理，而是以东欧剧变的个案草率地否定社会主义。今天，西方国家依然在全世界顽固地输出自己的制度模式，这种做法不仅激发国内矛盾，危害他国安全，甚至陷他国人民于水深火热之中。

"文化优越论"则认为，欧洲文明包含的理性主义文化传统孕育了现代科学技术，推动了生产力的巨大发展，极大地改变了现代社会生活，凸显了欧洲文明具有其他文明不可比拟的优越性。的确，现代科学技术在欧洲产生，理性主义构成现代科学技术产生的一个重要因素。然而，我们并不能由此就得出欧洲文明优越论，这是因为：一是现代科学技术产生有文化的因素，但主要动力是资本主义生产方式。资本家为了在市场竞争中立于不败之地，就必须不断地推动科学技术的发展，革新生产技术，提高生产效率。另外，资产阶级要在政治上获得统治地位，除了要摧毁封建统治阶级的经济基础，还要打破封建统治阶级强加在人们头脑上的精神枷锁，解放思想，从而为现代科学技术的产生和发展创造思想文化条件。二是现代科学技术的产生和发展并不是由欧洲单一文明结出的硕果，它是人类文明交流交融的产物。正如罗素所言，不同文明之间的交流，过去常常被证明是人类文明进步的里程碑。

总之，不管从种族、制度还是文化，认为欧洲文明优越于其他文明都是站不住脚的。习近平指出："各种人类文明在价值上是平等的，都各有千秋，也各有不足。世界上不存在十全十美的文明，也不存在一无是处的文明，文明没有高低、优劣之分。"作为人类文明大家族中的一员，欧洲文明有其独特之处，其自身也存在巨大的缺陷。近代以来，欧洲文明既推动了生产力的巨大发展，也为世界带来了巨大灾难，导致两次世界大战的爆发，而西方资本主义在全世界的殖民扩张也使其他文明和民族深受其害。欧洲文明包含的理性主义文化传统，一方面推动了科学技术的发展，另一方面则日益片面化为工具理性，工具理性的不断膨胀导致人的精神世界日益贫乏。

当然，欧洲文明优越论不仅是一个认识问题，还是一个意识形态问题，欧洲文明优越论实质上是欧洲殖民者的遮羞布。正如美国历史学家布鲁斯·马兹利什在《文明及其内涵》一书中所指出的，欧洲文明被一种更加粗野暴戾的殖民意识形态所取代，后者穿上了文明的装束。也就是说，欧洲殖民者打着欧洲文明优越的幌子，掩盖其侵略和掠夺其他文明和民族的殖民主义卑劣行径。因此，文明批判不仅要揭示其虚假性，也要揭露其虚伪性，由此才能真正平等地对待不同文明。

二、不同文明必然走向冲突吗？

"文明冲突论"不时会被国际社会的某些文人和政客祭出。那么，文明冲突从何而起？事实真的如此吗？

2001年9月11日，恐怖分子劫持两架民航客机，撞向美国纽约的世界贸易中心大楼。高耸入云的双子塔在滚滚浓烟裹挟下接连坍塌损毁，恐惧与混乱席卷全美。这就是震惊世界的"9·11"事件。该事件被认为是文明冲突的典型案例，印证了美国政治学者塞缪尔·亨廷顿提出的"文明冲突论"。由此，"文明冲突论"重新受到国际政治学界的热议。

不管是文明内部还是文明之间，冲突在所难免。但把文明作为冲突的根据和根源，亨廷顿是始作俑者，他提出：在新的世界中，冲突的根源主要将是文化的而不是意识形态的和经济的。虽然民族国家仍将是世界事务中最强有力的角色，但全球政治的主要冲突将在不同文明的国家和集团间进行，文明间的冲突将主宰全球政治，文明间的断裂将成为未来的战线。

亨廷顿"文明冲突论"看似立论煌煌、言之凿凿，其实经不起推敲。他的主要根据是文明差异导致冲突。然而，文明差异与文明冲突并没有必然联系。首先，不同文明之间除了冲突，还存在大量通过交流交融推动文明进步和世界繁荣的一面。以中华文明为例，玄奘天竺取经、鉴真东渡日本、丝绸之路、郑和下西洋等，都是文明和平共处、交流互鉴、推动各文明发展繁荣的经典事例。其次，亨廷顿提到的文明之间的冲突和暴力，绝大部分不是文明差异导致的，至少文明差异不是导致冲突和暴力的主要原因。最后，他使用的文明概念是不清晰的，他把种族、宗教、民族之间的冲突统统纳入文明冲突的范围之内。这种漫无边际的文明概念不仅没有强化文明冲突的论断，反而导致文明冲突的解释成为不可能。因为在现实社会，同一种族的人可能拥有不同的宗教信仰，属于不同的民族，而同一宗教信仰的人可能属于不同种族和民族，种族、宗教信仰、民族与文明之间并不存在一一对应关系。

亨廷顿"文明冲突论"的另一个根据是文明自觉导致文明封闭、排外和仇视。亨廷顿认为，在当今世界，由于各国人民交流更加频繁，在比较中文明差异得以彰显，文明自觉意识增强，而且区域经济与文明自觉意识相互强化，由此导致文明的封闭、排外和仇视。的确，交往频繁增强了文明的自觉意识，但这种自觉意识并不必然导致封闭、排斥和仇视，反而可能在彼此深入了解和理解的过程中平等相待，相互借鉴，共同发展。

通过分析不难发现，"文明冲突论"根本站不住脚。那么为什么依然还有人要坚持"文明冲突论"？有人认为这一观点已经被事实所证明，下面我们就来看看是否如此。

后冷战时代，能被人们认为是文明冲突导致的代表性事件有：20世纪90年代以美国为首的西方集团与伊拉克之间的海湾战争，21世纪初美国及其盟国与阿富汗塔利班政权和"基地"组织之间的反恐战争。海湾战争以伊拉克入侵科威特为导火索，美国领导的盟军借口恢复科威特主权、独立与领土完整，对伊拉克采取军事行动。这场战争在表面上是西方文明和伊斯兰文明之间的冲突，以美国为首的西方集团为了维护公平正义和维护国际秩序而采取的军事行动，但实质则是当美国发现伊拉克企图控制整个海湾石油，威胁西方石油供应，进而危及它与西方盟国的经济利益时，而悍然发动的一场维护其自身利益之战。不管是中东国家内部还是与以美国为首的西方国家之间，文明差异都是借口，经济利益才是根源。

有人可能会说，在海湾战争中文明仅是谋取特殊利益的工具和手段，但美国及其盟国与阿富汗塔利班政权和"基地"组织之间的反恐战争难道不是文明冲突吗？不可否认，"9·11"事件反映了美国与伊斯兰世界之间的确存在着以宗教为内核的文明冲突。但需要澄清的是，文明的差异必然会导致冲突吗？也就是以美国为首的西方文明与伊斯兰文明之间的文明差异必然发生冲突吗？从差异到冲突的转化是文明本身导致的，还是别的因素导致的呢？从美国与伊斯兰世界的关系来看，中东的土耳其、阿联酋等国家同属伊斯兰文明，美国却不仅没有与其发生冲突，反而与其结盟，美国在对伊拉克发动的两次战争中都得到了伊斯兰盟国的支持。以美国为首的西方集团在"肢解"南斯拉夫时，甚至超越所谓的"文明冲突"，去支持当地穆斯林民族的"民族自决"。如果文明差异必然发生冲突，上述情况又作何解呢？如果不同文明之间既可能发生冲突，也可以结盟，显然文明差异就不是文明冲突的必要条件，而导致文明之间的冲突必定另有其因。

纵观已有研究，导致上述冲突的原因主要有两点：一是冷战结束后美国在全球奉行霸权主义和强权政治，为了始终维护其经济利益和霸权地位，在中东制定一系列错误政策，构建起不合理的政治经济秩序；二是美国在中东推出"大中东民主改造计划"，要求中东国家接受包含美式民主、自由价值观和体制在内的西方文明观，对不服从改造的国家和势力进行打压。习近平指出："认为自己的人种和文明高人一等，执意改造甚至取代其他文明，在认识上是愚蠢的，在做法上是灾难性的！"由此可见，以文明为标签的冲突之根源不在文明，而在一己私利和文明偏见。

经过辨析发现，亨廷顿的"文明冲突论"根本就站不住脚。那么为什么亨廷顿还如此大张旗鼓地宣扬文明冲突呢？原来提出"文明冲突论"的《文明的冲突》一文，并非是严谨的学术论文，而是一篇外交策论，并非是从问题到结论的科学研究，而是有着很深成见的政治辩护。他企图通过所谓西方文明内部的团结（也就是联合西欧），来对付伊斯兰和儒教国家。然而，司马昭之心，路人皆知。亨廷顿指出，反西方军事力量最重要的发展是中国军事实力及形成军事实力手段的持续膨胀。由于有惊人的经济发展为后盾，中国正在迅速增加军事开支，大步向军队现代化迈进。由此可见，其战略意图昭然若揭，层层论证背后掩盖的实质是所谓的"中国威胁论"。

三、中国共产党为何倡导文明交流互鉴？

与西方某些国家、政党和政客极力推销文明对抗和冲突论不同，中国共产党致力于推动文明交流互鉴。党的十八大以来，习近平在国内外许多重要场合，对推动文明交流互鉴作出了一系列重要论述。2014年3月27日，习近平在联合国教科文组织总部发表了题为《文明交流互鉴是推动人类文明进步和世界和平发展的重要动力》的演讲，深刻阐明"多彩、平等、包容"的文明观，真诚倡导"和而不同"的文明交流互鉴准则，为绘就人类文明美美与共的人类命运共同体画卷凝聚新共识。

> 文明是多彩的，人类文明因多样才有交流互鉴的价值。
> 文明是平等的，人类文明因平等才有交流互鉴的前提。
> 文明是包容的，人类文明因包容才有交流互鉴的动力。
> ——2014年3月27日，习近平在法国巴黎联合国教科文组织总部的演讲

中国共产党为什么极力主张"多彩、平等、包容"的文明观，提倡文明交流互鉴呢？对中国共产党而言，新的文明观并不是一种话语策略，文明交流互鉴也不是一种政治策略，更不是一种权宜之计，而是根源于中国共产党的指导思想、植根于中华优秀传统文化，来自对中华民族文明交流互鉴历史的科学总结和正确认识。

中国共产党的文明观，源自马克思主义指导思想。唯物史观认为，文明扎根于特定的自然环境、历史背景、民族传统，是在特定的生产、生活、交往方式中生长出来的。世界各族人民生活在不同的自然环境中，在

改造自然的过程中结成特定的生产关系和交往方式,创造了独特的文化,形成各自的文明形态。如在黄河-长江流域孕育了古中国文明,古代两河流域孕育了古巴比伦文明,在非洲东北部尼罗河流域孕育了古埃及文明,在印度河流域孕育了古印度文明,在爱琴海周边孕育了古希腊文明。文明作为人类创造的所有物质、精神和制度成果的总和,标志着社会的进步程度,反映了人类社会实践活动的积极成果。正如习近平所指出的:"每一种文明都扎根于自己的生存土壤,凝聚着一个国家、一个民族的非凡智慧和精神追求,都有自己存在的价值。"因此,我们不能人为地把文明分为三六九等。马克思主义理论是追求人类解放的理论,100多年来,中国共产党始终坚持为这一崇高的理想和事业而奋斗,把中国人民的命运和世界人民的命运紧密联系起来,以胸怀天下的眼光和情怀,为人民谋幸福、为民族谋复兴、为世界谋大同,推动世界文明的繁荣昌盛。

中国共产党的文明观,植根于中华优秀传统文化。中国共产党自成立以来,就是中华优秀传统文化的忠实继承者和弘扬者。中华文化始终秉持"协和万邦""以和为贵""和而不同"的理念。《论语》里记载有若说:"礼之用,和为贵。先王之道,斯为美,小大由之。""斯为美""和为贵"之道,正是这个"和","和而不同"之"和"。《中庸》提出"万物并育而不相害,道并行而不相悖",其精髓也就是"和而不同"。本专题开篇提到的太史伯,深刻阐明了"和而不同"的哲理。"和而不同"内涵丰富,"和"的精神,是一种承认、一种尊重、一种感恩、一种圆融。"和"的特质,是和而不同、互相包容、求同存异、共生共长。"和"的途径,是以对话求理解,和睦相处;以共识求团结,和衷共济;以包容求和谐,和谐发展。"和"的佳境,是各美其美,美人之美,美美与共,天下和美。中国共产党始终坚持马克思主义基本原理同中华优秀传统文化相结合。在文明观上,面对当今国际局势,中国共产党坚持以马克思主义为指导,充分吸收中华优秀传统文化中的"和而不同"思想，结合当代国际社会具体实际，提出了独特的文明观，始终致力于文明的交流互鉴。

中国共产党的文明观，来自对中华民族文明交流互鉴历史的科学总结和正确认识。习近平指出："历史告诉我们，只有交流互鉴，一种文明才能充满生命力。只要秉持包容精神，就不存在什么'文明冲突'，就可以实现文明和谐。"中华文明虽然在中国大地上生长，却是在与其他文明不断交流互鉴中形成的。2014年习近平在联合国教科文组织总部发表的演讲中，详细回顾了中华文明与其他文明交流互鉴的漫长历史和丰富事例。比如佛教产生于古代印度，但传入中国后，同中国儒家文化和道家文化融合发展，最终形成了具有中国特色的佛教文化，对中国人的宗教信仰、哲学观念、文学艺术、礼仪习俗等产生了深刻影响。中国人根据中华文化发展了佛教思想，形成了独特的佛教理论，而且使佛教文化从中国传播到了日本、韩国、东南亚等国家和地区。2000多年来，佛教、伊斯兰教、基督教等先后传入中国，中国音乐、绘画、文学等也不断吸纳外来文明的优长。中国传统画法同西方油画融合创新，形成了独具魅力的中国写意油画，徐悲鸿等大师的作品受到广泛赞赏。文明的交流互鉴正是中华文明绵延不绝的法宝。中国共产党正是基于此，才始终致力于推动文明的交流互鉴。

四、不同文明如何走向交流互鉴？

2019年3月，在法国尼斯，法国总统马克龙将一本1688年首版的《论语导读》法文版原著送到中国国家主席习近平手中。《论语》这部2000多年前诞生于中国的儒家经典，远渡重洋来到法国，它的早期翻译和导读曾对孟德斯鸠、伏尔泰的哲学思想给予启发，而今成为中欧文明交往的历史见证。历史表明，文明交流互鉴是推动人类文明发展繁荣的康庄大道，那么我们又该如何引导不同文明走向交流互鉴呢?

首先,要秉承平等谦虚的文明态度。文明优越论者总是居高临下地看待其他文明,往往坐井观天,夜郎自大,从而不能深入了解其他文明的真谛,发现其可取之处。2013年6月,为推进中墨两个文明古国的文化交流,习近平应邀参观了奇琴伊察玛雅文明遗址中的羽蛇神金字塔、球戏场遗址、武士神庙,领略了玛雅文明的辉煌与魅力。2014年3月,习近平在联合国教科文组织总部的演讲中深有感触地说:"我到过代表古玛雅文明的奇琴伊察,也到过带有浓厚伊斯兰文明色彩的中亚古城撒马尔罕。我深深感到,要了解各种文明的真谛,必须秉持平等、谦虚的态度。如果居高临下对待一种文明,不仅不能参透这种文明的奥妙,而且会与之格格不入。历史和现实都表明,傲慢和偏见是文明交流互鉴的最大障碍。"正因为保持平等、谦虚的态度,习近平才能够深刻领悟其他文明的真谛,提出"不同文明和文化只有在保持自身特色的同时,以开明开放的态度相互包容、和平相处,才能共同发展、共同繁荣"的观点。

墨西哥尤卡坦州的世界遗产奇琴伊察遗址

其次，要深入揭示错误文明观背后的意识形态。文明优越论不仅是一个认识问题，更是一种意识形态。文明优越论者往往打着改造其他所谓落后文明的旗号，干涉别国内政，侵犯别国利益。而文明冲突论者则是以文明冲突掩盖利益冲突。正如我们前面所分析的，二战以来以美国为首的西方集团与其他国家之间的诸多冲突被某些西方学者和政客宣称是"文明冲突"，但实质是利益冲突。因此在国际关系中，一方面，我们要坚持利益分析法，进行意识形态批判，不能仅看冲突双方说了什么，还要揭示话语背后的利益逻辑；另一方面，要坚决反对以文明冲突、价值观冲突为幌子的霸权主义、强权政治、霸凌主义。国际社会要严格遵守主权平等原则，这一原则是数百年来国与国规范彼此关系最重要的准则，也是联合国及所有机构、组织共同遵循的首要原则。主权平等，真谛在于国家不分大小、强弱、贫富，主权和尊严必须得到尊重，内政不容干涉，都有权自主选择社会制度和发展道路。主权国家是现代文明的政治载体，只有坚持主权国家平等，才能让文明的平等理念落到实处。

最后，以实际行动推动文明交流互鉴。正如毛泽东在《实践论》中所说的："你要知道梨子的滋味，你就得变革梨子，亲口吃一吃。你要知道原子的组织同性质，你就得实行物理学和化学的实验，变革原子的情况。"要领略到文明交流互鉴的好处，就必须展开实际行动，投身文明交流互鉴之中。一方面，要为文明交流互鉴创造条件。2023年2月，中希文明互鉴中心成立，该中心推动中国和希腊两国高校开设了"中国–希腊文明比较"联合学术型硕士项目，作为该项目首批希腊学生之一的菲利奥·埃莱妮·古拉认为，"一切都和原来想象的不一样"。通过半年的学习，她发现了许多中西方哲学的不同之处，"在中国哲学中，孔子将'仁'作为思想体系的核心概念，解释为普遍道德原则，这样的观点让我耳目一新。通过比较研究，我们加深了对不同哲学思想的理解，有助于找寻现代社会所需要的哲学视角。"另一方面,要秉持合作共赢的理念加强国家合作,建设全球文明倡议践行机制,实现共同发展和繁荣。十多年来,共建"一带一路"从中国倡议走向国际实践,以构建人类命运共同体为最高目标,推动美好愿景不断落实落地,成为深受欢迎的国际公共产品和国际合作平台,为全球经济合作与发展提供了新的动力。中国既是文明交流互鉴理念的提出者,也是文明交流互鉴的实际行动者,由此也成为文明交流互鉴的共赢者。

多样性是人类文明的现实,不同文明的差异不应该成为交流的障碍,更不能成为对抗的理由。不同文明、制度、道路的多样性及交流互鉴,可以为人类社会进步提供强大动力。世界各国应该少一点傲慢和偏见、多一些尊重和包容,拥抱世界的丰富多样,努力做到求同存异、取长补短,谋求和谐共处、合作共赢。

文明创新与发展

  2017年5月,来自"一带一路"的20个共建国家青年评选出中国的"新四大发明"——高铁、网购、支付宝、共享单车。就像中国古代的"四大发明"——火药、指南针、印刷术、造纸术的传扬于世,今天在来自五湖四海的留学生眼中,中国最便利的生活方式"新四大发明"已深入他们的生活。高铁跑出"中国速度",拉近城市间的距离;优质商品借助发达的电商平台,到达世界各地消费者手中;扫码支付引领消费时尚,让不带钱包出门成为常态;共享单车为"最后一公里"提供解决方案,有效缓解出行压力。"新四大发明"虽然不是首先由中国创造,但因在推广应用方面遥遥领先,已成为近年来中国享誉世界的新名片。

  中国之美,在于它实现了古老与现代的完美融汇。将古老文明融入现代生活,是中国人独特的发展方式,我们一方面扎根于古老文明的沃土,另一方面又沐浴着现代科技的阳光。在古今辉映中诞生的中国式现代化,既推动中华文明不断重焕荣光,也探寻着中华民族贡献于世的人类文明新形态。习近平指出:"中华文明是革故鼎新、辉光日新的文明,静水深流与波澜壮阔交织。连续不是停滞、更不是僵化，而是以创新为支撑的历史进步过程。"勇于追梦、自我革新，才能贯通古今、融汇中西。中华文明正以崭新的现代形态，去探寻人类文明发展的全新路径。

一、人类文明新形态从何而来？

在庆祝中国共产党成立 100 周年大会上，习近平郑重宣告，我们坚持和发展中国特色社会主义，创造了中国式现代化新道路，创造了人类文明新形态。在党的二十大报告中，习近平提出要"不断丰富和发展人类文明新形态"。在学习贯彻党的二十大精神研讨班开班式上，习近平进一步指出，中国式现代化"是一种全新的人类文明形态"。那么，由中国共产党带领人民创造出的人类文明新形态是从何而来呢？

人类文明新形态从中华民族 5000 多年的文明传承、赓续中走来。中华优秀传统文化是滋养人类文明新形态的广袤沃土，是中华民族屹立世界民族之林的显著民族标识。新时代，如何不断从沃土中汲取养分？古籍整理出版是传承弘扬好中华优秀传统文化的当代价值、赋予中华文明现代力量的基础工作。习近平指出："修史立典，存史启智，以文化人，这是中华民族延续几千年的一个传统。"2000 多年前，司马迁写出《史记》，第一次把中华文明做了一次系统的贯通，影响极为深远。近年来，一系列政府强力支持的基础性古籍整理出版项目取得重大突破性成果。2022 年 5 月，《儒藏》"精华编"中国部分 510 种书、282 册已全部编纂完成并出齐，总字数近 2 亿。《儒藏》总编纂汤一介先生说："将儒家文化瑰宝系统全面地收藏，成为全世界最权威的范本，之后一百年内不会有人超越。""中国历代绘画大系"作为纵贯历史、横跨中外的国家级重大文化工程，是迄今为止同类出版物中精品佳作收录最全、图像精度最高、出版规模最大的中国绘画图像文献。《中华传统文化百部经典》编纂项目，从传统文化典籍中遴选了 100 部具有代表性的经典书目，涵盖哲学、文学、历史、科技等学术领域，采取品读导读的方式，成为传统文化的有益推广者。还有 2016 年中华书局出版的《海外中医珍善本古籍丛刊》，收录散佚海外的珍稀中医古籍 403 册，该书的出版不仅对中医界有着十分重要的意义，同时也为中国古籍的版本研究提供了一批极为宝贵的文献。

中国国家版本馆中央总馆文华堂

人类文明新形态从马克思主义中国化时代化的发展中走来。1920 年 11 月，年轻的毛泽东在给新民学会会员罗章龙的信中强调，要改造中国，固然需要有一班刻苦励志的"人"，尤其要有一种大家共同信守的"主义"。因为"主义"譬如一面旗子，旗子立起来了，大家才有所指望，才知所趋赴。旗帜就是方向，方向错了，就会南辕北辙，人心涣散。100 多年前，中国先进分子从马克思主义的科学真理中看到了解决中国问题的出路，用马克思主义指导中国革命、建设、改革，使中国这个古老的东方大国创造了人类历史上前所未有的发展奇迹。新时代，马克思主义同样为人类文明新形态实践提供了思想指引，人类文明新形态秉承着马克思主义的价值追求。未来，如何更好地让马克思主义成为中国的，更好地体现马克思主义的时代性？一方面，马克思主义从西方来到中国，须进行中国化的解读和提炼，使马克思主义讲"中国话语"，新鲜活泼、令人喜闻乐见，带有中国作风与中国气派，而不是"生吞活剥"马克思主义书籍中的只言片语。如毛泽东对"有的放矢""不为天下先""礼尚往来"等古语的运用阐释，使国人更好地理解、把握、接受马克思主义。另一方面，马克思主义需要与时俱进、与时偕行，始终站在时代前沿。马克思主义基本原理只有同中国不断变化发展的时代特征和时代精神相结合，及时对变化了的时代特征作出科学准确的判断和分析，才能更好地回应时代发展难题，升华时代精神，创新发展理论，不断开拓人类文明新形态。

人类文明新形态从中国共产党带领人民不断实现民族复兴的奋斗中走来。人类文明新形态，是在中国共产党领导下的一种人类新型文明。中国共产党是为中国人民谋幸福、为中华民族谋复兴的党，也是为人类谋进步、为世界谋大同的党。新民主主义革命时期，党提出"要把一个被旧文化统治因而愚昧落后的中国，变为一个被新文化统治因而文明先进的中国"，领导人民建设民族的科学的大众的新民主主义文化，为探寻人类文明新形态创造了政治前提和社会条件。新中国成立后，党领导社会主义革命和建设，强调我们不但善于破坏一个旧世界，还将善于建设一个新世界，倡导"古为今用、洋为中用"与"百花齐放、百家争鸣"，大力建设社会主义文化，为探寻人类文明新形态提供了制度保障和物质基础。改革开放和社会主义现代化建设新时期，党提出在建设高度物质文明的同时，努力建设高度的社会主义精神文明，发展社会主义政治文明，成功开创和发展了中国特色社会主义，为探寻人类文明新形态提供了充满新的活力的体制保证和快速发展的物质条件。中国特色社会主义进入新时代，党统筹推进中国式现代化发展道路，提出"五位一体"总体布局和"四个全面"战略布局，形成了习近平文化思想，标志着我们党对中国特色社会主义文化建设规律的认识达到了新高度，为探寻人类文明新形态提供了更为完善的制度保证、更为坚实的物质基础、更为主动的精神力量。

正是源于极具中国特色的历史传承、理论创新和实践探索，使得由中国式现代化创造的人类文明新形态既底蕴深厚又朝气蓬勃，在科学对待传统与现代、本土与世界的辩证关系中阔步前进。

二、中国式现代化何以创造文明新形态？

实现现代化是近代以来中国人民魂牵梦绕的不懈追求，许多先进人物为之进行了不懈抗争与奋斗。100多年前，孙中山先生苦苦思索如何"振兴中华"，在《建国方略》中绘就中国现代化建设的第一份蓝图：建设160万公里公路、约16万公里铁路、3个世界级大海港、三峡大坝……这样的愿景，在当时被外国记者视为不可能实现的空想。2020年10月，在广东考察的习近平参观汕头开埠文化陈列馆，在孙中山先生《建国方略》相关规划图前驻足感叹，"（这些）只有我们中国共产党人实现了"。

回望新中国成立初期的百废待兴，如在"沙滩上作画"。据联合国亚洲及太平洋经济社会委员会统计，1949年中国人均国民收入27美元，不足整个亚洲平均44美元的2/3，不足印度57美元的一半，且国民收入以农业为主。70余年光阴流转，弹指一挥间，截至2023年年底，我国综合交通网总里程突破600万公里，其中铁路15.9万公里（新中国成立初期为2.1万公里），高铁4.5万公里；公路544.1万公里，其中高速公路18.4万公里；民用运输机场达到259个，年旅客吞吐量超过千万人次的有38个。2019—2023年，国家累计完成交通固定资产投资超18万亿元。2023年全球前10大货物吞吐量港口排名中,中国独占8席。

世界屋脊雪域高原上,青藏铁路货运列车满载物资驶向拉萨方向

可见,只有中国共产党人带领全国各族人民蹚出的现代化建设之路,才是真正使中华民族步入正轨的发展之路、幸福之路、复兴之路,使这个古老的国家既身披历史华彩又焕发昂扬精神。中国式现代化道路本质上就是中国走向现代化的独特的道路,这种探索不仅仅是一种经济模式,更是开辟了一种新的人类文明。习近平深刻指出:"中国式现代化,深深植根于中华优秀传统文化,体现科学社会主义的先进本质,借鉴吸收一切人类优秀文明成果,代表人类文明进步的发展方向,展现了不同于西方现代化模式的新图景,是一种全新的人类文明形态。"这种文明不同于西方资本主义文明的道路选择,向世界展现了更多维度的价值取向:我们通过自身努力解决了十几亿人的温饱问题和初步发展问题,通过一系列举措践行了全过程人民民主,创造了"一国两制"这样的制度文明,创造了令人惊叹的社会主义市场经济理论和实践成果,建立了日益成熟的社会主义根本制度、重要制度和基本制度体系,我们提出了全球发展倡议、全球安全倡议、全球文明倡议,为世界和平发展提供了中国方案,

体现了中国气派。

外国政要、外国学者对中国式现代化所构成的人类文明新形态表现出日益浓厚的兴趣。中俄友好、和平与发展委员会专家理事会俄方主席尤里·塔夫罗夫斯基认为，中国共产党领导人民不仅创造了世所罕见的"两大奇迹"，而且成功推进和拓展了中国式现代化，创造了人类文明新形态。2023年4月21日，"中国式现代化与世界"蓝厅论坛在上海"世界会客厅"举办，金砖国家新开发银行行长、巴西前总统迪尔玛·罗塞夫在致辞中表示，我完全知道不同的现代化模式对"全球南方"国家的人民意味着什么，几个世纪以来"全球南方"特别是拉丁美洲一直处于从属和依赖中心国家的地位，长期以来他们强加给我们一种虚假的现代化，最初以殖民主义的形式出现，包括对原住民的屠杀、奴隶制和掠夺性的榨取主义。最近在金融化的新自由主义背景下，收入和财富越来越多地集中在少数人手中，这是一个残酷的过程。她认为，"全球南方"国家，尤其是拉丁美洲国家在全球大宗商品之外寻求具有新特征的再工业化，许多国家甚至还没有实现第三次工业革命，而现在面对第四次工业革命，它们面临着威胁，即沦为平台资本主义的纯粹消费者，迷失在共享经济中。中国式现代化对于"全球南方"国家的巨大影响在于中国的努力有助于缩小全球南北差距，有助于建立更包容的多极秩序，更好地实现他们的发展。

三、人类文明新形态"新"在何处？

"对历史最好的继承就是创造新的历史，对人类文明最大的礼敬就是创造人类文明新形态。"人类文明新形态，"新"在发展价值上以人民为中心。中国式现代化创造的人类文明新形态是坚持以人为本、以人民为中心。而西方资本主义文明以资本为本、以资产阶级为中心，在创造物质财富的同时，必然带来财富分化和社会割裂。美国《福布斯》数据显示，新冠疫情期间，截至 2021 年 1 月，全美 660 名亿万富豪身家总额上升至 4.1 万亿美元，较 2020 年 3 月中旬增幅达到 38.6%。据美联储发布的数据，截至 2021 年第二季度，美国收入最高的 1% 的家庭总净资产首次超越 60% 的美国中产家庭，这是自 1989 年美联储开始追踪该数据以来的首次。同一时期，2020 年年底，我国现行标准下 9899 万农村贫困人口全部脱贫，832 个贫困县全部摘帽，我们打赢了人类历史上规模最大的脱贫攻坚战，是彪炳中华民族发展史册的历史性胜利，也是对世界具有深远影响的历史性胜利。

同时，人民既要物质富足，也需精神富有。2023 年年底，我国已建成公共图书馆超 3300 个，文化馆和博物馆超 1 万家，所有公共图书馆、文化馆、美术馆、综合文化站和 90% 以上博物馆免费开放，不断丰富着人民的精神世界。道德力量是国家发展、社会和谐、人民幸福的重要因素。全国道德模范是在助人为乐、见义勇为、诚实守信、敬业奉献、孝老爱亲等方面作出卓越贡献的模范代表。从 2007 年到 2021 年 11 月，全国共评出 476 名全国道德模范和 1994 名提名奖获得者，他们是道德的践行者、精神的引领者、时代的奋斗者，生动诠释了社会主义核心价值观的丰富内涵。

2019 年 3 月，在意大利罗马，习近平同意大利众议长罗伯托·菲科举行会见，临近会见结束，菲科向习近平提了一个问题："您当选中国国家主席的时候，是一种什么样的心情？"习近平目光沉静，语气坚定："这么大一个国家，责任非常重、工作非常艰巨。我将无我，不负人民。我愿意做到一个'无我'的状态，为中国的发展奉献自己。"2021 年春天，一段发生于广西桂林毛竹山村的对话刷屏网络——"总书记，您平时这么忙，还来看我们，真的感谢您。""我忙就是忙这些事，'国之大者'就是人民的幸福生活。"一问一答，道出赤子情怀；从黄土地到中南海，初心不改。

文明创新与发展

人类文明新形态，"新"在发展模式上实现了对人与自然、生产和生态相对立的超越。纵观人类文明发展史，生态兴则文明兴，生态衰则文明衰。西方工业化进程创造了前所未有的物质财富，但也产生了难以弥补的生态创伤。杀鸡取卵、竭泽而渔的发展方式走到了尽头，顺应自然、保护生态的绿色低碳昭示着未来。2020年9月，英国《柳叶刀》发表的一篇研究论文分析了各国在可持续全球碳预算中的公平份额，超额的国家称为"气候债务国"，低额的称为"气候债权国"。研究结果显示，截至2015年，全球最大的"气候债务国"是美国，其超额排放量占全球总超额量的40%，即美国应对40%的全球气候变化负责。

2020年9月，中国政府在第75届联合国大会上提出：中国二氧化碳排放力争于2030年前达到峰值，努力争取2060年前实现碳中和。这个掷地有声的承诺已在有步骤地推进。北京冬奥会期间，为抵消相关建设工程必然产生的碳排放，中国新种植树木6000余万棵抵消约119万吨碳排放，使北京冬奥会成为首届能够完全实现"碳中和"的绿色冬季奥运会。英国

北京冬奥会开幕式上用"不点火"的环保方式"点燃"奥运圣火

《自然》杂志刊文称赞：北京冬奥会所采取的减排措施大大超过往届冬奥会，原有场馆利用、可再生能源利用以及绿色装备采购等方面的措施在实现碳中和问题上取得良好效果。国际奥委会品牌和可持续发展总监玛丽·萨鲁瓦-邓布里维拉表示，北京冬奥会是第一届在最初的赛事筹备阶段就全面考虑减排问题的冬奥会，国际奥委会在今后赛事中将继续鼓励这种做法。

除了履行对世界的承诺，在强调经济增长的同时，中国一直在关注人民的满意度、社会的可承受度、生态环境的良好度的协调推进。深山之中，陕西省安康市平利县蒋家坪村的茶园里，茶香氤氲，风景怡人。2020年4月，习近平走进茶园，同茶农们亲切交流："人不负青山，青山定不负人。绿水青山既是自然财富，又是经济财富。"牢记嘱托，蒋家坪村村民因茶致富、因茶兴业，走出茶旅融合的绿色发展之路。到2024年，发展茶园2750亩，茶农户均增收5000元以上，蒋家坪成为国家AAA级旅游景区。绿了青山，美了景致，富了日子。2024年4月，习近平来到北京市通州区潞城镇，同首都群众一起参加义务植树，共谱人与自然和谐共生的中国式现代化篇章。这是他到中央工作后，连续17年履行与春天的"绿色约定"，带头参加首都义务植树活动。我国曾是世界上水土流失、土地荒漠化、石漠化、盐渍化等国土生态安全问题最严重的国家之一。截至2023年，我国累计造林10.2亿亩，人工林保存面积稳居世界第一。21世纪以来，全球新增绿化面积约1/4来自中国。

环保理念已深入人心。手机应用支付宝中的一项公益游戏——"蚂蚁森林"，让环保理念由人们的心间，经由指尖，变为林间。每天清晨，很多国人的第一件小娱乐，就是收取"森林"中的能量球，再光顾一下朋友的蚂蚁庄园。截至2024年8月，"蚂蚁森林"已在全国各地捐资种下5.48亿棵树，种植总面积580万亩，这项公益游戏使6.5亿人践行绿色低碳理念，累计碳减排3700多万吨。"地球绿化，改善全球气候变化，中国功不可没，中国人民功不可没。"

人类文明新形态，"新"在开创了和平发展、合作共赢的现代化新模式。中国式现代化创造的人类文明新形态，以构建"人类命运共同体"为追求，从全人类的视角看待发展，而西方文明形态的立足点则是单边主义的"西方中心论"，从"西方中心论"的视角去看待世界。中国不走西方资本主义国家的老路，反对零和博弈、霸权主义、单边主义。这条立己达人的和平发展道路，既造福中国，又惠及世界，为人类文明进步带来了新希望。

早在1975年6月，中国援建非洲的坦赞铁路全线铺通，坦桑尼亚总统尼雷尔激动地说："历史上外国人在非洲修建铁路，都是为掠夺非洲的财富，而中国人相反，是为了帮助我们发展民族经济。"进入新时代，根据中国政府在2021年发布的《新时代的中非合作》白皮书，中国企业建设了非洲50%以上无线站点及高速移动宽带网络，累计铺设超过20万公里光纤，服务超过9亿非洲民众；中非共同在南非建立了服务非洲地区的公有"云"，以及首个5G独立组网商用网络。中国援非的"万村通"项目——旨在让非洲国家1万个村庄收看到卫星数字电视，截至2022年年底，已顺利在非洲21个国家落地，覆盖非洲9512个村落，直接受益家庭超过19万户，覆盖民众近千万。从用不上电，到看上卫星数字电视，该项目的非洲本地员工埃米尔说："当我们有了'眼睛'之后，人民也就有了了解世界和改变家园的工具，可以了解到更加先进的发展技术和发展模式。"

同样，中国在对外援助文化遗产项目上投入了大量资金，派出众多技术专家和工程人员，支持多地成功申报世界文化遗产，赢得了受援国的高度赞誉。2017年5月，国家文物局推动中国国家博物馆和卢浮宫朗斯分馆、苏黎世国家博物馆共同成为全球三个"国际文物避难所"。2021年10月，中国与柬埔寨等亚洲10个国家共同发起成立"亚洲文化遗产保护联盟"，搭建亚洲文化遗产领域首个国际合作机制。"我愿出一袋黄金，只求看一眼希瓦。"这句中亚古语所说的乌兹别克斯坦千年古城希瓦，曾因城内部分古建筑年久失修，让这颗丝路"明珠"一度蒙尘。得益于中乌联合修复项目以及中国专家的匠心巧思，如今的希瓦古城恢复了原有风貌，再次绽放光彩。希瓦古城伊钦·卡拉内城博物馆馆长沙基尔·马达米诺夫谈道："中国专家在希瓦古城的修复工作持续了3年，现在古城变得非常美丽。每次看到修复后的古城，这里的居民都非常骄傲，因为这是乌兹别克斯坦的文化瑰宝。"

2022年底，瑞士历史学家贝亚特·施耐德出版中国研究专著《中国通往现代化的长征：非欧洲中心主义的观点》。短短几个月，在瑞士、德国乃至更多欧洲国家引发广泛积极评价。该书通过跳出西方中心主义解码中国和平发展的历史成因：与其说中国崛起是人间奇迹，不如说是重返历史常态。中国是唯一未发动侵略战争、通过和平方式实现崛起的大国，打破了国强必霸的历史规律，开启了"多元现代化"的人类历史篇章。

四、人类文明新形态具有怎样的世界意义？

"瞧，这老外把中医摸索得透彻得很！""俺一个本地人都没他的河南话说得溜。"……社交媒体上，一个金发碧眼的德国小伙子约尔·沃克火了，视频中他用一口河南话记录在河南中医药大学的求学生活，并普及中医药知识。刚来中国留学时，他给自己取了个中文名字——"无名"，没承想，传播中医药文化让他成了网络红人。一次回德国休假期间，无名的奶奶得了胃肠型感冒，无名用针灸缓解了老人食欲不振的症状。如今，远在德国的家人身体抱恙时会向他求助，他便开启"云坐诊"模式，指导他们通过中医方式调理身体。"茶杯传媒"是美国人唐思德创办的"中国历史"播客，在世界各地有25万多名忠实听众，一年节目下载量超过250万次。如今，像无名和唐思德这样的"洋网红"比比皆是，越来越多外籍人士在海内外社交平台上讲述自己在中国的亲身经历和感受，介绍中国历史文化、风土人情和民族智慧，成为讲述中国故事不可忽略的一支新力量。

2024年8月，取材自古典小说《西游记》的首款国产3A游戏《黑神话：悟空》正式上线发售，位列Steam平台全球周销量冠军，并在美国、新加坡、泰国、加拿大、巴西、意大利等12个国家和地区霸屏。该游戏不仅有精美的画面和优良的互动性，还展示了中华文化的博大精深，无数海外玩家被其吸引，掀起了巨大的"中国风潮"。

为什么世界越来越关注中国？因为中国共产党人在百余年探索中开拓的人类文明新形态，不但丰富和发展了马克思主义关于人类文明发展的理论，而且为世界文明发展提供了新的中国方案。

首先，人类文明新形态揭示了人类发展过程中必须着眼命运与共。人类是一个整体，"适己而忘人者，人之所弃；克己而立人者，众之所戴"。当今世界冲突的根源之一，就是西方国家在文明交往上搞傲慢自负的文明制度输出、唯我独尊的霸权式相处、你输我赢的对抗式博弈。中国特色社会主义的发展与人类命运共同体的构建同频共振，超越了文明隔阂、文明冲突和文明优越，为世界文明的融合、创造与新生注入了新的力量。

2023年12月，第78届联合国大会协商一致通过决议，将中国春节确定为联合国假日，与公历新年、圣诞节、感恩节、开斋节等9个传统文化节日并列，正式成为联合国的第10个"固定假日"，春节自此从中国走向世界，"中国时间"成为"世界时刻"。2024年2月9日晚8点，中国中央广播电视总台《2024年春节联欢晚会》与全球观众如约相会，不到一天的时间，总台多语种春晚报道海外阅览量超过6.95亿次，视频观看量2.5亿次。2024年12月4日，"春节——中国人庆祝传统新年的社会实践"在巴拉圭亚松森举行的联合国教科文组织保护非物质文化遗产政府间委员会第19届常会上通过评审，列入联合国教科文组织非物质文化遗产代表作名录。

一花独放不是春，百花齐放春满园。人类文明新形态不是独善其身，而是坚持同世界各国人民命运与共。以文明交流超越文明隔阂，以文明互鉴超越文明冲突，以文明共存超越文明优越，描绘出和衷共济、天下大同的人类文明新图景。

其次，人类文明新形态为世界文明发展提供了科学的价值选择与方向指引。50多年前，时任法国总统的戴高乐预言，说不定在21世纪，中国就将成为世界上最强大的国家，如同它在过去多少世纪里曾经是世界上最强大的国家一样。美国前总统尼克松曾说，中国正在觉醒，不久就要撼动世界。连150年前预言过美国和俄国将成为世界上互相竞争的两大强国的历史学家阿历克西·德·托克维尔，都不可能预见到，在20世纪的最后几十年能够决定世界力量对比，在21世纪可能成为世界上最强大国家的，将是中国。

中国式现代化创造的人类文明新形态，倡导风雨同心、人民至上，不故步自封、落后于时代，又坚守本源，走自己的路；倡导在物质文明、政治文明、精神文明、社会文明、生态文明的全面协调发展中，推进人与社会、自然的"和解"，将实现人的自由全面发展作为最终目标；倡导合作共赢，共克时艰，既符合中国人民与世界人民的发展愿望，又为凝聚全球价值共识、维护来之不易的和平与发展局面提供保障，以实际行动推动构建人类命运共同体，是一种全新的价值选择与方向指引。

最后，人类文明新形态为发展中国家实现现代化提供新的路径和选择。实现现代化的发展,是世界各国的前进目标,是人类社会的共同追求。但现代化不等于西方化,而是普遍性和特殊性的结合。没有国家可以通过依赖外部力量、照搬外国模式、跟在他人后面亦步亦趋实现强大和振兴,那样做的结果,不是必然遭遇失败,就是必然成为他人的附庸。如第二次世界大战结束后,许多发展中国家效仿西方结构主义主张的进口替代战略,以推动本国现代化大工业发展,却纷纷遭遇了挫败。历史已经证明,每个国家都需要根据自己的国情、历史和文化选择适合自身的道路,邯郸学步,得不偿失。中国式现代化打破了"现代化=西方化"的迷思,它的巨大成功,为广大发展中国家走向现代化提供了新的选择、新的思路。

> 我们党领导人民不仅创造了世所罕见的经济快速发展和社会长期稳定两大奇迹,而且成功走出了中国式现代化道路,创造了人类文明新形态。这些前无古人的创举,破解了人类社会发展的诸多难题,摒弃了西方以资本为中心的现代化、两极分化的现代化、物质主义膨胀的现代化、对外扩张掠夺的现代化老路,拓展了发展中国家走向现代化的途径,为人类对更好社会制度的探索提供了中国方案。
>
> ——2021年11月11日,习近平在中共十九届六中全会第二次全体会议上的讲话

国务院新闻办公室发布的《共建"一带一路":构建人类命运共同体的重大实践》白皮书指出,截至2023年6月底,中国已与五大洲的150多个国家、30多个国际组织签署了200多份共建"一带一路"合作文件。受益于"一带一路"建设,2012—2021年,新兴市场与发展中国家GDP

占全球份额提高 3.6 个百分点。据世界银行测算，到 2030 年，共建"一带一路"每年将为全球产生 1.6 万亿美元收益，占全球 GDP 的 1.3%。到 2030 年，共建"一带一路"相关投资有望使共建国家 760 万人摆脱极端贫困，3200 万人摆脱中度贫困。

  蓝图已绘就，启航正当时。具有 5000 多年文明历史的中华民族，必将以中国式现代化不断丰富和发展人类文明新形态，极大推进中华文明和世界文明的进步，为全人类作出新的更大贡献。

篇四

世界之维

回望19世纪，西方列强对全球进行掠夺瓜分，中国深陷亡国的灭顶之灾。马克思在《鸦片贸易史》中叹息："一个人口几乎占人类三分之一的大帝国，不顾时势，安于现状，人为地隔绝于世并因此竭力以天朝尽善尽美的幻想自欺。这样一个帝国注定最后要在一场殊死的决斗中被打垮：在这场决斗中，陈腐世界的代表是激于道义，而最现代的社会的代表却是为了获得贱买贵卖的特权——这真是任何诗人想也不敢想的一种奇异的对联式悲歌。"李鸿章哀叹："合地球东西南朔九万里之遥，胥聚于中国，此三千余年一大变局也。"

放眼21世纪，世界进入新的动荡变革期，国际形势错综复杂，地缘政治回归，保护主义、单边主义抬头，国际经济、科技、文化、安全、政治等格局都在发生深刻调整，全球治理体系和多边机制受到冲击。世界百年未有之大变局正在加速演变，世界体系和国际格局正在发生深刻的调整与变革。

"今日"是"昨日"的今日，历史不能割裂。从"三千年未有之大变局"到"百年未有之大变局"，世界经历了怎样的变化？

200多年来，历史的车轮驶过沧桑的岁月，世界经历了从殖民主义的全球扩张到"全球南方"崛起的巨大转型，中国更是经历了"敢教日月换新天"的巨大变化。没有走殖民、掠夺和战争等西方道路，中国探索出了自己的现代化道路，经历了从站起来、富起来到强起来的历史性跨越。21世纪的中国在世界百年未有之大变局中占据着重要地位，扮演着关键角色，发挥着引领作用，世界的和平与发展越来越离不开中国。

中国这头狮子已经醒了，但这是一只和平的、可亲的、文明的狮子。一个有着5000多年文明史的古老民族，怎样准确把握世界大势，从"对联式悲歌"走向伟大复兴？

国际社会日益成为你中有我、我中有你的命运共同体。今天的国际格局已经不再单方面取决于以美国为首的西方国家，任何国家或国家集团都再也无法单独主宰世界事务。推动国际关系的民主化和国际秩序的合理化已经是世界上大部分国家的共同追求。

"世界怎么了？""人类向何处去？""我们怎么办？"未来是不确定的，但未来是"今日"的我们塑造的。面对世界之变，需要立足当下，以富有远见的洞察，从历史中寻找大道，在现实中寻求智慧，探索"世界之问"的答案。

世界百年未有之大变局的基本趋势

　　纵观人类历史，世界发展从来都是各种矛盾相互交织、相互作用的综合结果，充满了各种变乱交织，人类世界的历史也处于不断演变的进程之中。

　　随着世界各国之间的交往越来越频密，每个国家的发展都处于历史选择与全球影响的交集之中。16世纪以来，借助新航路的开辟、"新大陆的发现"以及殖民主义的扩张等，西方列强既有相互间的残酷博弈，也有共同的对外剥削掠夺，给包括中国在内的广大非西方国家和地区带来了深重的灾难。

　　当今世界正经历百年未有之大变局，这样的大变局不是一时一事、一域一国之变，而是世界之变、时代之变、历史之变。中国已经是全球发展的主要动力源和国际和平的重要稳定器。世界知识产权组织助理总干事马尔科·阿莱曼将中国视为全球创新的领导者，认为中国在当下世界百年未有之大变局中扮演着举足轻重的角色。

　　世界为何会进入新的动荡变革期？新的动荡变革期将带给世界怎样的百年未有之大变局？百年未有之大变局的基本趋势是什么？对此，需要将世界百年未有之大变局和中华民族伟大复兴的战略全局结合起来思考。

一、为什么说"世界进入新的动荡变革期"?

从"西方中心主义"到"让西方回到西方,让世界成为世界",人类社会经历了动荡变革与均势制衡交织的数百年。今天,世界进入新的动荡变革期,世界百年未有之大变局加速演进。

"三千年未有之大变局"给19世纪的中国带来的危机和挑战是空前的。中国"万邦来朝"的"天朝之梦"被建立在工业化基础上的西方列强打碎了,农耕文明与工业文明的巨大差距使中华民族处于亡国灭种的忧患之中,如严复在1895年发表的《论世变之亟》一文所称:"观今日之世变,盖自秦以来,未有若斯之亟也。"中国逐步成为半殖民地半封建社会。

"三千年未有之大变局"给19世纪的世界带来了巨大的历史转折,建立起由少数西方资本主义国家奴役和控制世界上绝大多数国家和地区的极不合理的秩序。15—17世纪的"地理大发现"本质上是西方的"资本的大发现",欧洲民族国家与资本主义的结合决定了其暴力性与扩张本能,地域性的欧洲文明被树为文明优越的"标杆"而使欧洲成为"世界中心",欧洲列强对外进行的长达数世纪的野蛮扩张和残暴殖民被赋予"文明征服野蛮"的正当性。工业革命在英国爆发后,欧洲和美国等相继进入工业文明,并且迅速对其他农业文明国家形成了力量上的代差,加快了瓜分世界的步伐。19世纪末20世纪初,广大亚非拉国家和地区大多沦为殖民地或半殖民地。

20世纪上半叶的两场世界大战让欧洲多国成为一堆"瓦砾"。欧洲列强构建了几个世纪的旧殖民体系加速瓦解,从根本上动摇了欧洲的世界中心地位,取而代之的是美国和苏联这两个超级大国。对此,法国人莫兰哀叹道:"1945年,欧洲死了,死于战败国或被解放的国家的废墟之下……完全依附大西洋彼岸的美国保护,从而使我们成为美国的卫星国。"英国历史学家杰弗里·巴勒克拉夫认为,"可以毫不夸张地说,美国于1917年参战是历史的转折点,它标志了欧洲政治时代向全球政治时代转变中的决定性阶段"。

进入全球政治时代的世界,首先经历了冷战时期的两极格局。美国领导的资本主义阵营和苏联领导的社会主义阵营进行了长期的政治、军事和意识形态对抗,在"核大国不直接交战"的准则和底线之下,保持了力量平衡基础之上的长期和平。在此期间,美国与欧洲同属西方文明和同一个资本主义世界体系,随着该体系的领导权从欧洲向美国转移,西方中心主义从"欧洲中心论"转换为"美国中心论"。

20世纪末冷战结束后,美国成为世界唯一的超级大国,世界格局演变成美国主导的单极世界。一定程度上受新自由主义影响的经济全球化席卷全球,美国在世界舞台上拥有无可争议的经济、外交、军事和地缘政治霸权,在现代化、国际化、"基于规则的国际秩序"等幌子下,试图对世界绝大部分国家和地区进行系统控制和渗透,建立起覆盖全球的新殖民主义"权力网络"。

驻日美军基地

美国政治学者弗朗西斯·福山在20世纪80年代末提出"历史终结论",他认为,人类政治历史发展已经到达终点,历史的发展只有一条路,即西方的市场经济和民主政治。但是,人类文明天然具有多样性与交互关联性,这保证了人类社会的生命力和延续性,"历史终结论"本身不符合人类历史的客观发展规律。福山本人在2022年发表专访文章表示,自己写下"历史终结论"时没有想到西方政治会出现倒退,当今走向极端化和分裂的美国政坛正在削弱西方的自由主义,"历史终结论"或将终结。

人类文明的变迁不是一个线性过程。时隔30多年,福山之所以进行自我否定,其原因就在于此。所谓"基于规则的国际秩序"本质上是美国单极独霸,但是,世界并没有实现美国治下的永续和平。相反,迫于苏联这个外部敌人的极大压力,曾经在冷战期间处理国内国际问题极为谨慎的美国,对内失去了改善其经济社会政策的动力,劳资失衡日益恶化;对外越来越涸泽而渔咄咄逼人,霸权主义、强权政治和新干涉主义抬头,这些加速引爆了美国主导的世界体系的诸多结构性矛盾,导致世界进入新的动荡变革期。

美国自身已经成为世界乱源之一。当前美国政治极化、贫富悬殊和社会撕裂日益恶化,《华盛顿邮报》从2017年起报头变为黑字——"民主在黑暗中死去",其根本原因在于美国民主已经沦为"富豪的专制"。美国作为一个霸权国家,绝大部分霸权利益被富豪们垄断,而中产阶级萎缩和阶层固化等是美国国内治理无法回避的问题,美国的政治国家利益和霸权国家利益二者之间的结构性矛盾正在激化。美国一面在国内应对混乱,2021年的"国会山骚乱"、2023年的全美大罢工、2024年的大学生"挺巴"学潮等此起彼伏;一面在国外制造混乱,乌克兰危机、巴以冲突等都有美国的影子,通过"美元潮汐"收割世界,试图将内部矛盾向外转移。

世界百年未有之大变局的基本趋势

美元潮汐

美元潮汐是指美元在国际金融市场上的流动和变化，这种变化与美联储的货币政策调整密切相关。美元潮汐通过周期性的流动和回流，形成了一种经济"收割"机制，被称为"潮汐涨潮"效应。

美元潮汐的形成主要依赖于美联储的货币政策调整。当美联储降息时，美元供应增加，全球投资者借入廉价美元投向新兴市场和其他经济体，推高这些国家的资产价格，促进经济增长。然而，当美联储加息时，美元回流美国，导致全球其他国家和地区的资本外逃，流动性枯竭，进而引发债务危机和经济衰退。

数百年来由西方大国完全主导国际秩序的局面正在发生根本改变。21世纪以来，"一超多强"国际格局正在发生变化，"多强"的力量正在上升，"一超"的力量相对下降。许多西方国家经济持续低迷、两极分化加剧、社会矛盾加深。七国集团（G7）GDP总量的全球占比从20世纪90年代的近七成降到了近年的不足四成，发达经济体的竞争优势在持续减退。非西方国家和地区正在以数百年来从未有过的速度和规模发展，推动国际格局朝多极化趋势发展，推动构建更加公正合理、稳定有效的国际秩序。

旧秩序出现了很大的问题，但新秩序还没有建立起来。美国、西欧各国及日本等内部矛盾激化，世界多国政治稳定性下降；国际社会对以新自由主义为指导的政治和经济治理方案持悲观态度，并对该模式的持续性提出疑问；现行全球安全、政治、经济等多重治理架构面临结构性挑战。世界进入新的动荡变革期，人类社会面临前所未有的挑战，世界又一次站在历史的十字路口。

二、为什么要追求平等有序的世界多极化？

世界多极化以世界多样性为基础，多极世界是人类文明的常态。"万物并育而不相害，道并行而不相悖。"世界多极化归根结底源自人类文明的多样性。人类文明的发展是一个不断扬弃的过程，正如生物的多样性维护着大自然的生态平衡，人类世界不可能只存在单一文明形态，多样化的文明形态并存保证了人类社会的生命力和延续性。对此，英国科学家李约瑟认为，"许多西欧和美洲人认为自己是文明的代表，负有统一全世界的使命。在他们思想上只有西方的文明是具有普遍性的，因为它本身是统一的、完整的，所以能统摄其他一切文明。这种自我吹嘘是毫无根据的"。

世界多极化以人类对平等的追求为重要动力源泉，有利于促进人类社会不断进步。人的主观能动性是人类文明得以发展演进的决定性因素，人类对平等的追求，既包括人与人之间的平等，例如孟子的"尧舜与人同耳"，美国《独立宣言》的"人人生而平等"；也包括不同国家和地区之间的平等，例如370多年前《威斯特伐利亚和约》确立平等和主权原则，《联合国宪章》序言宣布"大小各国平等权利之信念"等。从各文明形态的起源和互动关系来看，它们没有高下优劣，只有差异多元。和平是从尊重差异中来，不是从强制同化中来。古往今来，不同国家和地区的人们通过交往融入了世界舞台，各地域历史也随之变成了世界历史。

历史越是成为世界历史，就越推动世界多极化的发展，随之推动世界秩序的重组。今天的世界秩序重组已经不再单方面取决于以美国为首的西方国家，冷战时期的集团对抗不复存在，任何国家或国家集团都再也无法单独主宰世界事务。法国总统马克龙警告，"我们正经历西方领导权的终结"。美国在强调同盟体系的同时坚持"美国利益第一"，这种"死道友不死贫道"的做法，被德国联邦议院议员塞维姆·达代伦批评为："美国想要的不是盟友，而是忠诚的仆从。"

欧美日等国家的产业结构相似性多过互补性，客观上难以协调一致对以中国为代表的新兴经济体进行有效遏制。美国主导的新殖民主义"权力网络"试图在经济上建立支配—依附关系，并以政治—军事手段和意识形态输出来保障这种关系，但世界经济中心早已向亚太地区转移。作为全球唯一拥有完整产业链的国家，截至2024年，中国制造业规模连续14年居世界第一。经济合作与发展组织（OECD）统计数据显示，2023年中国制造业产值相当于西方国家的总和，达世界的1/3。当前在500种主要工业产品中，中国有四成以上产品产量位居全球第一，个人计算机、手机、太阳能电池板等一批重要产品产量占全球一半以上，出口结构已从家电、家具、服装转型为电动载人汽车、锂电池、太阳能电池等。中国已经建成全球规模最大的信息通信网络，算力总规模全球第二，数字变革正在快速推动制造业升级。对此，西班牙环球网站发文称"中国制造的数千种基础产品不可能找到替代供应商"，德国、法国等国家正在加强与中国的经贸合作。

国产新能源汽车开始装船，准备出口欧洲

平等有序的世界多极化不仅是价值追求，更是当今世界的客观需求。当今世界，传统大国与新兴大国之间的博弈明显升温，多边主义和单边主义之争更加尖锐，强权政治和霸权、霸凌、霸道等行径更加激烈，国际秩序的不确定性日益增强。例如，由于美国制造业的衰退和经济结构的金融化，美国在世界政治中的结构性权力已经从生产转向金融，由于国内经济社会矛盾积聚，特朗普政府以来的美国已经转变为推进保护主义、单边主义和冲击现行国际秩序的最大消极力量。

世界多极化应当坚持大小国家一律平等。在国际关系中，"极"通常是指具有关键影响力的政治经济力量。世界多极化往往被视为少数几个大国取代"一超"主导国际事务，也就是所谓以"大国共治"取代"单极世界"。今天，新兴市场国家和发展中国家的崛起和国际格局的变化证明了现代化道路是一个开放的过程：不只是西方（欧美）的，也有非西方的；不仅有亚洲的，也有非洲的、拉美的、大洋洲的……开放过程中的各国各地区对现代化道路的探索和实践证明，各国各地区都希望通过自身发展，在国际事务中独立自主，发挥更大作用。

国家不分大小、强弱、贫富，都是国际社会平等成员，理应平等参与决策、享受权利、履行义务。任何国家都没有包揽国际事务、主宰他国命运、垄断发展优势的权利。今天，欧洲追求战略自主、中东国家战略自主性增强、"以非洲方式解决非洲问题"、拉美在自主变革中求索发展道路……反对霸权主义和强权政治，承认各国各地区的多样性与差异性，在平等基础上推动和平、发展、合作、共赢，切实推进国际关系民主化，坚持解决国际上的事情应当由各国一起商量，世界的前途命运应当由各国共同掌握，符合世界上大部分国家和地区的共同利益。

世界多极化应当是有序的，要确保多极化进程总体稳定和具有建设性。多极化进程并不必然带来动荡不宁与"无序"。凡是不利于霸权利益的国家、地区乃至个人都会成为霸权国家打压目标，为了一国之私去制造地区冲突和人道危机等，这些行径才是混乱和灾难的源头。多极化不是阵营化、圈子化，更不是碎片化、无序化。对此，世界各国应当共同恪守《联合国宪章》宗旨和原则，共同坚持普遍认同的国际关系基本准则，坚持和践行真正的多边主义，维护多边体制权威性和有效性。

三、为什么要推动普惠包容的经济全球化？

经济全球化不是哪些人、哪些国家人为造出来的。人类交往实践的发展推动人类文明的演化，任何国家和地区都不是封闭孤立的系统，都会随着生产力进步而扩大交往。例如，中国和欧洲长期处于"中学西传"和"西学东渐"相结合的紧密互动之中，意大利文艺复兴不仅深受阿拉伯文化影响，也深受印度和中国文化的影响。

历史地看，经济全球化是社会生产力发展的客观要求和科技进步的必然结果。社会生产力发展必然要超出单一国家和地区，在更大范围甚至是全球配置资源，推动生产关系的全球化。科技进步缩短了世界各国的空间距离，降低了交通和通信成本，随着新一代信息技术广泛应用，任何一个国家都难以凭借一己之力实现产业链、供应链的全生命周期管理，世界越来越成为"我中有你、你中有我"的整体。因此，经济全球化是时代潮流，世界退不回彼此封闭孤立的状态，更不可能被人为割裂。

经济全球化不是世界进入新的动荡变革期的根源所在。世界经济长期低迷，贫富差距、南北差距问题更加突出的原因在于，经济领域全球增长动能不足、全球经济治理滞后、全球发展失衡三大突出矛盾没有得到有效解决。美国雷曼兄弟公司破产引发国际金融危机，这不是经济全球化发展的必然产物，而是金融资本过度逐利、金融监管严重缺失的结果，然而美国迅速将危机转移至全球，让整个世界为其"买单"。

经济全球化是一把双刃剑，既为全球发展提供强劲动能，也带来一些新情况新挑战。随着经济全球化的趋势不断发展，商品、技术、信息、服务、货币、人力、资金、管理经验等生产要素以空前的速度和规模在世界范围内流动，加上互联网、人工智能和大数据等技术的不断进步，推动世界产业结构的调整和升级，信息和文化的传播更加迅速和广泛，世界各国和各地区的生活和工作方式都在随之发生巨大的变化。

经济全球化创造了巨大的财富，但并不必然地被不同国家、不同收入阶层平等地分享，这是当前经济全球化包容性不足的体现。财富不平等主要有两个层面的表现：其一是全球财富在国家间的分布不平等，以中国为代表的少部分发展中国家发挥后发优势，缩小了与发达国家的差距，但是大部分发展中国家由于科技水平和经济实力较弱，在国际竞争中常常处于不利境地；其二是社会财富在一国居民内部的分布不平等，社会阶层间流动不畅，经济全球化发展为资本的跨国转移和配置提供便利渠道，并且进一步强化资本在社会财富分配中的强势地位，由此加剧了财富不平等状况。

当前，贸易保护主义、逆全球化思潮抬头，经济全球化遭遇逆流。在全球产业链、价值链中，美国等西方发达国家长期占据高端，获取了大部分利润，而新兴市场国家和发展中国家向产业链、价值链高端攀升时又遭到这些西方发达国家的遏制打压。热销书《美国陷阱》《芯片陷阱》《隐秘战争》等揭示了美国如何利用情报网络监视、利用司法"暗箭"围猎别国企业。当世界经济处于下行期的时候，全球范围内争夺资源、市场的竞争就更为激烈，全球经济蛋糕不容易做大，甚至变小了，增长和分配、资本和劳动、效率和公平的矛盾更加突出，发达国家和发展中国家都会感受到压力和冲击，发展中国家显然要承受更大的压力和冲击。

逆全球化思潮反映了近年来的资本主义全球发展危机问题，其本质是食利者阶层的矛盾转移。近年来各种形式的保护主义明显抬头，内病外治、转嫁矛盾,这本质上是食利者阶层为了维持自身垄断地位,继续利用不合理的国际经济秩序攫取超额利润,操纵国家机器所采取的策略。因此,要坚决反对逆全球化、泛安全化,反对各种形式的单边主义、保护主义,坚定促进贸易和投资自由化便利化,破解阻碍世界经济健康发展的结构性难题。

食利者阶层

食利者阶层是指那些完全脱离了生产经营活动,专门依靠利息或股息为生的剥削者。他们不直接参与生产和经营,而是通过持有有价证券来获取收益。这个阶层在自由竞争资本主义时期就已经存在,到了垄断资本主义时期才急剧增加。

推动普惠包容的经济全球化,需要顺应各国尤其是发展中国家的普遍要求,解决好资源全球配置造成的国家间和各国内部发展失衡问题。坚持创新驱动,推动世界经济强劲增长;坚持与时俱进,推动全球经济治理体系改革;坚持以人为本,推动解决发展失衡问题,推动世界经济朝着更加开放、包容、普惠、平衡、共赢的方向发展,让世界经济活力充分迸发出来。

四、为什么要积极构建公正民主的国际秩序?

当今,世界百年未有之大变局加速演进。一方面,世界各国各地区不同程度上被整合到全球产业链条中,物质财富不断积累,科技进步日新月异,人类文明发展到历史最高水平。另一方面,全球日益复杂高效的供应链具有脆弱性,经济全球化是技术进步与制度变革相互促进的过程,同时也是形成全球化自由贸易的体系和规则的过程,但这套体系和规则的运行有赖于稳定的国际秩序保障。

当今世界的各种不确定性不稳定性因素日益增多，全球发展不平衡加剧，地缘政治因素更加突出，局部动荡此起彼伏，地区冲突频发，非传统安全和全球性挑战不断增多，贫困、失业、收入差距拉大，世界面临的不确定性上升，国际秩序的不公正性和不民主性凸显。

在第78届联合国大会上，联合国秘书长古特雷斯警示，世界正变得不稳定，地缘政治紧张局势正在升温，世界正在向多极化方向发展，和平与安全正面临前所未有的压力，核裁军陷入停滞，世界经济、金融体系和贸易关系正在"越来越接近严重断裂"。同时，不平等在加剧，仇恨言论不断增加，人道主义体系正处于崩溃的边缘，国际社会正面临从气候混乱到颠覆性技术等一系列关乎人类生存的威胁。

不公正的国际秩序是世界不确定性的重要根源。世界权力的分配并不是均等的，有着中心与边缘的区分。一方面，美国等西方国家占有优势地位，存在强势国家和弱势国家的区隔。美国政治学者罗伯特·吉尔平所持的霸权秩序观认为，国际秩序的建构和维持主要靠霸权，有实力的霸权国家提供了更多国际公共品，因此也应享有更多的国际权力和权利，即对世界事务的主导权。但是，美国滥用其霸权本身就是对国际秩序公正性的挑战，例如，美国利用美元结算在全球贸易中的支配性地位，将美元作为对其他国家和企业打击的武器，迫使包括其盟国在内的其他国家遵循美国的政策，赋予美国以一定程度的"治外法权"。另一方面，资本驱动的经济全球化损害了主权国家特别是弱势主权国家的经济主权，进一步强化了国际秩序的不公正性。

不民主的国际秩序是地缘政治紧张的重要源头。"物之不齐，物之情也"。美国滥用强权政治，垄断国际政治经济的议题设置权和议程主导权，垄断政治范畴的定义权和是非优劣的评判权，垄断国际政治经济格局的塑造权、国际规则的制定权以及国际争议的裁量权等，用单一排他的标尺衡量、判别各有特色的各国各地区制度，将世界各国简单地进行"民主或威权""自由或专制"等二元化对立，本身就是不民主的，违背了民主价值。自封为"民主评判者"，把自己的价值观强加给别人，甚至打着民主的幌子干涉他国内政，更是对民主的污名，是以民主之名行霸权霸道之实。没有平等的国际关系，又何谈国际秩序的"民主"？

对于新兴市场国家和发展中国家而言，要突破西方中心主义，就不能故步自封于遍及于政治、经济、文化各个领域的，长期占统治地位并被广泛运用的西方话语体系。霸权主义者如果还固守冷战思维、信奉零和博弈，搞阵营化和小圈子，陷入地缘政治竞争和所谓"争霸"竞争，肆意违反国际规则、破坏国际秩序、奉行双重标准，就只会弱化美国等西方发达国家与新兴市场国家和发展中国家之间的合作能力，从而进一步弱化现存国际秩序，甚至导致国际秩序的公正性民主性的进一步恶化。因而新兴市场国家和发展中国家亟待重新审视自己，突破过去的"自我设限"，寻求新的发展。

国际规则的制定不能搞"一言堂"，应当赋予新兴市场国家和发展中国家更多代表性和发言权，推进全球治理规则民主化、法治化，努力使全球治理体制更加平衡地反映大多数国家意愿和利益。美国政治学家沃勒斯坦对以美国为首的西方国家主导制定并极力维护的现行国际秩序有过意味深长的评论，"国际秩序是强者送给弱者的一种礼物，它以双重的约束出现在后者的面前：拒绝这种礼物是失败；接受这种礼物也是失败。弱者唯一可行的反应，是既不拒绝也不接受，或既是拒绝也是接受"。为了推动全球治理朝着更加公正合理的方向发展，为了建立以更加公正、合理、稳定、普惠等为基本特征的国际新秩序，维护国际公平正义，推动国际关系民主化，需要确保多极化进程成为各国团结而不是分裂、对话而不是对抗、合作而不是冲突的历史进程。

世界百年未有之大变局的"变"与"不变"

　　1918年,第一次世界大战落下帷幕,处于动荡之中的世界,走到了一个重建秩序的关键时刻。然而,在1919年的巴黎和会上,即便拥有第一次世界大战战胜国的资格,中国也无法收回列强强占的山东的主权。无论是在巴黎和会,还是在1921—1922年的华盛顿会议上,西方列强仍然牢牢掌握着全球秩序的主导权,绝大多数非西方国家仍处于难以自主的状态。

　　当前,世界处于百年未有之大变局。一方面,20世纪80年代以来高歌猛进的经济全球化进程,正在进入调整期,西方发达国家内部出现强大的反对经济全球化的声音,对于全球产业链供应链的信赖度正在下降,地缘政治冲突多发,乌克兰、中东等地区爆发军事冲突;另一方面,世界格局正在走向多极化,美国、英国、法国、德国、日本、意大利和加拿大,这7个发达国家在全球经济中所占的比例不断下降,对于全球产业链供应链的主导权也正在弱化,而新兴市场国家和发展中国家蓬勃发展,"全球南方"在国际秩序中具有越来越大的发言权,帝国主义、殖民主义、霸权主义越来越不得人心。

　　世界百年未有之大变局对于当今世界与中国而言,究竟是意味着

> 更大的机遇，还是更大的风险？而在其多方面的"变"之后，又有哪些因素能够保持"不变"，可以成为我们应对变局的坚实基石呢？

一、当前国际格局"变乱交织"主要表现在哪些方面？

在世界百年未有之大变局之下，国际格局正在呈现"变乱交织"的局面，国际局势呈现因变生险、生乱加剧的特征，多重变量复合叠加、加速突变，国际秩序进入艰难重塑的曲折过程。

大国地缘政治博弈升级。局部地区出现了激烈的武装冲突。在欧洲，1945年以来长久的和平局面被打破，美国主导的北约东扩引发了乌克兰危机；在中东，以色列针对巴勒斯坦加沙地带的战争，使得中东地区处于持续紧张状态之中；在亚洲，美国不断在中国周边挑起事端，试图制造亚太地区的地缘冲突，将中国拖入战争，以减缓或阻滞中国的复兴进程。

经济全球化进程停滞不前。在一些领域中出现世界经济"泛安全化"和全球产业链供应链"友岸化"趋势。原来大力倡导经济全球化的美国等西方国家，在经济全球化过程中经历了制造业的外迁、国内贫富分化的加剧以及地缘政治实力的相对衰落，对于经济全球化表现出越来越强的疑虑，对于自由贸易的质疑声浪不断高涨。美国泛化国家安全概念，强调本国经济安全优先，将产业链武器化，提高本国市场准入门槛，打击经济领域的竞争对手，严重阻碍了经济全球化进程。

现有全球治理体系出现了失灵和失序。美国等西方发达国家日益倾向于维护自身在国际体系中的既得利益，对于全球公共产品的供应日益表现出消极态度。比如，美国滥用作为国际结算货币的美元，通过美联储的货币政策，制造"美元潮汐"反复收割其他国家的财富；美国不断削弱世贸易组织（WTO）的作用，使得全球贸易秩序走向碎片化；美国通过不负责任地行使否决权，导致联合国安理会难以就重大紧迫问题作出决定等。这些行为使得全球治理体系中的和平赤字、发展赤字、安全赤字和治理赤字不断累积。

国际安全形势出现了大量非传统安全议题。例如恐怖主义问题、全球气候变化问题、全球性与区域性的传染病疫情防控问题、环境污染及其带来的生态污染问题，都未能在全球层面建立起有效的协调机制。信息技术与人工智能的发展，也带来新的安全挑战，如通过AI大量生成的虚假信息的广泛传播，甚至成为地缘政治的"认知战"工具。如果说传统的安全议题正在面临着全球治理体系失序的问题，那么新的非传统安全问题应该如何协调规范解决，也面临着更大的挑战。

认知战

认知战是一种以信息为主要载体，通过影响和塑造目标国家决策者和群众的认知，进而控制和改变其行为，最终达到战略战术目的的现代战争形态，是融心理战、舆论战、信息战于一体的最高层级的非动能作战形式。

种种乱象的背后，我们也可以看到两点积极的变化：

一是经济全球化的停滞并未伴随着信息全球化的停滞。随着新技术的迅猛发展，信息传播的门槛大大降低，使得少数发达国家对信息基础设施、传播技术等方面的垄断地位被逐渐打破。在这一背景下，许多发展中国家纷纷借助现代科技手段，建立起自己的发声平台，积极参与全球舆论的塑造。这种全球舆论的活跃，不仅让各国人民能够更加便捷地获取和分享信息，更使得霸权主义在为自己营造道德光环时愈发困难。

二是随着新兴市场国家和发展中国家经济实力的不断提升，这些国家对于构建更加公正合理的国际秩序的自主意识也日益增强。它们不再满足于在国际体系中扮演被动角色，而是积极寻求在国际舞台上发挥更大的影响力。二十国集团、上海合作组织、金砖合作机制等多边机制成为新兴市场国家和发展中国家发挥影响力的重要平台。这些国家通过参与这些机制，倡导多边主义，反对单边主义，改变西方发达国家在国际体系中的垄断地位，推动国际秩序朝着更加公正、合理的方向发展。

冷战结束30多年来，世界加快走向多极化。目前国际社会多数成员，无论大国小国，都主张世界应多极化。虽然"变乱交织"的局面还会持续，但倡导平等有序的世界多极化，契合大多数国家的诉求。

二、全球产业链供应链布局有哪些新变化？

随着国际体系的深刻演变，全球的产业链供应链布局也正在经历着重要的变化。

冷战结束之后，许多西方发达国家的跨国企业开始寻求更为高效的运营模式以降低运营成本，它们选择将产业链与供应链的多个环节迁出本国，或是将其"外包"给发展中国家的企业。这一转变推动了产业链与供应链向更为"全球化"的方向发展。跨国企业通过将生产、加工、组装等环节分散到全球各地，实现了资源的优化配置和风险的分散。同时，这也促进了不同国家之间的经济交流与合作，使得全球经济更加紧密地联系在一起。

在这一过程中，西方发达国家凭借其强大的科技实力和创新能力，通过掌握知识产权和技术标准，保持着对产业链与供应链的整合力。它们通过制定技术标准、设立知识产权壁垒等手段，确保了自身在全球产业链与供应链中的主导地位。这使得西方发达国家能够以极低的成本获取超额利润,进一步巩固了其在全球经济中的地位。

然而,产业链与供应链的全球化布局,对于西方发达国家的影响绝非无足轻重。产业链与供应链许多环节的向外转移,导致西方发达国家中相关工作岗位的减少,相关人才的培养变得可有可无,高校纷纷挥刀砍掉相关专业,最终导致其本地的工业生态和人才体系千疮百孔,致使这些西方发达国家的经济越来越趋于虚拟化、金融化、服务业化和空心化。

以美国为例,去工业化不仅导致美国工业能力和军工科研生产能力萎缩,而且产生了其沿海与内陆的地区撕裂:在美国中西部,曾经的制造业明星城镇沦为黯淡的"铁锈带"。这些地区的民众,眼巴巴地看着跨国资本赚得盆满钵满,自己却连汤都喝不上一口,被"抛弃"的感觉愈发强烈,《乡下人的悲歌》《故土的陌生人》等一系列著作都生动地描绘了"红脖子"们的不满情绪,于是,对经济全球化的不满情绪在这部分美国民众中如同熊熊烈火般燃烧起来。

随着经济全球化的深入,曾在经济全球化过程中获得超额利润的跨国资本,也正在发展中国家遇到强有力的竞争。

每个国家都有生存权与发展权。承接了中低端产业的发展中国家不会永远满足于西方发达国家分配的在国际产业结构中的位置,各国人民对于美好生活的向往,会推动本国的科技创新和产业升级。而当科技创新和产业升级冲击西方发达国家的既得利益,尤其是对于关键技术和知识产权的垄断造成冲击的时候,西方发达国家跨国资本的利润率下降,进而就会产生强烈的危机感。

外部竞争对跨国资本垄断地位的冲击,使得西方发达国家内部出现反全球化的声浪,对于自由贸易的乐观与开放心态逐渐消散,全球性的相互依赖被视为风险的来源,许多发达西方国家转而寻求缩短产业链与供应链,加大对于政治、军事盟友的依赖。在此背景下,中国被一些西方发达国家视为首要的经济竞争者，面临着后者"脱钩断链"的威胁。

在全球的产业链供应链受到重大冲击的背景之下，中国积极构建以国内大循环为主体、国内国际双循环相互促进的新发展格局。这一举措不仅反映了中国对于国内外经济形势的深刻洞察，也展示了中国对于促进经济持续健康发展、推动全球经济共同繁荣的坚定决心。

首先，中国以国内大循环为主体，旨在加强经济的自主性、可持续性与安全性。中国大力发展自主可控的绿色能源产业，以应对全球能源市场的波动和不确定性。通过加大对新能源技术的研发力度，提高能源利用效率，降低能源消耗和排放，中国不仅保障了国家的能源安全，也为全球应对气候变化作出了积极贡献。中国积极推动全国统一大市场建设，以扩大内需市场为核心，为居民消费升级创造条件。通过深化供给侧结构性改革，优化产业结构，提高产品和服务质量，不断满足人民日益增长的美好生活需要，在生产与消费之间形成良性循环。

风力发电

其次，中国积极扩大对外开放，致力于实现国内国际双循环相互促进。在对外开放方面，中国通过进一步全面深化改革，充分利用自身超大规模市场优势和内需潜力，积极主动扩大进口。这不仅有助于满足国内消费升级的需求，也为进口国经济稳定发展和全球经济加快恢复增长提供了有力支撑。中国还积极开展与相关国家的产业链供应链合作，通过推动基础设施建设等方式，实现共同发展与繁荣。在这一过程中，中国不仅提升了自身的产业水平和国际竞争力，也为合作伙伴带来了实实在在的利益。

特别值得一提的是，中国提出的"一带一路"倡议，正是积极构建国内国际双循环的生动实践。通过加强与共建国家的经济合作与人文交流，推动政策沟通、设施联通、贸易畅通、资金融通和民心相通，中国为共建国家提供了广阔的发展空间和合作机遇。这一倡议得到了许多新兴市场国家和发展中国家的积极响应和支持，为推动构建人类命运共同体注入了新的动力。

在经济全球化的浪潮下，中国已深刻认识到世界各国紧密相连，形成了一个不可分割的整体。经济全球化带来的不仅仅是经济的繁荣与发展，更使得各国之间的相互依赖程度不断加深。部分西方发达国家试图将经济上的相互依赖作为一种武器，针对所认定的竞争对手进行打击。然而，这种做法往往会带来双输的结果，不仅无法真正打击到对手，反而可能使自身陷入困境。更重要的是，这种做法并不能给本国带来真正的经济安全。经济安全并非仅仅依靠打压对手就能实现，而需要通过加强自身的经济实力和创新能力，以及与其他国家的互利合作来共同维护。

在某些西方发达国家将经济武器化的压力之下，中国坚持底线思维，保障本国产业链供应链的安全稳定，加强自主创新能力，提升产业链供应链的韧性和安全水平，加强与其他国家的合作，共同应对外部风险和挑战。中国坚定不移地维护产业链供应链的公共产品属性。产业链供应链是全球经济发展的重要支撑，是各国共同享有的公共产品，不能因为一些国家的打压和制裁而放弃合作，反而应该以共商共建共享的精神，加强国际合作，推动产业链供应链的优化和升级。

三、什么是全球格局的"东西南北"调整？

在世界百年未有之大变局下，全球格局发生的一个积极变化，就是单极霸权格局向多极化发展，"东西南北"力量出现重新调整。

世界地缘经济与政治重心正在出现"东升西降"的态势。"东方"与"西方"具有不同的区分方式。就地域和人口结构上的东西方划分而言，欧洲、美国、加拿大、澳大利亚、新西兰等属于"西方"，亚洲属于"东方"。20世纪60年代，日本经济就已经出现突飞猛进的态势，接下来是"亚洲四小龙"的发展。20世纪80年代以来，又有"亚洲四小虎"（印度尼西亚、泰国、马来西亚、菲律宾）的快速发展。中国在2001年加入世界贸易组织之后，进入了一个高速发展期，迅速成长为"世界工厂"。当下，印度和东盟国家呈现出相当显著的发展态势。亚洲新兴经济体在经济增长、科技创新、产业升级等方面取得了显著成就，逐渐成为全球经济增长的重要引擎。

2022年1月1日，10个东盟国家与中国、日本、韩国、澳大利亚和新西兰共同推出的《区域全面经济伙伴关系协定》（RCEP）正式生效，形成了一个覆盖22.7亿人口、GDP总量26万亿美元、出口总额5.2万亿美元的自由贸易区，其在全球产业链中的地位正不断上升。与此同时，在地缘政治等因素带来的成本高企的压力下，欧洲的制造业还在不断地向外迁移。美国近年来虽大力吸引制造业回流，但如何重建本土完整的制造业生态，仍然面临着巨大的挑战。在此背景之下，亚洲的经济力量还在不断地增长。

如果不按照地域和人口结构进行划分，而是从政治经济制度上划分

"东方"与"西方",那么G7代表的发达国家阵营代表着"西方",而中国则是"东方"的核心代表。G7在1976年成立的时候,其GDP总额在全球经济中占比超60%,但到了2023年,G7在全球经济中所占的份额已经下降到了不足30%。而在同一时段,中国经历了快速工业化,成长为全球制造业第一大国、货物贸易第一大国,同时也是全球唯一拥有全产业链的国家,从劳动密集型产业到技术密集型产业一应俱全,能够参与各个层面的产业竞争。在绿色能源、互联网、人工智能、量子计算、汽车制造、高铁等前沿领域,中国已经积累了相当大的竞争优势。2023年,中国GDP总量在全球经济中占比18%左右。

中国的跨越式发展,使得世界社会主义运动走出低潮期。而与此同时,全球资本主义正在经历一个危机时期。20世纪70年代后半期以来盛行的新自由主义在美国内部制造了金融资本压抑实业、贫富差距拉大等问题,即便在美国主流精英中也日益缺乏辩护者。而中国式现代化这一重大成果的世界意义更加凸显,其带来的发展机遇也惠及世界各国人民。

> 环顾世界,"全球南方"声势卓然壮大,为推动人类进步发挥了举足轻重的作用。站在新的历史起点上,"全球南方"应当以更加开放包容的姿态携手共进,走在推动构建人类命运共同体的前列。
>
> ——2024年6月28日,习近平在和平共处五项原则发表70周年纪念大会上的讲话

国际体系主导权"南升北降","南北矛盾"由过去的"北强南弱、北主南从"日益转向"南北对等"。"南北矛盾"是不平衡的发展所带来的矛盾。绝大多数"全球南方"国家在历史上都受过西方列强的侵略或殖民,

其经济社会发展一开始就处在一个极端不平等的国际竞争环境之中，普遍存在人均国民收入低、经济严重依赖初级产品部门、人口密度高、基础设施差等特征，在全球产业链之中处于较低的位置。许多"全球南方"国家不仅在经济现代化上长期处于不利地位，在民族整合与国家政权建设方面，也同样面临着诸多挑战。

然而，在经济全球化进程中，"全球南方"国家获得了相当程度的经济发展。根据国际货币基金组织（IMF）的统计数据，按购买力平价计算，1990年发达国家占全球GDP的63.1%，新兴市场国家和发展中国家只占36.9%；2008年新兴市场国家和发展中国家的GDP占全球51.3%的份额，实现了对发达国家GDP总量的超越；2022年新兴市场国家和发展中国家的份额进一步提升至58.3%，比发达国家的份额高16.6个百分点。

随着经济分量的提升，"全球南方"国家在国际体系中的发言权也正在提升。二十国集团领导人峰会已经成为"全球南方"的重要讲坛。2022—2025年，"全球南方"国家连续4年担任二十国集团轮值主席国。国际货币基金组织和世界银行进行了份额改革，中国代表的"全球南方"国家的份额不断提高。而在当下，金砖合作机制还在不断扩大，正吸收越来越多的"全球南方"国家加入，在全球的发展议题之中，发挥着代表"全球南方"利益诉求的作用。

在当下的地缘政治冲突之中，"全球南方"国家日益显现出自身的政治影响力。在乌克兰危机爆发之后，大部分"全球南方"国家坚持独立自主的外交路线，拒绝随着西方国家"起舞"，并希望尽可能降低地缘冲突对本国发展的影响。这体现出发展在"全球南方"国家议程上的优先性。在巴以冲突爆发之后，绝大部分"全球南方"国家主张联合国承认巴勒斯坦的联合国会员国资格，推动加沙地带停火。而这体现出了反帝、反殖的共同历史记忆对于"全球南方"国家的凝聚作用。

西方发达国家从未停止分化"全球南方"的努力，这种分化策略体现在多个层面。在供应链方面，一些西方发达国家积极推动"友岸外包"政策，试图将原本在中国的重要环节转移到它们认为在政治上更加"安全"的"全球南方"国家。但这种转移并非易事，新的供应链的建立需要投入大量的资金、技术和人力资源，而且新转移地的生产能力和供应链稳定性也需要时间去验证。一些西方发达国家还试图通过拉拢部分"南方国家"，成立各种排他性经济机制来孤立中国。其中，印太经济框架（IPEF）便是这一策略的典型代表。印太经济框架表面上旨在加强美国与其印太地区盟友和伙伴之间的经济联系，通过促进贸易、投资和经济合作等来推动地区经济增长。实质上，这种机制却带有浓厚的政治色彩，其真正目的是削弱中国在地区内影响力。

这些分化"全球南方"的举措并未伴随着西方发达国家对这些国家发展的实质性投入。对于迫切希望发展自身的"南方国家"而言，与中国"脱钩"并不符合它们的利益。中国作为全球最大的发展中国家，拥有庞大的市场规模和完整的产业链，对于许多"南方国家"来说，与中国合作是实现自身发展的重要途径。中国的"一带一路"倡议获得了众多"南方国家"的支持和响应。与西方发达国家的分化策略不同，"一带一路"倡议注重的是众人拾柴火焰高、互帮互助走得远，强调在合作中实现共同繁荣。在基础设施建设方面，中国为许多共建国家提供了资金支持和技术援助，帮助它们改善了交通、能源等基础设施条件。在贸易和投资方面，中国与共建国家的贸易往来日益密切，投资合作也在不断深化。这些举措不仅促进了共建国家的经济发展，也为它们带来了更多的发展机遇和就业机会。

中国式现代化的成功经验表明，发展中国家应结合自身国情，探索一条适合本国发展的现代化道路。中国式现代化打破了西方对现代化理论和实践的垄断，表明"全球南方"有能力追求自己的发展道路、制定自己的发展计划，最终形成独立自主的发展道路。

中国与斯里兰卡共同建设运营的汉班托塔港

目前，"全球南方"国家的国际地位总体上升，但在全球治理的许多领域，仍然无法撼动"全球北方"国家对规则制定与决策权的垄断。要保障"全球南方"利益，就需要包括中国在内的"全球南方"国家积极推动"南南合作"，共同建构国际政治经济新秩序，设置不同于"全球北方"的全球治理议程，探索适合自身国情的发展道路和发展模式。

四、世界百年变局存在哪些"不变"因素？

世界进入新的动荡变革期。在世界百年未有之大变局的时代背景下，对于世界大变局之下多极化进程将如何进一步发展，各国如何参与和推动，尚未形成共识。要想准确把握世界发展大势，我们不仅要深入分析变局之中的各种"变"，更要深入思考哪些因素会保持"不变"，从而形成全面准确的战略判断。

可以确定的是,无论世界局势如何变幻,人类发展进步的大方向始终不会改变。从历史的长河来看,人类总是在不断地追求发展、进步和繁荣。这种追求不会因为一时的政治冲突、经济危机或社会动荡而停止。同时,世界历史曲折前进的大逻辑也不会改变。尽管世界历史充满了战争、冲突和分裂,但总体来说,人类社会的进步和发展是主流,和平发展与合作共赢是大势所趋。

国际社会命运与共的大趋势不会改变。随着经济全球化的深入发展,各国之间的联系和依存度越来越高,任何一个国家都无法独自应对全球性挑战。因此,国际社会必须团结起来,共同应对气候变化、恐怖主义、网络安全等全球性问题。这种命运与共的趋势是客观存在的,也是不可逆转的。

中国维和部队官兵正在观察营区周边情况

在经济领域,经济全球化是客观现实和历史潮流。面对这一大势,任何国家都不能独善其身。世界已经退不回彼此封闭孤立的状态,更不可能被人为割裂。尽管当前单边主义、贸易保护主义思潮有所上升,但中国坚持多边主义和国际关系民主化,以开放、合作、共赢的胸怀来谋划发展,坚定不移地推动经济全球化朝着开放、包容、普惠、平衡、共赢的方向发展。

中国坚持和平发展的道路也不会改变。这一"不变"既源于中华文明突出的和平性,也是当今时代和世界大势的客观要求。零和游戏和丛林法则既不符合中国的价值观,也不利于中国的长远发展。长期以来,中国始终坚持和平共处五项原则,把和平与发展确立为时代的主题,而和平发展的道路也给中国带来了实实在在的发展和安全。我们有理由相信,中国坚持和平发展的道路不会改变,也没有理由改变。

中国积极倡导共商共建共享的全球治理观,不断提高新兴市场国家和发展中国家在国际事务中的代表性和发言权,抵制西方发达国家搞"小圈子""小集团"的做法。中国与其他"全球南方"国家一道坚定维护以联合国为核心的国际体系,维护以国际法为基础的国际秩序,维护以世界贸易组织为核心的多边贸易体制。同时,中国还积极搭建全球经济治理和"南南合作"新平台,如倡议成立亚洲基础设施投资银行、加快金砖国家扩员和金砖国家新开发银行本币融资力度等,为"全球南方"深度合作提供更多视角和选项。这些努力旨在推动构建相互尊重、公平正义、合作共赢的新型国际关系,为世界的和平与发展贡献中国智慧和中国方案。

世界百年未有之大变局中的中国与世界

当今世界正经历百年未有之大变局，中华民族伟大复兴正处于关键时期，二者彼此影响、同步交织、相互激荡。百年未有之大变局，既指世界正在经历的大态势，也指中国面临的大态势。

国际局势急剧变化，人类社会面临前所未有的挑战。团结还是分裂？和平还是冲突？合作还是对抗？再次成为时代之问。中国在世界百年未有之大变局中占据着重要地位，扮演着关键角色，发挥了引领作用。世界百年之变，中国完成了由区域大国走向全球大国的转变，为世界和平与发展提供着积极而强劲的动力，世界越来越离不开中国。世界为中国的快速发展和全面复兴提供了难得的机遇。

一、当今世界面临哪些严峻的全球性挑战？

2024年9月，第79届联合国大会召开期间，正值乌克兰危机长期化，巴以冲突持续外溢，黎以局势骤然升温，"四方安全对话"领导人峰会挑动阵营对抗之际，围绕上述问题，联合国大会展开了激烈的论争。国际形势复杂严峻，国际政治纷争和军事冲突多点爆发，各种传统和非传统安全威胁交织叠加，各种新旧问题与复杂矛盾交织发酵，和平赤字、发展赤字、安全赤字、治理赤字有增无减，各种"黑天鹅""灰犀牛"事件随时可能发生，人类社会面临前所未有的挑战。

和平赤字体现为战争威胁加大。2023年7月，联合国秘书长古特雷斯提出《新和平纲领》，强调世界正面临一系列威胁，包括武装冲突性质不断变化、武装冲突范围以外的暴力持续、新技术有被武器化的危险等。古特雷斯在第79届联合国大会上指出："我们正在走向难以想象的境地——一个有可能吞没世界的火药桶。"

> 我们要秉持共同、综合、合作、可持续的新安全观，摒弃冷战思维、零和博弈的旧思维，摒弃弱肉强食的丛林法则，以合作谋和平、以合作促安全，坚持以和平方式解决争端，反对动辄使用武力或以武力相威胁，反对为一己之私挑起事端、激化矛盾，反对以邻为壑、损人利己，各国一起走和平发展道路，实现世界长久和平。
>
> ——2019年3月26日，习近平在中法全球治理论坛闭幕式上的讲话

和平赤字的主要表现有：一是地缘政治风险加剧，大国博弈和权力逻辑回归，局部战争难以控制，大国博弈重新聚焦传统安全领域。二是世界格局集团化趋势抬头，霸权主义与强权政治依然横行，作为军事集团的北约不断扩容，美国重塑排他性、等级化和非中性的治理小集团"小圈子"，加深了世界的安全隐患。三是跨国争端与族群冲突频发，因领土、宗教、种族等问题引起的地区冲突和跨国争端此起彼伏。四是无人机、机器人技术以及互联网技术等被运用于暴力袭击，和平遭受的威胁在时间与空间上都可能被无限拉长。

发展赤字体现为全球发展动能不足。全球发展失衡，特别是收入分配不平等、发展空间不平衡是国际社会面临的最突出问题，成为一些国家社会动荡的重要原因。在第 79 届联合国大会召开期间，乌干达总理罗比娜·纳班贾代表七十七国集团发言时指出："当前不公平的国际经济秩序给发展中国家带来的重大挑战，已经达到当今时代最尖锐的程度。"

发展赤字的主要表现有：一是逆全球化思潮抬头，发达国家与发展中国家围绕资源共享、生产分工、利益分配、数字转型、能源转型、国际发展等方面的矛盾不断激化，部分发达国家逆全球化思潮高涨。二是经济全球化带来的收益分配不平衡加剧，新一轮科技革命和产业变革极大提高了社会生产力水平的同时也给世界带来了新的挑战；民粹主义与保护主义思潮盛行，一些发达国家把问题"甩锅"给其他国家。三是多国发展资源不足，由于各国动用了大量的公共财政资源应对新冠疫情及其溢出效应，公共财政资源消耗逐渐传导至国际国内各领域。四是美国执意推动"脱钩断链"给世界发展前景带来不利影响。

美国"脱钩断链"威胁全球供应链安全

2020 年 7 月，英国政府追随美国制裁中国科技企业华为，以英国国家网络安全中心认为华为技术和设备存在"安全风险"为由，宣布禁止在 5G 网络建设中使用华为设备。时任英国数字化、文化、媒体与体育大臣奥利弗·道登对此表示，英国 5G 建设将因拒绝华为推迟 2~3 年，电信公司将因此损失多达 20 亿英镑。成本增加费用尚可计算，但英国因此进入数字化发展的"慢车道"，并可能在全球科技竞赛中一蹶不振，这样的损失恐怕是很难用数字算清的。

> 在"美国优先"宗旨下,美国出台大规模排他性歧视性产业政策,破坏全球产业合理分工格局的形成。例如,美国出台《通胀削减法案》,试图通过高额补贴推动电动汽车及其他绿色技术在美国本土生产和应用;推出《芯片与科学法案》,试图通过巨额产业补贴和遏制竞争的霸道条款,推动芯片制造"回流"本土。

安全赤字体现为应对安全挑战的能力不足。当今世界全球安全问题凸显并呈泛化趋势,霸权主义、冷战思维、大国博弈、集团化、"小圈子"等依然在国际关系中盛行,传统安全和非传统安全威胁互相交织,严重威胁各国和人类安全。

安全赤字的主要表现有:一是传统安全问题恶化,例如,巴以冲突已造成严重的人道主义灾难,国际社会担忧出现"冲突链",引发更大范围的冲突和安全问题。二是非传统安全问题日益凸显,网络安全、气候变化、难民危机等越来越严重地影响到全球民众的生活,加剧了全球安全形势恶化趋势。三是全球议题泛政治化、泛安全化趋势明显,不断冲击和平的国际环境和稳定的国际秩序。

治理赤字体现为当前全球治理体系、规则和能力不能有效应对全球性挑战。新一轮科技革命和产业变革深入发展,国际力量对比深刻持续调整。各类全球性问题和全球性挑战发生发展的速度超过相应的治理能力的增长速度,单边主义、保护主义思潮抬头,全球治理体系和多边机制受到冲击。美国国防大学艾森豪威尔学院原经济系主任、全球化智库副主任大卫·布莱尔认为:"全球治理体系变革正处在历史转折点上。"

治理赤字的主要表现有:一是治理供需不平衡,全球问题不断涌现,联合国等既有全球治理机制乃至一些新兴机制,面对网络安全、气候变化、医药生物、国际移民、人工智能等新兴问题时应对乏力,难以满足全球治理的现实需求。二是部分大国提供治理供给的意愿和能力下降，世界各国政策内倾化严重，很难旁顾外部的治理需求。三是霸权国在各领域突出竞争性，频繁将全球治理平台"工具化"和"武器化"，例如，将多边机制武器化、国际资金清算系统武器化、大宗商品武器化、关税武器化等，恃强凌弱、巧取豪夺、零和博弈等霸权霸道霸凌行径危害深重。

二、中国崛起对全球格局的影响是什么？

中华文明作为世界历史上唯一没有中断并独立发展至今的原生文明，具有自我发展、回应挑战、开创新局的文化主体性与旺盛生命力。今天，中国作为世界上最大的发展中国家，走出了一条前所未有的中国式现代化道路，正处于实现中华民族伟大复兴的关键时期，处于伟大复兴征程的中华民族正在创造与发展人类文明新形态。

中国式现代化显然不同于美国和欧洲等西方国家所走的"以资本为中心"的现代化道路，而是"以人民为中心"的社会主义的现代化。不能简单化地将中国式现代化定义为一个"例外"或者"特殊"，因为中国式现代化既不是在形式上和数量上对欧美的追赶，也不仅仅限于经济领域，而是包括政治、文化、社会、生态文明等多个领域。

在百年变局中，世界第二大经济体的中国被公认为是拉动世界经济增长的第一引擎。2023年，中国新设立外商投资企业53766家，实际使用外资金额1.1万亿元，规模处于历史高位，吸引外资和对外投资均居于世界前列。截至2023年，中国已成为140多个国家和地区的主要贸易伙伴，货物贸易总额居世界第一，吸引外资和对外投资居世界前列，形成更大范围、更宽领域、更深层次对外开放格局。即便在新冠疫情影响下，中欧班列在2022年仍然开行1.6万列、发送160万标箱，通达欧洲约 200 个城市，大大促进了欧亚大陆互联互通；2023 年中欧班列全年开行 1.7 万列、发送 190 万标箱。2022 年北京冬奥会、冬残奥会的成功举办，更是在国际社会面前展现出一个更加自信、自强、开放、包容的中国。

北京冬奥会期间外国选手和冰墩墩合影留念

在世界百年未有之大变局中，中国是全球和地区安全与发展的推动者。中国始终坚持在和平共处五项原则基础上同各国发展友好合作，促进大国协调和良性互动，以相互尊重、公平正义、合作共赢为原则，推动构建和平共处、总体稳定、均衡发展的大国关系格局。中国始终坚持亲诚惠容和与邻为善、以邻为伴的周边外交方针，秉持正确义利观，深化同相关国家构建友好互信和利益融合的良好关系，努力构建周边命运共同体。截至 2024 年 1 月 24 日，中国建交国数量达到 183 个，同世界各国和地区组织建立伙伴关系超过百对，"朋友圈"不断扩大，全球伙伴关系网络越织越密。与此同时，党际交往也全面开展，中国共产党同世界上600多个政党和政治组织保持着不同形式的联系，交流分享治党治国经验，开展文明对话，增进战略互信，促进务实合作。

在百年变局中，中国是全球发展与全球治理的主要担当者。如今，世界各国都共同面对着各种传统与非传统的全球性问题，任何一个国家都无法单打独斗地加以应对，必须形成合力才能解决，其中，大国将发挥最为关键的协调作用。作为负责任大国，中国始终是世界和平的建设者、全球发展的贡献者、国际秩序的维护者和公共产品的提供者。中国正与国际社会一道，共同努力应对挑战，推动全球治理变革。中国对世界的影响，从未像今天这样全面、深刻、长远；世界对中国的关注，也从未像今天这样广泛、深切、聚焦。作为持续高质量发展的负责任大国，中国越来越成为世界百年变局的积极引领者、推动者、担当者。

中国的崛起为发展中国家走向现代化提供了新选择，让世界看到了现代化不等于西方化，现代化的道路不等于资本主义道路。这条道路无疑是对人类文明进步作出的重大贡献，也是人类社会对实现现代化的另一种可能所进行的积极探索。中国的崛起和国际格局的变化证明了现代化是一个开放的过程。开放过程中的各国各地区对现代化道路的探索和实践证明，必须要"维护世界文明多样性"和"尊重各国各民族文明"。

对此，英国学者马丁·雅克的看法很有代表性："中国将成为怎样的全球性大国？10年前，这个问题或许不会有今天这样急迫"，"中国崛起是一个伟大的、非同寻常的历史时刻，它背后是世界的根本性转变"，"我们无论如何也要理解这种变化"。

三、怎样看待中国和世界的关系？

2019年5月，习近平在亚洲文明对话大会开幕式上发表主旨演讲时指出："今日之中国，不仅是中国之中国，而且是亚洲之中国、世界之中国。未来之中国，必将以更加开放的姿态拥抱世界、以更有活力的文明成就贡献世界。"这就意味着，中国是世界的中国，中国的发展与世界密不可分。中国在同世界良性互动中不断发展。

中国的发展离不开世界，世界的繁荣也需要中国。中国坚持与世界各国命运与共，始终把自身发展置于人类发展的坐标系中，始终把中国人民利益同各国人民共同利益结合起来，在紧密联系世界中发展自身，又以自身发展促进世界繁荣稳定。伴随扎实推进中国式现代化的前进步伐，中国将更加紧密联系世界，携手各国共同开创世界更加美好的未来。

中国发展与世界变局密切联系。步入21世纪以来，特别是党的十八大以来，中国的高质量发展与国力的持续提升，既有赖于世界，也推动着世界经济持续发展。中国经济的高速发展依托于相对有利的国际环境，中国发展本身即在与世界变局的密切关联和高度互动中实现的。

中国发展构成了世界变局的关键因素。中国的发展与国力的持续提升为全世界持续发展提供着最为关键且最为强劲的动力，推动经济全球化朝着更加开放、包容、普惠、平衡、共赢的方向发展。同时，面对百年变局，中国要继续坚定历史自信、增强历史主动；要继续坚持走和平发展道路，要继续坚持对外开放；要继续稳步扩大国际市场，促进高科技领域的国际交流并推进优化战略资源的国际调配等。

《世界开放报告2024》：中国扩大对外开放成效显著

报告指出，中国扩大对外开放成效显著，2008—2023年，中国开放指数从0.6789升至0.7596，提高11.89%，升幅位居全球前列；2023年，中国开放指数在129个经济体中排名第38位，比2022年提升1位。2023年，世界开放指数为0.7542，同比下降0.12%，比2019年下降0.38%，比2008年下降5.43%，震荡收缩趋势明显。

世界变局为中国发展和地位提升创造了机遇，也带来了挑战。必须看到，面对当前变局下战略机遇和风险挑战并存、不确定难预料因素增多的现实情况，中国必须增强忧患意识，坚持底线思维，做到居安思危、未雨绸缪，准备经受风高浪急甚至惊涛骇浪的重大考验。

在世界百年未有之大变局之下，中国正在为世界注入更多稳定性和正能量，持续促进世界发展、引领世界发展方向。中国积极推进经济全球化，不断做大各国共同利益的蛋糕。中国反对大国对抗、零和博弈，积极推动大国关系实现良性发展。中国坚持走和平发展的道路，为世界共同实现和平发展繁荣提供了新机遇。

在全球经济发展中，中国始终以自身持续稳定的发展为世界注入不竭动力，始终为全球经济发展与稳定繁荣提供正确方向。面对世界百年变局、面对近年来美国所谓大国竞争对周边环境造成的压力与影响，中国坚持全面深化改革、坚持可持续发展，不断释放经济发展潜力、调整经济发展路径，努力打通国际循环，畅通国内大循环，提升经济发展的自主性、可持续性，增强韧性，保持经济平稳健康发展。即便面对新冠疫情等风险考验，中国经济依旧保持了稳定向好的强劲动力与韧性，从而稳定了世界经济的总体态势。

在后疫情时代，中国持续发挥强大的经济驱动力，积极推进地区经贸合作安排，积极与国际社会特别是各主要经济体互动，推动经贸合作，维护全球产业链供应链韧性和稳定，维持全球金融稳定，为后疫情时代全球经济的持续复苏提供了最为坚实的基础。

2021年9月21日，习近平在北京以视频方式出席第76届联合国大会一般性辩论并发表重要讲话时提出了全球发展倡议，号召世界各国坚持发展优先、坚持以人民为中心、坚持普惠包容、坚持创新驱动、坚持人与自然和谐共生、坚持行动导向，为百年变局下的世界发展提供了中国方案。

在持续保持并恢复自身经济发展的同时，中国与国际社会一道继续推进共建"一带一路"倡议，努力推进建立一个政治互信、经济融合、文化包容的利益共同体、命运共同体和责任共同体。

2023年是习近平提出共建"一带一路"倡议十周年。习近平在第三届"一带一路"国际合作高峰论坛发表重要讲话时指出，提出共建"一带一路"这一倡议的初心，是借鉴古丝绸之路，以互联互通为主线，同各国加强政策沟通、设施联通、贸易畅通、资金融通、民心相通，为世界经济增长注入新动能，为全球发展开辟新空间，为国际经济合作打造新平台。

不畏浮云遮望眼。2023年夏季达沃斯传递中国经济强音，2024年"东方达沃斯"博鳌论坛凝聚合作共识应对共同挑战开创美好未来，2024年中阿合作论坛第十届部长级会议点燃合作火炬照亮和平与发展前路……

在全球安全稳定上，中国始终坚持构建新型国际关系、尊重联合国地位、遵守国际法和国际规则、倡导新安全观，始终为全球持续安全与长期稳定提供正确方向。2014年年底，习近平提出构建以合作共赢为核心的新型国际关系。2018年6月，习近平在上海合作组织成员国元首理事会第十八次会议发表重要讲话时强调:"我们要继续在'上海精神'指引下,同舟共济,精诚合作,齐心协力构建上海合作组织命运共同体,推动建设新型国际关系,携手迈向持久和平、普遍安全、共同繁荣、开放包容、清洁美丽的世界。"

中国坚持倡导共同、综合、合作、可持续的新安全观。2022年4月21日,习近平在博鳌亚洲论坛年会开幕式上郑重提出了全球安全倡议,再次强调坚持共同、综合、合作、可持续的安全观;坚持尊重各国主权、领土完整;坚持遵守《联合国宪章》宗旨和原则;坚持重视各国合理安全关切;坚持通过对话协商以和平方式解决国家间的分歧和争端以及坚持统筹维护传统领域和非传统领域安全。

面对乌克兰危机等当前牵动世界政治经济格局的重大地缘政治事件,中国一贯遵循《联合国宪章》宗旨和原则,秉持客观公正立场,积极劝和促谈,按照事情本身的是非曲直决定自身立场,始终坚定站在和平一边,站在对话一边,站在历史正确一边。2023年2月,中方发布了《关于政治解决乌克兰危机的中国立场》文件,强调了尊重各国主权、摒弃冷战思维、停火止战、启动和谈、解决人道危机、保护平民和战俘、维护核电站安全、减少战略风险、保障粮食外运、停止单边制裁、确保产业链供应链稳定、推动战后重建等关键内容,为解决乌克兰危机提供了中国方案。

在全球治理上,中国坚持弘扬全人类共同价值、坚持推动全球治理朝着更为公正合理的方向发展,在不断促进权利公平、机会公平、规则公平的努力中推进人类社会现代化。2023年3月,习近平在北京出席中国共产党与世界政党高层对话会并发表主旨讲话时提出了全球文明倡议,强调,要共同倡导尊重世界文明多样性;要共同倡导弘扬全人类共同价值;要共同倡导重视文明传承和创新;要共同倡导加强国际人文交流合作。

| 全球发展倡议以"六个坚持"为主要内容，指明了实现共同发展的方式路径，为破解全球发展赤字、促进全球共同发展贡献了中国智慧。 | 全球安全倡议以"六个坚持"为核心要义，为应对全球安全挑战、弥补世界和平赤字提供了行动方案。 | 全球文明倡议以四个"共同倡导"为核心要义，有力回击了"文明优越论""文明冲突论"，成为化解国际信任赤字、完善全球文明治理的行动指南。 |

"三大全球倡议"是改革和完善全球治理的"三剂良方"

面对全人类共同面对的全球挑战，习近平始终倡导全球治理观，始终贯穿着对人类发展进步和前途命运的深切关注，始终以博大的胸怀关注"建设一个什么样的世界、如何建设这个世界"的重大课题，从积极回应人类面临的挑战中提出前瞻性的理念主张。

特别值得一提的是，习近平创造性地将规范个人道德行为、国家政治伦理的义利观延伸到全球治理领域，在新时代注重把握义利之衡，强调要坚持正确义利观，做到义利兼顾，要讲信义、重情义、扬正义、树道义，并将其作为中国参与全球治理的重要价值准则，牢牢占据国际道义制高点。

四、"两个大局"有怎样的内在联系？

在中国特色社会主义进入新时代、中国人民前所未有地接近中华民族伟大复兴目标的背景下，中国与世界的关系正在发生历史性变化。"两个大局"是当今时代人类发展进程的两个侧面：中华民族伟大复兴战略全局的核心是"复兴"，世界百年未有之大变局的核心是"变局"；中华民族伟大复兴既是世界百年未有之大变局的有机组成部分，也是其重要推动因素；世界百年未有之大变局为实现中华民族伟大复兴既提供了条件和机遇，也带来了潜在风险和挑战。国内大局与国际大局同步交织、相互激荡，你中有我、我中有你，既相互影响又互为机遇。

在"两个大局"的共同作用下，中国发展面临的国内条件和国际环境都在发生深刻而复杂的变化，新机遇和新挑战层出不穷，机遇和挑战之大前所未有。对此，党的十九届五中全会提出，"全党要统筹中华民族伟大复兴战略全局和世界百年未有之大变局"。我们要将这"两个大局"视为同一个过程，深刻理解把握"两个大局"之间的内在联系，深刻理解中国发展与世界变局的互动关系，努力推动两者之间的良性互动与互相促进。

充分统筹国际国内"两个大局"，不但体现出中国对"变"的作用，而且体现出"变"对中国的意义。世界百年未有之大变局，为中华民族伟大复兴提供了历史机遇；中国的发展是属于全人类进步的伟大事业，中国的迅速发展本身就是推动国际秩序转型和塑造引领百年变局的重要力量。这两个大局之间是外因和内因相互作用的关系。

"两个大局"是社会生产力发展到一定阶段的历史必然。经过70多年的艰苦奋斗，我国社会生产力空前发展，在实现第一个百年奋斗目标后，正奋力向第二个百年奋斗目标迈进，中国连续多年作为世界第二大经济体、第一大工业国、第一大货物贸易国、第一大外汇储备国、中等收入群体人数最多的国家、全球最大和最有潜力的消费市场，正继续全面深化改革和全方位扩大开放，国家利益在全球范围内快速延展，国际地位和影响力显著增强，中华民族伟大复兴目标越来越接近。

"两个大局"构成了当前和今后一段时间，我国经济社会发展的时代背景。面对"两个大局"，一方面，要抓住我国社会的主要矛盾，一心一意谋全面发展，另一方面，要看到"两个大局"的紧密联系，尤其是不能忽视世界百年未有之大变局的作用,把握不好世界大变局的"时"与"势",将影响我国的发展进程,影响第二个百年奋斗目标的实现。现今美国更加明确地把我国作为首要战略竞争对手并加大施压力度,国家主权、安全、发展利益维护面临新形势。我国所承受的传统安全问题和非传统安全问题双重压力在上升,甚至可能面临多重风险挑战聚集叠加共振的危险。

超大直径盾构机"甬舟号"下线并用于甬舟铁路金塘海底隧道建设

习近平指出:"综合分析国内外形势,当前和今后一个时期,我国发展仍然处于重要战略机遇期,但机遇和挑战都有新的发展变化。""过去我们是顺势而上,机遇比较好把握;现在要顶风而上,把握机遇的难度就不一样了。过去大环境相对平稳,风险挑战比较容易看清楚;现在世界形势动荡复杂,地缘政治挑战风高浪急,暗礁和潜流又多,对应变能力提出了更高要求。过去我们发展水平低,同别人的互补性就多一些;现在我们发展水平提高了,同别人的竞争性就多起来了。""我们的判断是危和机并存、危中有机、危可转机,机遇更具有战略性、可塑性,挑战更具有复杂性、全局性,挑战前所未有,应对好了,机遇也就前所未有。"总体上看，我们的机遇大于挑战，世界大变局的"时"与"势"在我们一边。我国具有独特的政治优势、制度优势、发展优势和机遇优势，经济社会发展依然具有诸多有利条件；我们应对各种挑战风险的资源、手段、经验丰富，完全有决心、有信心、有底气、有能力谱写"两大奇迹"新篇章。这是纵观过去、现在与未来的历史演进，通览政党、民族、国家的兴衰沉浮，作出的重大战略判断。

世界百年未有之大变局与中国担当

  "世界怎么了、我们怎么办?"合作还是对抗?开放还是封闭?互利共赢还是零和博弈?面对这一系列"世界之问",中国创造性提出构建人类命运共同体理念,为应对共同挑战提供了中国方案。构建人类命运共同体充分彰显了中国的世界情怀,反映了人类社会共同价值追求,汇聚了世界各国人民对美好生活向往的最大公约数。正如第71届联合国大会主席彼得·汤姆森所说,构建人类命运共同体理念"是人类在这个星球上的唯一未来"。

  构建人类命运共同体是"两个结合"的生动实践,批判性借鉴了世界各国各地区文明交流的实践探索,与中华文明突出特性相契合,体现了深厚的中华文明底蕴。为了推动人类命运共同体的构建,习近平相继提出全球发展倡议、全球安全倡议和全球文明倡议,这三大倡议体现了构建持久和平繁荣世界的中国智慧和中国担当。

一、今日之中国为什么能够展现大国担当?

  "周虽旧邦,其命维新。"当今世界,大国关系纵横捭阖,"全球南方"国家整体加快发展,中国是国际格局变化中的最大变量之一。中国走出了中国式现代化道路,创造了人类文明新形态。我们"前所未有地接近实现中华民族伟大复兴的目标,前所未有地具有实现这个目标的能力和信心"。"两个前所未有"清晰地描绘了中国面对百年未有之大变局时的历史定位和时代基点。

在准确把握当前中国的历史定位和时代基点的基础上,中国践行共商共建共享的全球治理观,为全球治理体系变革完善提供方案、注入动力,携手国际社会共迎挑战、共创未来,朝着构建人类命运共同体的光明目标不断迈进。中国共产党和中国政府为什么能够提出中国方案、展现中国担当?中国担当源自中国共产党的天下胸怀。

> 中国共产党是为中国人民谋幸福的党,也是为人类进步事业而奋斗的党。中国共产党是世界上最大的政党。我说过,大就要有大的样子。中国共产党所做的一切,就是为中国人民谋幸福、为中华民族谋复兴、为人类谋和平与发展。
> ——2017年12月1日,习近平在中国共产党与世界政党高层对话会上的主旨讲话

坚持胸怀天下,是马克思主义政党的自觉追求。马克思主义坚持实现人民解放、维护人民利益的立场,以实现人的自由而全面的发展和全人类解放为己任,反映了人类对理想社会的美好憧憬,为人类社会发展进步指明了方向。马克思主义政党不是因利益而结成的政党,而是以共同理想信念组织起来的政党。马克思主义的科学理论与价值追求要求中国共产党胸怀天下,始终致力于追求全人类共同利益,实现各国人民共同福祉,建设更加美好的世界。

党的十九届六中全会审议通过的《中共中央关于党的百年奋斗重大成

就和历史经验的决议》明确提出:"党始终以世界眼光关注人类前途命运,从人类发展大潮流、世界变化大格局、中国发展大历史正确认识和处理同外部世界的关系,坚持开放、不搞封闭,坚持互利共赢、不搞零和博弈,坚持主持公道、伸张正义,站在历史正确的一边,站在人类进步的一边。只要我们坚持和平发展道路,既通过维护世界和平发展自己,又通过自身发展维护世界和平,同世界上一切进步力量携手前进,不依附别人,不掠夺别人,永远不称霸,就一定能够不断为人类文明进步贡献智慧和力量,同世界各国人民一道,推动历史车轮向着光明的前途前进。"这充分说明,中国共产党是为中国人民谋幸福的党,也是为人类进步事业而奋斗的党。促进人类和平与发展的崇高事业,是中国共产党矢志不渝的奋斗目标。

坚持胸怀天下,是中国共产党百余年奋斗的历史经验。中国共产党作为马克思主义政党,一经成立就把实现共产主义作为自己的最高理想和终极目标,信奉践行马克思主义人类情怀,始终胸怀天下、立己达人,在办好自己事情的同时,不断为人类进步事业作出更大贡献。100多年来,中国共产党始终坚守初心使命,既为中国人民谋幸福、为中华民族谋复兴,也为人类谋进步、为世界谋大同,以自强不息的奋斗深刻改变了世界发展的趋势和格局。

毛泽东把解放、独立、民主、和平友好、人类进步等作为天下大事不断推进。新中国成立后,毛泽东提出"中国应当对于人类有较大的贡献"。邓小平把发展问题提到全人类的高度来认识。改革开放后,邓小平提出要"放眼世界,放眼未来,也放眼当前,放眼一切方面"。习近平引领中国始终作为世界和平的建设者、全球发展的贡献者、国际秩序的维护者。置身世界百年未有之大变局,面对"人类向何处去"的时代之问,习近平从人类社会的整体观念和共同命运出发,提出推动构建人类命运共同体,为人类未来发展指明方向。

坚持胸怀天下，是中华优秀传统文化精神内核的必然追求。回顾历史，支撑我们这个古老民族走到今天的，支撑5000多年中华文明绵延至今的，是植根于中华民族血脉深处的文化基因。中国自古以来就有"天下"的观念，它不仅是一种地理概念、空间概念，更是一种价值理念、文化概念。"世界大同，天下一家"，这是中国人民几千年来的真诚心愿。"己欲立而立人，己欲达而达人"，这是源自古老东方的哲思。包括大道之行、天下为公的大同理想，亲仁善邻、协和万邦的外交之道，以和为贵、好战必亡的和平理念等思想精华，是中华优秀传统文化的重要组成部分，体现出"坚持胸怀天下"具有中华文明的历史积淀和文化基因。

中国共产党是中华优秀传统文化的坚定传承者和弘扬者，始终以世界眼光关注人类前途命运，从中华民族的文化基因中汲取思想智慧。人类命运共同体理念和"一带一路"倡议与中华优秀传统文化一脉相承，顺应时代发展潮流、把握人类进步大势、顺应各国人民共同期待。今天，人类生活的关联前所未有，同时人类面临的全球性问题也前所未有，世界各国人民前途命运越来越紧密地联系在一起。世界各国人民应该秉持"天下一家"理念，彼此理解、求同存异，共同为构建人类命运共同体而努力。

二、今日之中国为什么需要展现大国担当？

世界百年未有之大变局加速演进，国际秩序进入历史重塑期，今日之世界需要有大国展现大国担当。

今日之世界变乱交织的特征更加鲜明，从乌克兰危机、巴以冲突等热点问题，到网络安全、恐怖主义等全球性问题，安全失序、发展失衡、治理失效问题日益突出。

今日之世界有"新冷战"的危局。霸权主义和阵营对抗正成为国际社会面临的重大挑战，美国已成为国际和平稳定的乱源之一和国际秩序最大不稳定因素。美国用霸权逻辑破坏全球秩序,持续推高紧张局势,在不同地区制造难解的地缘政治僵局,让全球陷入"可控混乱",而自身成为"秩序之岛",不仅收获战争"红利",攫取军工利润,进行金融收割,还企图操控历史叙事和舆论向背,从而获得战略利益。一些西方国家执迷于冷战思维与零和博弈,鼓吹回归"平行世界",大肆推行狭隘的地缘战略,以美国为核心的西方排他性同盟体系再度趋于强化,拱火俄乌、搅局亚太,导致以安理会为核心的集体安全机制面临严峻挑战,联合国等既有国际多边机制的效能与权威被严重削弱。

今日之世界多极化格局会进一步巩固和发展。"全球南方"国家声势壮大,2025年1月,泰国、白俄罗斯等9个国家正式成为金砖伙伴国,这是全球政治经济格局多极化发展趋势的鲜明体现。"全球南方"力量的上升和团结,有利于争取发展中国家的更多话语权,有利于推动全球的权力结构从传统的西方主导逐渐转向多极化。国际社会多数成员已认识到多极化乃大势所趋,广大发展中国家普遍支持国际关系的民主化、国际格局的多极化,普遍主张促进公正的全球发展和安全,不愿重走以往零和对抗、阵营对立甚至战争冲突的老路。

世界越是动荡不安,越呼唤大国担当。无论是"新冷战"的危局,还是多极化的巩固和发展,无论是大国竞争日趋加剧,还是经济要素安全化、政治化的风险凸显,时代需要大国承担起与其地位、权利相匹配的责任和义务,发挥重大甚至是决定性作用。

中国既是发展中国家又是全球性大国,在世界政治经济变局中发挥了中流砥柱的作用,今日之世界需要中国展现大国担当。

中国是世界上最大的发展中国家,是"全球南方"阵营的当然成员。"全球南方"正在群体性崛起,中国始终是"全球南方"的一员,永远属于发展中国家。从经济社会发展水平看,要实现14亿多人的共同富裕和全面现代化并不断满足人民对美好生活的需要，中国的发展还面临多种难以预料的新问题和新挑战，仍需艰巨努力。从政治立场站位看，中国始终同发展中国家同呼吸、共命运，坚定维护发展中国家的正当权益，主张发展是发展中国家的第一要务，是人类社会的永恒主题，主张坚持发展优先、加大资源投入，支持发展中国家实现更好更可持续的发展。

中国是金砖合作的推动者、金砖理念的引领者，从提出金砖国家合作"四大目标"到倡导开放包容、合作共赢的金砖精神，从阐述金砖国家"四大伙伴关系"到引领金砖合作步入"三轮驱动"新阶段，从首倡"金砖+"合作模式到推动金砖历史性扩员……中国理念、中国方案不断照亮金砖前行之路。

2024年7月11-12日，第十届金砖国家议会论坛举行

中国已经成为名副其实的大国、强国。中国是世界第二大经济体，是150多个国家和地区的主要贸易伙伴，连续多年货物贸易总额居全球第一，连续多年保持全球第二大外资流入国地位，连续多年对外直接投资居全球前三。中国已经成长为"一头大象"，体量不容也不可能被忽视。

要建设和平安宁的未来，大国尤其要作出表率，打破地缘政治小圈子，超越冲突对抗小集团，做世界团结的"推进器"、国际和平的"压舱石"。越来越多国家认识到，一个和平发展的中国不是威胁而是机遇，不是对手而是伙伴，不是战争风险的增加，而是和平力量的增长，世界期待中国为改革和完善全球治理体系贡献中国智慧和中国方案。

大国之大，在于胸襟大、格局大、担当大，今日之世界需要中国展现大国担当，构建人类命运共同体，推动持续开拓美好光明的人间正道。

回首过往，中国一直是和平发展的践行者。展望未来，中国将继续做维护和平的行动派。中国正以高质量发展全面推进中国式现代化，这是中国的机遇，也是世界的机遇。党的二十届三中全会再次强调，中国式现代化是走和平发展道路的现代化。中国始终高举和平、发展、合作、共赢旗帜，在坚定维护世界和平中谋求自身发展，又以自身发展更好维护世界和平，持续做动荡世界中的稳定力量、和平力量。

大国有担当，增进人类文明交流互鉴的努力就能源源不断汇聚文明进步的强大力量。"一个国家、一个民族对世界和人类作出的贡献不仅在于创造了多少物质，还在于提出了什么理念。"希腊前总统帕夫洛普洛斯高度评价中国主张对世界的贡献。中国在深入参与经济全球化的进程中发展自己，又以自身发展推动经济全球化朝着更加开放、包容、普惠、平衡、共赢的方向发展。伴随构建人类命运共同体从中国理念扩大为国际共识、从美好愿景转化为丰富实践，展现大国担当的中国，正在激荡起推动和平发展、合作共赢的强大正能量，携手各国共同开辟世界更加美好的未来。

三、什么是破解"世界之问"的中国方案？

当前世界全球性风险与挑战层出不穷，"世界怎么了、我们怎么办？"面对这个世界之问，始终把为人类作出新的更大的贡献作为自己的使命的中国共产党提出了中国方案：构建人类命运共同体，实现共赢共享。

"人类命运共同体，顾名思义，就是每个民族、每个国家的前途命运都紧紧联系在一起，应该风雨同舟，荣辱与共，努力把我们生于斯、长于斯的这个星球建成一个和睦的大家庭，把世界各国人民对美好生活的向往变成现实。"这一理念，及时回应了"建设一个什么样的世界、如何建设这个世界"的这一世界之问。

构建人类命运共同体理念为完善全球治理指明正确方向

构建人类命运共同体理念及其承载的全人类共同价值、新型国际关系、真正的多边主义、共商共建共享的全球治理观等丰富内涵，多次写入多边机制决议或宣言。2017年2月，联合国社会发展委员会第55届会议协商一致通过"非洲发展新伙伴关系的社会层面"决议，构建人类命运共同体理念首次被写入联合国决议。同年3月，构建人类命运共同体理念分别被载入联合国安理会决议和人权理事会决议，11月又被写入联合国大会两份安全决议。截至2024年，构建人类命运共同体理念已连续7年写入联合国大会决议。

为了回答这一世界之问，中国坚定倡导世界多极化、国际关系民主化。新时代以来，以推动构建人类命运共同体为行动方向，中国先后提出共建"一带一路"倡议、全球发展倡议、全球安全倡议、全球文明倡议，为应对时代挑战凝聚广泛共识，提供合作平台。

全球发展倡议为促进全球发展迈向平衡协调包容新阶段提供了巨大动力。针对发展问题在国际议程中日益被边缘化，西方发达国家援助义务远未落实，全球发展资源缺口巨大，如期实现可持续发展目标不容乐观的困境，2021年9月，习近平郑重提出全球发展倡议，强调，一是坚持发展优先；二是坚持以人民为中心；三是坚持普惠包容；四是坚持创新驱动；五是坚持人与自然和谐共生；六是坚持行动导向。

全球发展倡议体现了以人民为中心的核心理念，强调要在发展中保障和改善民生，保护和促进人权，将实现人的全面发展作为出发点和落脚点，努力实现不让任何一国、任何一人掉队的目标。全球发展倡议重视普惠包容、创新驱动，强调要关注发展中国家特殊需求，加大支持发展中国家尤其是困难特别大的脆弱国家，紧抓新一轮科技革命和产业变革的机遇，促进全球发展，打造开放、公平、公正、非歧视的科技发展环境。全球发展倡议具有行动导向特征。习近平指出，推进全球发展"不能坐而论道，而要起而行之，不能只开药方，不见疗效"。全球发展倡议将减贫、粮食安全、抗疫和疫苗、发展筹资、气候变化和绿色发展、工业化、数字经济、互联互通作为重点合作领域，呼吁各方将发展共识转化为务实行动。全球发展倡议面向全球开放，欢迎各国共同参与，它是中国为国际社会提供的重要公共产品和合作平台。全球发展倡议同共建"一带一路"、非盟《2063年议程》、非洲发展新伙伴计划等协同增效，通过联合国、二十国集团、金砖国家等多边合作机制、各种区域和次区域平台凝聚共识，形成强大合力。

唯有发展，才能消除冲突的根源；唯有发展，才能保障人民的基本权利；唯有发展，才能满足人民对美好生活的热切向往。全球发展倡议体现了中国倡导国际发展、积极为发展中国家谋利益的大国担当。中国大力支持发展中国家推进减贫事业。全球发展倡议也体现了中国在国际发展事业中的引领性作用，吹响了聚焦发展的"集结号"，推动发展问题回归国际核心议程，为各方对接发展政策和深化务实合作搭建了有效平台。

全球安全倡议为破解全球安全治理难题，促进世界安危与共贡献了中国方案。安全是发展的前提，人类是不可分割的安全共同体，但是"天下并不太平,和平需要保卫"。今天的欧亚大陆战火重燃,局势持续紧张,热点问题此起彼伏,军备竞赛阴霾不散,核战争的"达摩克利斯之剑"高悬,世界面临重新陷入对抗甚至战争的风险。为此,习近平在2022年4月郑重提出全球安全倡议。

全球安全倡议倡导"六个坚持",即坚持共同、综合、合作、可持续的安全观,共同维护世界和平和安全;坚持尊重各国主权、领土完整,不干涉别国内政,尊重各国人民自主选择的发展道路和社会制度;坚持遵守《联合国宪章》宗旨和原则,摒弃冷战思维,反对单边主义,不搞集团政治和阵营对抗;坚持重视各国合理安全关切,秉持安全不可分割原则,构建均衡、有效、可持续的安全架构,反对把本国安全建立在他国不安全的基础之上;坚持通过对话协商以和平方式解决国家间的分歧和争端,支持一切有利于和平解决危机的努力,不能搞双重标准,反对滥用单边制裁和"长臂管辖";坚持统筹维护传统领域和非传统领域安全,共同应对地区争端和恐怖主义、气候变化、网络安全、生物安全等全球性问题。

全球安全倡议的"六个坚持"体系完整,内涵丰富,深刻总结人类社会在安全治理上的经验教训,赋予全球安全治理新的内涵,为建设全球安全共同体提供了行动指引。

全球文明倡议是对世界各国坚持平等包容、守护世界文明多样性普遍愿望的积极呼应。当今世界地缘政治冲突日益加剧,"文明冲突论""文明优越论"沉渣泛起,加剧了不同文明之间的隔阂和冲突。一些西方国家挑动意识形态对立,拼凑"价值观联盟",严重阻碍了国际社会交流与合作。2023年3月,习近平提出了全球文明倡议,强调尊重世界文明多样性的重要性。

全球文明倡议核心理念包括四个"共同倡导",即共同倡导尊重世界文明多样性,坚持文明平等、互鉴、对话、包容,以文明交流超越文明隔阂、文明互鉴超越文明冲突、文明包容超越文明优越；共同倡导弘扬全人类共同价值，和平、发展、公平、正义、民主、自由是各国人民的共同追求，要以宽广胸怀理解不同文明对价值内涵的认识，不将自己的价值观和模式强加于人，不搞意识形态对抗；共同倡导重视文明传承和创新，充分挖掘各国历史文化的时代价值，推动各国优秀传统文化在现代化进程中实现创造性转化、创新性发展；共同倡导加强国际人文交流合作，探讨构建全球文明对话合作网络，丰富交流内容，拓展合作渠道，促进各国人民相知相亲，共同推动人类文明发展进步。

全球文明倡议是对全球发展倡议和全球安全倡议的拓展与延伸。它既在倡导尊重世界文明多样性中助力各国人民维护自身独特的文明、尊重其他文明成果，摒弃冷战思维，走出霸权主义和强权政治的阴霾，也在倡导弘扬全人类共同价值中夯实了全球发展和全球安全的思想之基。

四、什么是人类命运共同体的美好愿景？

人类命运共同体理念坚持对话协商，建设一个持久和平的世界。一是"国家之间要构建对话不对抗、结伴不结盟的伙伴关系"。大国之间，要"尊重彼此核心利益和重大关切，管控矛盾分歧，努力构建不冲突不对抗、相互尊重、合作共赢的新型关系"；大国对小国要"平等相待，不搞唯我独尊、强买强卖的霸道"。二是"任何国家都不能随意发动战争，不能破坏国际法治，不能打开潘多拉的盒子"。三是对核武器这一悬在人类头上的"达摩克利斯之剑""应该全面禁止并最终彻底销毁，实现无核世界"。四是在深海、极地、外空、互联网等领域，要秉持和平、主权、普惠、共治原则，"打造成各方合作的新疆域，而不是相互博弈的竞技场"。

人类命运共同体理念坚持共建共享，建设一个普遍安全的世界。安全应该是普遍的、平等的、包容的，鲜明倡导树立共同、综合、合作、可持续的安全观,为加强全球安全治理指出了切实可行的路径。共同,就是要尊重和保障每一个国家安全;综合,就是要统筹维护传统领域和非传统领域安全;合作,就是要通过对话合作促进各国和本地区安全;可持续,就是要发展和安全并重以实现持久安全。要加强协调,建立全球反恐统一战线,为各国人民撑起安全伞。恐怖主义、难民危机等问题都同地缘冲突密切相关,化解冲突是根本之策。

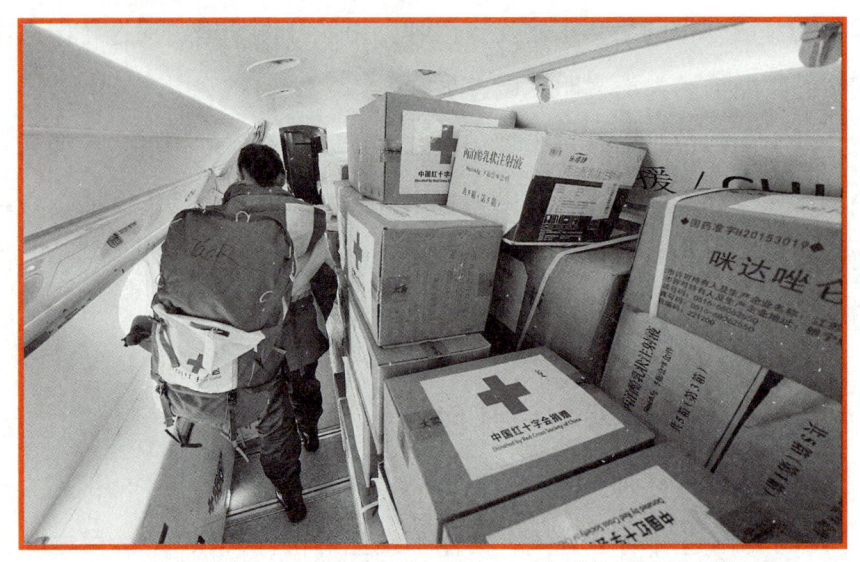

叙利亚地震后,中国援助叙利亚医疗组携救援物资出发

人类命运共同体理念坚持合作共赢,建设一个共同繁荣的世界。发展是第一要务,适用于各国。经济全球化的大方向是正确的且不会改变的,各国要同舟共济,而不是以邻为壑。一是各国特别是主要经济体要加强宏观政策协调,兼顾当前和长远,着力解决深层次问题;二是要抓住新一轮科技革命和产业变革的历史性机遇,转变经济发展方式,坚持创新驱动,进一步发展社会生产力、释放社会创造力;三是要维护世界贸易组织规则,支持开放、透明、包容、非歧视性的多边贸易体制,构建开放型世界经济。

人类命运共同体理念坚持交流互鉴，建设一个开放包容的世界。人类文明多样性是世界的基本特征，也是人类进步的源泉。文明没有高下、优劣之分，只有特色、地域之别。文明差异不应该成为世界冲突的根源，而应该成为人类文明进步的动力。不同文明要取长补短、共同进步，让文明交流互鉴成为推动人类社会进步的动力、维护世界和平的纽带。要以文明交流超越文明隔阂、以文明互鉴超越文明冲突、以文明共存超越文明优越，促进不同文明在交流互鉴中共同前进，建设一个开放包容的世界。

人类命运共同体理念坚持绿色低碳，建设一个清洁美丽的世界。人与自然共生共存，伤害自然最终将伤及人类。空气、水、土壤、蓝天等自然资源用之不觉、失之难续。要倡导绿色、低碳、循环、可持续的生产生活方式，平衡推进2030年可持续发展议程，不断开拓生产发展、生活富裕、生态良好的文明发展道路。

推动构建人类命运共同体，中国是倡导者，更是负责任、有担当的实践者。

截至2023年，在全球发展倡议项目库下已推出近200个务实合作项目，全球发展倡议的八大重点领域全面覆盖了联合国《2030年可持续发展议程》所有17项可持续发展目标。已有100多个国家和国际组织支持该倡议，近70个国家加入"全球发展倡议之友小组"。总额40亿美元的"全球发展和南南合作基金"已经落地，中国金融机构还将推出专门用于落实倡议的100亿美元专项资金。

中国以一系列实际行动促进全球安全倡议的落实。针对乌克兰危机，2023年2月，发布《关于政治解决乌克兰危机的中国立场》文件，为推动政治解决乌克兰危机提供了中国方案。2023年3月，沙伊两国在北京达成协议，中沙伊三方签署并发表联合声明，宣布沙伊双方同意恢复外交关系。中国积极致力于同各方开展反恐、生物安全、粮食安全等非传统安全领域合作,在二十国集团框架下提出国际粮食安全合作倡议,推动通过《金砖国家粮食安全合作战略》。正式启用中国—太平洋岛国防灾减灾合作中心,是中国在倡议框架下帮助发展中国家应对非传统安全挑战的又一有力行动。

从将"一带一路"建设成文明之路,到举办亚洲文明对话大会、中国共产党与世界政党高层对话会;从推动在上海合作组织框架内构建人文共同体,到推动形成政治、经济、人文"三轮驱动"的金砖国家合作机制,中国不仅真诚呼吁世界各国弘扬全人类共同价值,倡导文明交流、文明互鉴、文明包容,还积极搭建文明对话、政党交流、民间外交等互学互鉴平台,以实际行动打造践行全人类共同价值的样板,为应对全球挑战提供价值纽带。

上海国际学生龙舟邀请赛暨龙舟民俗文化体验日民间外交活动在美兰湖畔举行

历史和现实证明,中国的命运与世界的命运紧密相连,世界好,中国才能好;中国好,世界才更好。无论是应对当下危机,还是共创美好未来,各国都需要同舟共济、团结合作。面对深刻而宏阔的世界百年未有之大变局，中国提出构建人类命运共同体理念，呼吁各国秉持命运与共理念，充分沟通协商，共担治理责任。

人类命运共同体这一理念已经成为中国向国际社会发展提供的重要中国方案。从共建"一带一路"倡议、全球发展倡议到全球安全倡议、全球文明倡议，人类命运共同体的理念内涵和实践路径得到不断丰富，已经在国际上凝聚起团结合作的广泛共识，汇聚起应对挑战的强大合力。站在新的历史起点上，中国正以自身的新发展给世界带来新机遇，也将以构建人类命运共同体的新担当为世界和平发展注入新动力。

篇五

信仰之维

中国共产党为什么能够在成立之后短短 28 年就带领人民取得了新民主主义革命的胜利？为什么又能够在之后的 70 多年里领导人民创造世所罕见的经济快速发展奇迹和社会长期稳定奇迹？是因为一代代共产党人为了民族复兴、人民幸福而不惜抛头颅洒热血，不惜献了青春献终身，殚精竭虑，艰苦奋斗。革命先烈们之所以能在生死考验面前选择赴汤蹈火、视死如归，中国共产党之所以历经挫折不断奋起、历尽苦难淬火成钢，靠的是什么？靠的就是共产党人始终坚定执着的信仰力量。共产主义远大理想激励了一代又一代共产党人英勇奋斗，谱写了一首首感天动地的红色诗篇，矗立起一座座不朽的信仰丰碑。

党的百余年历史充分说明，没有马克思主义信仰、共产主义理想，就没有中国共产党，就没有民族独立、人民解放，更没有国家富强、人民幸福。当然，"共产主义决不是'土豆烧牛肉'那么简单，不可能唾手可得、一蹴而就，但我们不能因为实现共产主义理想是一个漫长的过程，就认为那是虚无缥缈的海市蜃楼"。中国特色社会主义，正是中国共产党将马克思主义理论与中国实际相结合、将共产主义远大理想与社会主义建设现实要求相结合的创新实践。实践证明，中国特色社会主义就是中国通往共产主义的"路"和"桥"。

时代问答　信仰之维

当前，我国正在经历人类历史上最为宏大而独特的实践创新，改革发展稳定任务之重、矛盾风险挑战之多、治国理政考验之大都前所未有，世界百年未有之大变局深刻变化、前所未有。大量亟待回答的理论和实践课题摆在我们面前，以中国式现代化全面推进中华民族伟大复兴需要坚定信仰、信念、信心，坚定战胜一切强敌、克服一切困难、夺取一切胜利的强大精神力量。然而，在现实社会中，一直存在一些有关中国共产党信仰的疑问与困惑。例如，共产主义信仰和我有什么关系？共产主义信仰究竟是不是虚无缥缈的幻想？为什么共产党人必须坚定对共产主义的信仰？如何坚定中国特色社会主义共同理想和共产主义信仰？……信仰问题关乎党和国家前途命运，关乎党和人民事业成败。

回望百余年奋斗历程，中国共产党带领中国人民经受了一次又一次严峻考验，战胜了一个又一个艰难险阻，取得了一个又一个伟大成就。信仰之力，曾在"砸碎旧世界""创造新世界"的革命道路中持续迸发；信仰之光，更需要在奋进新征程、建功新时代的发展进程中持续闪耀。人民有信仰，国家有力量，民族有希望。在新征程上，我们要接过前辈的信仰火炬，铸牢坚守信仰的铜墙铁壁，书写新时代的辉煌篇章。

信仰的力量

发展中国特色社会主义，推进中国式现代化，实现中华民族伟大复兴的中国梦，既需要丰富的物质基础，也离不开坚定的精神信仰。心有所信，方能致远。今天，我们看到众多新时代的青年确立了先辈们曾经为之奋斗终身的崇高理想，用信仰的光芒照亮自己的人生道路，将信仰的力量汇聚成新时代新征程中的磅礴伟力。那么，如何理解"信仰"？"共产主义信仰"是一种什么样的"信仰"？新时代的中国人为什么仍然需要"信仰"？要回答这些问题，还要从信仰的一般意义说起。

一、信仰是什么？

信仰，是指人们对于某种思想、理论、主义的信服与敬仰，并以此作为自己的行动指南。一般来说，信仰总是包含三个层面的内容：精神力量、思想体系、政治认同。所谓"精神力量"，是信仰能够给予信仰者的精神慰藉和理念支撑，这是信仰的基本功能；所谓"思想体系"，是信仰本身的思想框架和理论内容，信仰者根据它来认识和解释自然现象与社会现象；所谓"政治认同"，是每一种具体信仰所表达的隐性或显性的政治立场和政治观念，这些内容是信仰植根的特定社会土壤所赋予的。

信仰的三个层面相互关联，共同构成了信仰的完整结构。精神力量为信仰者提供了面对生命困惑和生活困境的勇气和希望，任何信仰都提供某种精神的力量，否则它就丧失了自身存在的意义。思想体系为信仰者提供了认识自我和世界、理解现象和本质、把握过去和未来的理论工具，无论是宗教信仰还是科学信仰，都必须建构出属于自己的世界观，否则就不能在理论上说服人。而政治认同则借助信仰形式确证了信仰者对于某种政治秩序和政治伦理的认同和追随，例如，宗教信仰长期以来就服务于统治阶级的统治，而马克思主义和共产主义信仰则是无产阶级和劳动人民追求解放的思想武器。在不同的历史时期和社会条件下，这三个层面的内容可能会有不同的表现和侧重点，但它们始终是信仰的有机组成部分。

中国共产党人的理想信念建立在对马克思主义的深刻理解之上，建立在对历史规律的深刻把握之上。历史和实践反复证明，一个政党有了远大理想和崇高追求，就会坚强有力，无坚不摧，无往不胜，就能经受一次次挫折而又一次次奋起；一名干部有了坚定的理想信念，站位就高了，心胸就开阔了，就能坚持正确政治方向，做到"风雨不动安如山"。信仰认定了就要信上一辈子，否则就会出大问题。

——2019年3月1日，习近平在中央党校（国家行政学院）中青年干部培训班开班式上的讲话

信仰所赋予的精神力量，对于人类的精神生活来说，是不可或缺的养分。信仰探讨的是人生和人类社会的终极问题。生命从何处而来，向何处

而去，承载了何种价值，具备怎样的意义……这些饱含哲思的终极追问总是引发人们对信仰的皈依。人类社会的前途命运何在，是否总是不断进步上升，抑或存在着历史的终结……这些充满现实性的问题也离不开信仰的解答。信仰的精神力量不仅能够为个体提供思想支撑，还能在社会群体中凝聚共识，激发向心力，维系共同体的价值观念，推动社会向着更理想的方向发展。因此，信仰在任何时代和社会都为人们所必需，只不过随着时代发展和社会进步，信仰的形式与内容会相应发生改变。

信仰不仅是一种精神力量，更是一种思想体系，它构成了信仰的主体内容。信仰的思想体系为信仰者提供了一种认识自我与认识外部世界的方式，帮助他们理解事物的现象和本质，把握历史脉络和未来走向。宗教教义就是一种常见的信仰思想体系，各类宗教创造出了各具特色的关于人和世界的理论学说。但信仰思想体系不仅限于宗教教义，在科学、哲学、艺术等领域，都存在着信仰的因素。在科学的世界里，信仰的思想体系表现为对某些基础性的科学公理的确证，乃至于对科学精神和科学主义的信奉。科学工作者总是在确认了某些逻辑、理论和范式的绝对正确性之后，即确立了对科学的"信仰"之后，才能够开展他们的科研工作。在哲学的国度中，信仰的思想体系呈现为对一些根本哲学问题的阐释，诸如关于存在、知识、价值的理解，就构成了不同哲学流派的核心思想，同时也构成了信仰该哲学的理论基础。在艺术的园地内，信仰思想体系的呈现方式则是高度感性的。但无论如何，艺术家们总是在用他们的艺术手段来表达自己对人生和世界的基本认知，而这些认知内容一旦得以固定化、体系化和理论化，就将形成艺术家和艺术流派的特定信仰。

政治认同是信仰的重要组成部分。从根本上说，信仰不是个体性的，而是社会性的。信仰不仅是服务于个体的精神抚慰，更是一种社会化的生活方式，有其特定的社会政治属性。信仰的政治内容直接体现在它对社会结构和政治制度的影响上。例如，中世纪欧洲的基督教会不仅在精神领域拥有对民众的巨大掌控力，而且在政治和经济领域也扮演着重要角色，基督教的教义成为政治秩序和道德规范的基石，影响着整个社会的运作。在现代社会，信仰的政治属性同样显著，尽管其表现形式可能更为复杂和多元。例如，资产阶级民主制度的普及和推广，很大程度上有赖于对"自由""民主""人权"等资本主义的所谓"普世价值"的信仰；与此相对，轰轰烈烈的无产阶级革命和世界社会主义运动，则有赖于对马克思主义和共产主义的坚定信仰。总之，政治与信仰往往是一对并行不悖的亲密伙伴，信仰是塑造政治认同的文化手段，而政治认同是信仰得以广泛推行的现实目的。

作为一种精神力量，信仰为个体和社会提供了价值理念；作为一种思想体系，信仰规范着自然科学与社会科学的发展；作为一种政治认同，信仰深刻地塑造着人类社会的政治结构。在任何一个时代和国家，信仰都是不可或缺的精神资源。而在当代中国，每一位奋进者的信仰，他们的思想观念和价值取向，不仅关乎个体的具体生活体验，更影响着强国建设和民族复兴的伟大进程，影响着社会主义事业的前途命运。身处这样一个具有历史意义的激荡的年代，信仰的伟大意义，正逐渐呈现于我们每一个人面前。

二、共产主义信仰具有怎样的特质？

首先，共产主义信仰具备科学性。这种作为科学理论的共产主义在根本上区别于一切宗教信仰。

宗教信仰将社会历史发展的动力诉诸某种超自然的力量，它虽然能为人们提供心灵的慰藉，但总是停留于空灵的彼岸世界，无法对现实社会的结构和矛盾进行科学的解释和实际的变革。作为科学理论的共产主义信仰则不同，它是完全建立在对历史发展客观规律的深刻洞察上，是对人类社会发展趋势的坚定信念。正如习近平指出的："马克思创建了唯物史观和剩余价值学说，揭示了人类社会发展的一般规律，揭示了资本主义运行的特殊规律，为人类指明了从必然王国向自由王国飞跃的途径，为人民指明了实现自由和解放的道路。"

具体说来，共产主义信仰建立在对人类历史发展一般规律的科学把握上。马克思的唯物史观告诉我们，社会历史的发展并非由某些英雄人物或偶然事件所决定，而是由生产力和生产关系的客观矛盾运动所推动，因此人类社会的发展不是杂乱无章的历史事件堆砌，而是有规律可循的。同时，共产主义信仰还建立在对资本主义社会的特殊规律的科学把握上。马克思通过对资本主义社会的研究，揭示了生产资料资本主义私人占有同社会化大生产之间的矛盾，以及共产主义必然取代资本主义的历史趋势。对客观规律的科学把握，构成了共产主义信仰的科学性的基础；而正是有了这种科学性的保障，才使得共产主义信仰成为一代代共产党人为之奋斗的不竭动力，引导他们为建设一个没有压迫、没有剥削、人人平等的新社会而不懈奋斗。

其次，人民性是共产主义信仰的价值旨归。正是这种人民性的立场，使得共产主义具有超越以往一切革命理想的彻底性，从而区别于那些剥削阶级的政治社会理想，特别是区别于资产阶级的价值理念。

兴起于17世纪的启蒙运动，是近代欧洲资产阶级的一次重要的思想解放运动。启蒙运动从哲学高度把反对封建专制的革命主张予以理论化，提出了"自由、平等、博爱"等口号。18世纪末的法国大革命，不仅摧毁了法国的君主专制制度，而且传播了资产阶级的政治社会理想。大革命时期，法国制宪会议通过的《人权宣言》肯定了"自由"和"平等"

是天赋人权。此后,"自由""平等""民主""人权"等口号长期作为资产阶级反对封建专制的有力思想武器。但是,立足马克思主义和共产主义的高度观之,资产阶级的上述价值理念带有明显的虚伪性。资产阶级革命至多只是在政治法律的形式层面实现了他们所主张的自由、平等、民主等理想,但在经济关系的实质层面却依然维系着资本主义私有制,从而维系着资本家阶级对工人阶级的统治、支配与剥削。在雇佣劳动的剥削机制中,工人群众无法享受到真正的自由、平等和民主,相反,他们面临着来自资本家的强权与压迫。在这个意义上,资产阶级革命所主张的"自由""平等"是虚假的和不彻底的。针对这个问题,马克思曾尖锐地指出:"先生们,不要一听到自由这个抽象字眼就深受感动!这是谁的自由呢?这不是一个人在另一个人面前享有的自由。这是资本所享有的压榨工人的自由。"

与之相反,共产主义则意味着全人类的彻底解放,每个人的自由发展将成为一切人自由发展的条件。依据马克思的构想,共产主义建立在对生产关系的彻底变革的基础上,而非在保留私有制的前提下追求空想的社会正义。在生产资料社会所有制的基础上,物质财富得以充分涌流,社会共同体的成员各尽所能、按需分配,传统的私有观念也趋于消亡。作为人类解放推动者的无产阶级,从来都是最广大人民根本利益的代表,而没有自己的特殊利益,他们的奋斗目标就是消灭社会中的阶级和阶级对立,真正实现全体人民的自由解放。正如马克思所强调的,共产主义是"更高级的,以每个人的全面而自由的发展为基本原则的社会形式"。

最后,共产主义信仰是一种实践的信仰。马克思指出:"对实践的唯物主义者即共产主义者来说,全部问题都在于使现存世界革命化,实际地反对并改变现存的事物。"换言之,每一位共产主义的信仰者都必须以自身的实践行动来证明他们的信仰,这也是共产主义信仰的内在要求。

信仰的力量

中国共产党历史展览馆的马克思、恩格斯雕像

回顾历史，我们可以看到共产主义信仰不断引领人类实践，同时又在一次次的革命实践中证明了自身的合理性。俄国的十月革命是人类历史上的一场划时代的伟大革命，它不仅标志着社会主义从理论走向实践的伟大飞跃，更是共产主义信仰在实际斗争中的生动写照。列宁领导的布尔什维克党高举共产主义理想的旗帜，建立了世界上第一个由工人阶级掌握政权的社会主义国家。十月革命一声炮响，为中国送来了马克思列宁主义。正是在信仰之光的指引下，中国共产党领导人民开展了改变中国命运、振兴中华民族的深刻革命。中国革命的胜利，不仅从根本上改变了中国半殖民地半封建社会的性质，建立了人民民主专政的新中国，更为共产主义的理想注入了最鲜活的历史动力。今天，中国特色社会主义取得举世瞩目的成就，中华民族比历史上任何时期都更接近民族复兴的伟大目标。这一系列成就都在向世界庄严宣告：我们的共产主义信仰不是空洞的口号，而是能够在实践中转化为物质力量的理论武器，是引领历史前进方向的精神旗帜。

三、共产主义信仰是乌托邦吗？

自从马克思的共产主义思想问世以来，有关"共产主义是不是一种乌托邦"的诘问就从来没有消退过。如果我们不能澄清这个问题，就无法坚定自身的共产主义信仰，也就难以顺利地推进当代中国的社会主义建设。

今天，之所以很多人把共产主义信仰当作一种乌托邦，有着理论和现实层面的多重复杂原因。

就理论层面而言，人们往往混淆了空想社会主义与马克思的科学的共产主义，只看到了马克思主义与传统的空想社会主义的共同旨趣，却没有认识到马克思主义对空想社会主义的批判与超越。

诚然，在社会主义发展史上，"乌托邦"这一神秘的概念同早期的空想社会主义确实存在着千丝万缕的联系。空想社会主义，也可以翻译为乌托邦社会主义。所谓"乌托邦"，意思是"无何有之乡"或"不存在的地方"。1516年，英国人文主义者托马斯·莫尔撰写了《乌托邦》一书，标志着空想社会主义的诞生。《乌托邦》描绘了一个共同劳动、财产公有的理想社会。书中明确指出，私有制是万恶之源，"任何地方私有制存在，所有的人凭现金价值衡量所有的事物，那么，一个国家就难以有正义和繁荣"。后来，意大利的康帕内拉撰写了《太阳城》，德国的安德里亚撰写了《基督城》，他们同样描绘了消灭私有制之后的理想社会图景，因而与莫尔的《乌托邦》合称为"乌托邦三部曲"。自此以后，一切意图批判和超越资本主义的进步思潮，包括马克思主义，都或多或少地承继和借鉴了空想社会主义的某些思想。在这个意义上，人们很容易混淆马克思的共产主义与空想社会主义，甚至有人会认为共产主义信仰也不过是一种永远无法实现的乌有之乡。

就实践层面而言，当今国际共产主义运动正处于低潮期，这一事实也动摇了一部分人对共产主义的信心。20世纪80年代末90年代初，东欧剧变，苏联解体。这一历史变局让许多人误以为共产主义被"证伪"了，英特纳雄耐尔不再能够实现了，人类历史"终结"于资本主义社会了。

东欧剧变和苏联解体的历史悲剧确实成为许多人诋毁共产主义信仰的经验材料。曾经作为苏共中央意识形态主管的雅科夫列夫就在苏联解体后公然宣扬"共产主义空想论"。他在自己的著作中写道，马克思主义不是别的，正是听从于绝对权力的利益和任性的新宗教，我们已模模糊糊地感觉到：我们的宗教本身就是错误的，我们的耶稣是假造的。一些西方学者更是认为，苏联的解体证明了资本主义的历史合法性。美国政治学者弗朗西斯·福山提出"历史终结论"，认为资本主义的自由民主制度就是"人类意识形态发展的终点"和"人类最后一种统治形式"，是"历史的终结"。可以看到，在东欧剧变、苏联解体的时代背景下，共产主义确实被许多人当作难以实现的乌托邦。

然而，马克思的共产主义学说之所以书写了世界社会主义发展史的新篇章，恰恰因为它实现了对那种乌托邦式的空想社会主义的超越。马克思曾对"共产主义"有过一个非常经典的定义："共产主义对我们来说不是应当确立的状况，不是现实应当与之相适应的理想。我们所称为共产主义的是那种消灭现存状况的现实的运动。这个运动的条件是由现有的前提产生的。"2018年，习近平在纪念马克思诞辰200周年大会上也总结道："马克思坚信历史潮流奔腾向前，只要人民成为自己的主人、社会的主人、人类社会发展的主人，共产主义理想就一定能够在不断改变现存状况的现实运动中一步一步实现。"马克思主义的诞生标志着社会主义从空想到科学的飞跃，马克思创立的科学的共产主义学说与那种虚无缥缈的乌有之乡彻底划清了界限。今天，我们可以自信地说，共产主义信仰并不是一种乌托邦，它完全地建立在历史与现实的基础之上。

从历史层面看，社会主义和共产主义是从资本主义的矛盾危机中走来的。毛泽东曾总结道："第一次世界大战之后，在俄国出现了伟大的十月社会主义革命。第二次世界大战之后，在东欧和东方出现了更多的革命。"世界大战本质上是帝国主义国家间矛盾不可调和的产物。第一次世界大战前，英法等老牌帝国主义国家长期占据世界和欧陆的霸主地位，而新兴崛起的德国为了争夺世界范围内的经济霸权和政治霸权不惜发动战争，造成了人类历史上的重大灾难。世界大战严重冲击了资本主义世界体系，但是，在战争后期爆发了俄国十月革命，最终造就了世界上第一个社会主义国家——苏维埃社会主义共和国联盟。十月革命的胜利、苏联的建立，开辟了人类历史的新纪元。它为人类追求更合理、更先进的社会制度进行了伟大的探索尝试，提供了有益的经验启示，也激励着资本主义国家的工人阶级不断斗争，倒逼资产阶级在其内部调整生产关系，在垄断资产阶级允许

1949年10月1日，天安门广场举行开国大典时的影像

的范围内扬弃资本主义自身的弊病。同样，在第二次世界大战后，资本主义世界体系进一步被削弱，社会主义则实现了从一国到多国的发展。尤其是中华人民共和国的诞生，更是对世界社会主义运动作出巨大贡献，最终促成了拥有世界1/3人口和1/4土地的强大的社会主义阵营，根本上改变了战后的世界格局。历史的经验告诉我们，共产主义绝不是什么不可实现的、虚无缥缈的乌托邦，它来源于现实世界的矛盾，而且切切实实地改变了并正在继续改变着世界。

从现实层面看，中国特色社会主义的成功实践为共产主义信仰提供了坚实的基础。习近平指出："中国特色社会主义进入新时代，在中华人民共和国发展史上、中华民族发展史上具有重大意义，在世界社会主义发展史上、人类社会发展史上也具有重大意义。"社会主义中国走向民族复兴的进程日益加快，我们比历史上任何时候都更接近中华民族伟大复兴；社会主义中国的综合国力不断增强，我们将于21世纪中叶建成一个富强民主文明和谐美丽的社会主义现代化强国。这一切都极大地增强了世界社会主义运动和国际共产主义运动的力量和信心。党的十九大报告明确指出：中国特色社会主义进入新时代，"意味着科学社会主义在二十一世纪的中国焕发出强大生机活力，在世界上高高举起了中国特色社会主义伟大旗帜"。

四、信仰共产主义有什么现实意义？

党的十九大后，习近平深刻地指出，当今世界正经历百年未有之大变局。在这种前所未有的变局下，资本主义陷入了严重的矛盾与危机，社会主义也面临着新的发展机遇。因此，坚定共产主义信仰，对于我们理解当代资本主义的新变化，推进中国特色社会主义的新发展，都具有丰富的现实意义。

其一，今天的共产主义信仰绝不是某种抽象的理想，而是建立在当代资本主义现实矛盾之上的科学的信仰。2008年由美国次贷危机引发的全球金融危机，是21世纪以来资本主义经济危机的突出表现。美国的地位开始出现动摇和下降的趋势，并且下降的速度比历史上任何时候都快。根据世界银行提供的数据，即便是按汇率法计算，美国经济总量在全球的占比已经从1970年的35.7%下降到2022年的25.6%。如果按照购买力平价法计算，美国经济的全球占比已于2021年下降至15.5%，而中国经济的全球占比则上升为18.9%。与此同时，美国内部的贫富分化乃至固化的情况也在不断加剧。2011年的"占领华尔街"抗议活动以"我们是99%"为抗争口号，表达了普通民众对财富和资源分配不公的抗议。"占领华尔街"十余年后，美国社会不公与贫富差距问题更加严重。美联储公布的数据显示，2021年，全美最富有1%的人口控制的资产已是底层50%美国人的资产的近16倍。政治方面，资本主义世界陷入动荡和冲突，2022年爆发的乌克兰危机、2023年爆发的巴以冲突，其本质都是帝国主义体系内部安全治理矛盾的大爆发。这些军事冲突打破了自冷战结束以来的全球"和平红利"，资本主义世界面临着更加严重的困难。在一系列经济政治危机的影响下，近年来西方国家民粹主义急剧抬头。美国的特朗普主义、匈牙利的欧尔班主义、英国脱欧等，都被视为冲击既存资本主义体系的"反建制"力量。这些异军突起的力量不可小觑，未来极有可能会对资本主义世界产生更大的影响。

法国哲学家让-保罗·萨特曾经指出，马克思主义的生命力远不是已经枯竭了，它还年轻，几乎还在童年；它好像刚刚在开始发展。所以它仍然是我们时代的哲学，它是不可被超越的，因为产生它的那些历史条件还没有被超越。也就是说，只要资本主义的历史情势还没有被彻底超越，共产主义信仰就不会丧失它的鲜活的生命力与强大的现实感。

其二，在世界百年未有之大变局的时代背景下，推动新时代中国特色社会主义伟大事业不断前进，同样离不开共产主义信仰的引领和指导。处于"两个一百年"历史交汇期的中国，恰逢世界发生百年未有的历史变局。在这种条件下，中国共产党面临错综复杂的问题和考验。执政考验、改革开放考验、市场经济考验、外部环境考验具有长期性和复杂性，精神懈怠危险、能力不足危险、脱离群众危险、消极腐败危险也尖锐地摆在全党面前。如果丧失共产主义信仰，就会迷失奋斗目标和前进方向，就会像一盘散沙而形不成凝聚力，就会失去精神支柱而自我瓦解。党的十八大以来，习近平反复强调共产党员特别是党员领导干部要坚定共产主义信仰。2013年1月，习近平专门论述了"坚持共产主义远大理想"的重要性，他指出："在我们党九十多年的历史中，一代又一代共产党人为了追求民族独立和人民解放，不惜流血牺牲，靠的就是一种信仰，为的就是一个理想。"针对现实中"一些人认为共产主义是可望而不可及的，甚至认为是望都望不到、看都看不见的，是虚无缥缈的"，习近平批驳道："马克思、恩格斯关于资本主义社会基本矛盾的分析没有过时，关于资本主义必然消亡、社会主义必然胜利的历史唯物主义观点也没有过时。这是社会历史发展不可逆转的总趋势，但道路是曲折的。资本主义最终消亡、社会主义最终胜利，必然是一个很长的历史过程。"正因为如此，习近平明确强调："没有远大理想，不是合格的共产党员；离开现实工作而空谈远大理想，也不是合格的共产党员。"

新时代新征程，我们要始终坚定共产主义信仰，坚信马克思主义的真理性，坚信中国特色社会主义的科学性，坚信中华民族伟大复兴的必然性，锚定既定的奋斗目标，以"为有牺牲多壮志，敢教日月换新天"的大无畏气概，意气风发地踏上实现共产主义的远征！

百年大党的信仰远征

中华民族在源远流长的文明实践中锻造了坚韧而伟大的民族精神，创造了灿烂辉煌、博大精深的中华文化。近代西方列强的坚船利炮打开了中国的大门，使传统中国的社会秩序和信仰体系遭到巨大冲击。在纷飞的战火中，中华有志儿女们艰难求索救国之路。马克思主义传入中国后，在"三千年未有之大变局"中为中国人民点亮信仰之灯。

百余年来，在马克思主义这一科学理论的指导下，中国共产党人在中国革命、建设和改革的实践中形成了以伟大建党精神为源头的中国共产党人精神谱系，为我们立党立国、兴党兴国提供了丰厚的信仰滋养。如今，身处世界百年未有之大变局，行至实现中华民族伟大复兴的新征程，我们既面临当今世界现代化进程所引发的剧烈震荡和深刻嬗变，又面临着中国式现代化进程所提出的严格要求，更加需要赓续红色血脉，从中国共产党百年信仰征程中汲取信仰力量；更加需要弘扬时代精神，坚定理想信念，让马克思主义信仰照亮实现中华民族伟大复兴和建成社会主义现代化强国的壮阔征程。

一、中国共产党怎样寻找马克思主义信仰的火种？

1840年鸦片战争后，西方列强通过坚船利炮打开中国国门，逼迫中国签订了一系列不平等条约，在中国攫取经济、政治特权。随着西方列强的侵入，西方的思想观念、宗教信仰等也接踵而至，中国传统文化和信仰面临新的危机。为解救民族危亡和寻求救国之路，一批又一批仁人志士前赴后继，艰难求索，但均以失败告终。

风雨多经志弥坚，关山初度路犹长。20世纪初新文化运动兴起，中国的先进知识分子救亡图存的视点经历了器物和制度层面，深入到了文化乃至信仰层面。在"科学"与"民主"两面大旗的号召下，长期占据人们思想主体的儒家思想开始发生位移，自由主义、无政府主义、民族主义、改良主义、科学主义等各种社会思潮的争鸣之势空前，为马克思主义的广泛传播奠定了基础。俄国的十月革命建立起世界上第一个无产阶级专政的社会主义国家，既推动了世界民族解放运动高潮的到来，也促使中国新文化运动发生了转向，部分先进知识分子开始研究和接受马克思主义。

李大钊是中国举起马克思主义旗帜的第一人。从1918年7月起，他先后写下《法俄革命之比较观》《庶民的胜利》《布尔什维主义的胜利》等文章。1919年5月，李大钊轮值主编《新青年》，将第六卷第五号编为"马克思主义研究专号"，写下中国系统介绍马克思主义理论的开篇之作《我的马克思主义观》。执笔为文，讲坛授业。李大钊在北大开设"唯物史观研究"等课程，培养了中国第一代熟悉马克思主义唯物史观的人才。邓中夏、高君宇、刘仁静、黄日葵、王复生、罗章龙……他们将所学理论知识与人生志业相结合，肩负起拯救国家的重任，于刀光火色衰微中，开辟中国新世纪的曙光。马克思主义是近代中国先进知识分子基于国际国内形势，经反复比较鉴别后所选择的信仰，不仅具有科学性，也具有旺盛的生命力。

马克思主义信仰的生命力在于其是对马克思主义科学真理的信仰，体现了科学性与价值性、现实性与超越性的统一。"马克思主义者信仰马克思主义，因为它是一个经过严密理论论证的、经过实践检验的科学理论体系。"中国先进知识分子对于马克思主义的信仰根植于对真理的渴求与坚持。中国共产党成立前夕，一部分青年学生通过不同渠道接触《共产党宣言》等马克思主义理论经典著作。《共产党宣言》第一次全面阐述了科学社会主义原理，科学洞见人类发展规律，给无数进步青年指明了方向，促使他们走上革命道路、确立共产主义信仰。

1921年7月，党的一大正式宣告了中国共产党的成立。中国共产党的诞生，使中国革命的面貌焕然一新，马克思主义信仰的旗帜从此在中国高高飘扬。2021年7月，习近平在庆祝中国共产党成立100周年大会的讲话中，首次提出并阐释了伟大建党精神。他指出："一百年前，中国共产党的先驱们创建了中国共产党，形成了坚持真理、坚守理想，践行初心、担当使命，不怕牺牲、英勇斗争，对党忠诚、不负人民的伟大建党精神，这是中国共产党的精神之源。"他强调："一百年来，中国共产党弘扬伟大建党精神，在长期奋斗中构建起中国共产党人的精神谱系，锤炼出鲜明的政治品格。历史川流不息，精神代代相传。我们要继续弘扬光荣传统、赓续红色血脉，永远把伟大建党精神继承下去、发扬光大！"

以伟大建党精神为原点，以中国共产党领导革命、建设、改革事业过程中的重要节点所蕴含的精神为纵轴，以其辐射带动下由广大人民群众凝结而成的精神成果为横轴，共同构建起彰显党的性质宗旨和政治品格的精神谱系。人无精神则不立，国无精神则不强。精神是一个民族赖以长久生存的灵魂，唯有精神上达到一定的高度，这个民族才能在历史的洪流中屹立不倒、奋勇向前。

中共一大纪念馆

伟大建党精神奠定了百年大党坚实的信仰之基。伟大建党精神蕴含着中国共产党"从哪里来、到哪里去"的精神密码，彰显了中国共产党人坚持真理、矢志不移的信仰追寻，是中国共产党的精神信仰之源，为党的革命、建设、改革事业提供着不竭的力量源泉，也为中国共产党人在艰难险阻时刻提供了不竭的精神动力。

大革命失败后，大量的共产党员和革命群众遭到了国民党反动派的杀害。在严峻的生死考验面前，英勇的中国共产党人没有被国民党的屠杀政策所吓倒，他们擦干血泪，埋葬好同伴，再次扛起马克思主义的旗帜开始战斗，继续寻找救国救民之路。事固有难明于一时而有待于后世者。马克思主义、共产主义信仰所指引的光明前途，为中国共产党继续点亮革命的星星之火。

二、中国共产党的信仰星火何以燎原？

马克思主义信仰的生命力还在于其与人民群众伟大实践的有机统一。

马克思主义以其真理品质和价值品质吸引那些立志改造社会、改变世界的有识之士矢志不渝，也指导着追随者们改造社会的革命实践活动。"真理所在，即赴趋之"，马克思主义的信仰开始照耀中国共产党人独立自主探索革命新道路，在千难万险中追寻民族独立、人民解放。

中国共产党高举马克思主义信仰的旗帜，深入广大农村，发动农民群众，开展土地革命。毛泽东提出"农村包围城市，武装夺取政权"的革命道路理论，这是马克思主义基本原理同中国具体实际相结合的典范。中国共产党在根据地开展土地革命，得到了广大农民的支持和拥护，农民积极参军参战，信仰马克思主义的革命队伍不断壮大，并在革命斗争中经受信仰之火的锤炼。

1934年10月，中国共产党领导的中央红军被迫实行战略转移。在长征途中，中央红军遭受国民党军队的围追堵截，在武器装备和物资补给严重缺乏的情况下，红军经过14个省，翻越18座大山，跨过24条大河，走过荒草地，翻过雪山，行程约25000里；其间共进行了600余次战役战斗，攻占700多座县城。4支长征大军，出发时总人数为20.6万，沿途补充兵力1.7万，到长征结束仅剩5.7万人，有不少于16.6万名红军将士战死或失散在长征途中。

四川阿坝红军长征纪念碑碑园中的雕塑及油画

长征期间，面对敌人的围追堵截，面对寒冷、疲惫、缺衣少粮的极端艰苦局面，中国工农红军为什么能高举旗帜、一往无前？为什么能以实际行动践行"官兵一致同甘苦，革命理想高于天"的光辉诗篇？

曾三过草地的原南京军区司令员向守志生前给出了他的答案，他说："为什么我们最终能走完长征并取得抗日战争的胜利呢？这是因为有坚定的信仰！""红军将士懂得，我们的奋斗是为了推翻人压迫人的制度，建立起人民当家做主的政权。"弯弯曲曲的长征路，是一条浸透了鲜血的牺牲之路，更是一条坚守信仰、播撒信仰的新生之路。

曾随红军长征18个月的瑞士传教士薄复礼给出了自己的答案，他说，中国工农红军是有坚定信仰的共产主义者，"红军只要在某个地方住得稍久一些，都要设置'列宁室'。宿营的地方没有合适房子时，他们就紧张地建造一个。这间屋子结构简单，埋八根立柱，上面用席和草搭顶，周围用绿竹枝围成墙，然后在绿墙上装饰纸花和红旗，面对入口的墙上则一定要挂上马克思和列宁的画像"。这位西方人不仅为红军顽强的斗志和毅力所折服，更被中国红军坚定的共产主义信念深深打动。

红军战士们凭着对共产主义的信仰，对革命胜利的坚定信念，跨越千山万水，完成了这一伟大的战略转移。他们相信自己所进行的斗争是为了广大人民群众能够过上好日子。这种信仰之光支撑着他们吃草根、啃树皮，战胜无数艰难险阻。

中国共产党高举马克思主义信仰的旗帜，在抗日战争时期，谱写了党领导人民在血与火的洗礼下打败日本侵略者实现民族独立的乐章；在解放战争时期，党反对独裁内战、争取和平民主团结，领导人民军队彻底打败了国民党反动派，为夺取全国政权建立了不朽功勋。人民群众积极为人民军队提供物资、情报支持，参战支前，生动展示"战争的伟力之最深厚的根源，存在于民众之中"。

诗人柯仲平在《延安与中国青年》中，用诗的语言讲述了成千上万的青年知识分子"朝圣"延安的时代潮流和心路历程："延安像'名山'，延安像'西天'，虔诚的青年，都想来'朝拜'，都想来取得'经典'。"从西安到延安，大多数青年是徒步去的。这一路，他们面对山高路险、重重关卡、种种盘查，得走十几天。在中华民族最危险的时候，延安偏居一隅，何以成为爱国青年的信仰圣地？

——因为中国共产党一心一意救中国。"九一八"事变后，中国共产党就率先高举抗日旗帜。1935年的瓦窑堡会议，中国共产党明确提出建立抗日民族统一战线的策略方针。中国共产党领导的人民军队深入敌后，开展广泛的游击战争。八路军、新四军等武装力量在日军占领区的后方建立根据地，并积极开展政治、经济、文化等方面的建设，向广大民众宣传抗日理念，将马克思主义信仰的火种播撒在敌后抗日根据地，扎根在人民心中。

——因为中国共产党全心全意为人民服务。张思德在平凡的岗位上默默奉献，把烧炭这种看似普通的工作视为为人民服务的方式。张思德的事迹体现了共产党员为人民利益不惜牺牲一切的高尚品质，这种品质的根源就是对党的信仰、对人民的忠诚。这种精神就像一盏明灯，指引着人们在为人民服务的道路上不断前进，也让马克思主义信仰和为人民服务的信念在中国共产党的队伍中一代代传承下去。2021年，张思德精神被纳入第一批中国共产党人精神谱系。

——因为中国共产党始终坚持在马克思主义指导下走群众路线。解放战争时期，解放军千里挺进大别山，在面临行军困难时，刘伯承提出各级干部要衡量一下作为"布尔什维克究竟是否足秤"。邓小平提出，要创立解放区，必须打胜仗歼灭敌人，必须发动群众实行土地改革。这两个轮子滚起来就推动历史。这两个轮子滚起来的原动力，就是提高信心，增强斗志！此后全军以崭新的精神面貌投入军事战斗和群众工作，坚持群众路线，推动各地农民积极支前，组成运输队、担架队、破路队等随军组织，发挥出马克思主义信仰的强大感召力和动员力。

在抗日战争时期和解放战争时期，中国共产党坚信马克思主义能够指导中国人民取得抗战胜利，实现民族解放。中国共产党致力于为人民谋幸福、为民族谋解放，信仰马克思主义的群众史观，依靠群众、发动群众。

三、新中国成立以来续写出怎样的信仰篇章？

新中国成立初期，面对一穷二白、百废待兴的局面，面对人口众多、人均资源不足、经济基础薄弱的基本国情，中国共产党领导人民迅速恢复了国民经济，工农业总产值很快超过民国时期的最高水平。无数建设者怀揣着对国家富强的强烈渴望和爱国情怀投身建设，使建设祖国的坚定信仰在各行各业绽放光彩。

钱学森冲破重重阻力回国后，全身心地投入到导弹和航天事业的研究中。为了让中国在国防工业领域挺直腰杆，不再受他国的威胁，钱学森克服了科研环境差、设备简陋等诸多困难，在艰苦的科研条件下，他带领团队成员从零开始，开展导弹、航天等领域的研究，为中国国防现代化建设奠定了坚实基础。

王进喜不顾腿伤跳进泥浆池，用身体搅拌泥浆，制服井喷。他坚信自己的付出能够换来石油工业的蓬勃发展，为国家的能源安全和工业动力提供保障。这种信仰号召大庆石油工人在艰苦的自然环境下，喊出"有条件要上，没有条件创造条件也要上"的口号。

焦裕禄以身作则，带领兰考人民与自然灾害进行顽强斗争。在风沙肆虐的时候，他带头去查风口、探流沙；在大雨倾盆的时候，他冒雨涉水观察洪水流势。他的这种不畏艰难、迎难而上的精神，源于他内心深处的信仰，即通过不懈的努力和坚韧的意志可以战胜兰考的内涝、风沙、盐碱"三害"，为兰考人民创造一个美好的未来。

铁人王进喜纪念馆雕塑、油画

太行山东麓河南林县的 10 万英雄儿女靠着一锤、一铲和他们的双手在万仞壁立、千峰如削的太行山上建成了全长 1500 公里的"人工天河"红旗渠，培育了"自力更生、艰苦创业、团结协作、无私奉献"的红旗渠精神。从黄浦江畔迁至渭水之滨，一批胸怀爱国之志的交大师生怀着"向科学进军，建设大西北"的豪情登上西行列车，在三秦大地建设了一所新的高等学府，铸就了"胸怀大局、无私奉献、弘扬传统、艰苦创业"的西迁精神……社会主义革命和建设时期，涌现出无数感人至深的故事，这种昂扬奋进的精神体现了信仰的无限力量，不断激励着中华儿女为社会主义现代化建设忘我奋斗。

1978 年 12 月，党的十一届三中全会作出把党和国家工作重心转移到经济建设上来、实行改革开放的历史性决策，成功开创中国特色社会主义道路，极大地解放和发展了社会生产力，激发了广大人民群众的创造性。

改革开放初期的先锋人物袁庚坚信改革开放能够为国家和人民带来巨大的福祉，这种信仰驱使他积极推动蛇口工业区的建设。在当时的环境下，传统观念和体制机制的束缚重重，他大胆提出"时间就是金钱，效率就是生命"的口号，并坚守自己的理念，树立起注重效率和效益的新观念。如今，深圳已从一个边陲小镇发展为现代化大都市，创造了世界工业化、现代化、城市化发展史上的奇迹。"深圳速度"成为改革创新精神的代名词，"时间就是金钱，效率就是生命""空谈误国，实干兴邦""敢为天下先"等一系列"深圳观念"集中反映了深圳人民的精神奋斗史，也成为改革开放精神的生动诠释。

鲁冠球在改革开放初期坚守着实业报国的信仰，从浙江万向集团的前身——宁围公社农机修配厂起步，坚信通过发展实体经济可以为国家的工业进步作出贡献。面对当时国内市场的不确定性和技术、资金等诸多困难，他始终坚持质量第一的理念，凭借对产品质量的严格把控和对企业发展的坚定信心，逐步打开了国际市场。如今，一系列国内企业和国产品牌凭借深厚的技术积累以及坚定的改革创新信念，在基础设施建设领域、油气勘探开发领域、全球通信领域、无人机飞控航拍技术领域、家电产品领域等多方面占据重要地位，赢得世界信赖。

在坚定推行改革开放基本国策的同时，中国共产党始终坚守马克思主义信仰，坚持四项基本原则，建立健全党风廉政建设的各项规章制度，持续开展党内思想教育活动，为社会主义现代化建设的纵深发展提供了坚实的信仰保障。

四、新时代的信仰之光如何照亮壮阔征程？

中国特色社会主义进入新时代，世界之变、时代之变、历史之变给中国带来了发展机遇和新的挑战。习近平在许多场合的重要讲话中，强调共产党人在精神上要"补钙",努力提高理论素养、党性修养、政治修养、道德修养,筑牢信仰之基、补足精神之钙、把稳思想之舵。

习近平指出,"我们共产党人的根本,就是对马克思主义的信仰,对共产主义和社会主义的信念,对党和人民的忠诚""全党同志一定要坚守共产党人精神家园,把改造客观世界和改造主观世界结合起来,切实解决好世界观、人生观、价值观问题,练就共产党人的钢筋铁骨,铸牢坚守信仰的铜墙铁壁"。习近平的指示,为新时代坚定信仰、信念、信心指明了方向。

以习近平新时代中国特色社会主义思想为指引,中国共产党团结带领全党全国各族人民,结合理论与实践,系统回答了新时代坚持和发展什么样的中国特色社会主义、怎样坚持和发展中国特色社会主义这个重大时代课题。新时代信仰的力量持续闪耀,信仰的榜样铸就楷模。

张桂梅是云南省丽江华坪女子高级中学党支部书记、校长。她的信仰是让山区里的女孩能够接受教育,改变命运。她扎根贫困地区40余年,

张桂梅第14次送华坪女高学生参加高考

创办了全国第一所全免费女子高中。她四处奔走筹款,面对他人的质疑和重重困难,她没有放弃。在学校里,她像母亲一样关爱学生,用自己的工资资助贫困学生。张桂梅以坚定的信念,帮助1800多名女孩走出大山、走进大学,用知识改变贫困山区女孩命运,用教育阻断贫困代际传递。

以祁发宝、陈红军、陈祥榕、肖思远、王焯冉等先进典型为代表的新时代卫国戍边英雄官兵的信仰是保卫国家领土完整,守护人民的安宁。在加勒万河谷地区,面对外军的蓄意挑衅和暴力攻击,他们毫不畏惧。祁发宝仅带几名官兵,蹚过齐腰深的河水前出交涉。陈红军带领战士们英勇战斗,在战斗中,他展现出非凡的勇气,以自己的身躯捍卫国家主权。写下"清澈的爱,只为中国"的战斗口号的陈祥榕,在边防斗争中英勇战斗,直至壮烈牺牲。肖思远突围后义无反顾返回营救战友,王焯冉在渡河支援途中,拼尽全力救助战友。他们用生命坚守着保家卫国的信仰,捍卫国家领土主权不受侵犯,这种信仰之光在祖国边疆的冰天雪地中熠熠生辉。

回望百余年奋斗历程,中国共产党带领中国人民经受了一次又一次严峻考验,战胜了一个又一个艰难险阻,取得了一个又一个伟大成就。力量出自信仰,成功源于坚持。坚定理想信念,坚守共产党人精神追求,始终是共产党人安身立命的根本。

立足历史,坚定的信仰是成就百年大党的制胜密码。习近平指出:"我们党之所以能够经受一次次挫折而又一次次奋起,归根到底是因为我们党有远大理想和崇高追求。"坚定理想信念是共产党人安身立命的基石,也是保持党的团结统一的思想基础。对于一个政党来说,理想信念动摇是最危险的,往往成为衰落的开端。

站在当下,坚定的信仰是党和国家持续发展的内生动力。"信仰"是使一个国家、一个民族能够永葆活力、永续发展的内生力量。理论的活力在于不断创新,马克思主义基本原理要同中国实际相结合、同中华优秀传统文化相结合,不断推进马克思主义中国化时代化,推动其在中华大地焕发蓬勃生机和旺盛生命力。

在以中国式现代化全面推进中华民族伟大复兴的新征程上,中国还面临着一系列重大挑战、重大风险、重大阻力、重大矛盾的艰巨考验。全党要保持清醒和坚定,认识到斗争的长期性、复杂性和艰巨性,要筑牢"信仰之基",锤炼坚定的信仰、如磐的信念、必胜的信心。

筑牢"信仰之基",必须深化理论学习,加强理论武装。在当前的复杂环境下,"四大考验"和"四种危险"长期存在,必须建设学习型党组织,加强党员干部的理论武装,大力倡导学习风气,加强主体信仰教育,确保党始终以科学理论为指导。筑牢"信仰之基",必须保持战略定力,坚定政治立场。在当前国内外形势深刻变化、社会思潮多样的情况下,只有始终保持对党的崇高理想和使命的自觉自醒,始终保持为党和人民事业奋斗的初心初衷和应有定力,才能坚守共产党人的政治灵魂,凝聚奋进伟力。筑牢"信仰之基",必须重视实践锻炼,锤炼党性修养。党性修养是共产党人的终身课题,必须在持续不断的党性教育和实践锻炼中形成、保持和增强,通过教育引导党员干部模范践行社会主义核心价值观,引导党员干部始终保持正确的世界观、权力观和事业观,坚定政治立场,明辨大是大非,在实践中不断加强党性修养,践行党的群众路线。

知之而后信之,信之而后行之。在新的伟大征程上,在向第二个百年奋斗目标迈进的过程中,我们必须把信仰作为根本遵循,始终用崇高理想信念作为人生灯塔,始终把"为中国人民谋幸福,为中华民族谋复兴"作为永不褪色的精神旗帜,让信仰之光始终照耀百年大党前行的壮阔征程!

坚定中国特色社会主义共同理想

　　1950年国庆节之后，中国大陆除西藏以外全部解放，各族人民获得了新生，毛泽东兴奋地写下了传世名篇《浣溪沙·和柳亚子先生》："长夜难明赤县天，百年魔怪舞翩跹，人民五亿不团圆。一唱雄鸡天下白，万方乐奏有于阗，诗人兴会更无前。"近代以来，中国人民饱受"三座大山"压迫，百年时光里"长夜难明"，"魔怪舞蹁跹"。中国共产党带领全国各族人民经过艰苦卓绝的奋斗建立了新中国，推翻了"三座大山"，实现人民当家作主，正可谓"一唱雄鸡天下白"，实现了中华民族伟大复兴的第一步。70多年后的今天，我们已经实现了第一个百年奋斗目标，踏上了全面建设社会主义现代化国家、向第二个百年奋斗目标进军的新征程，站在新的起点上，以中国式现代化全面推进中华民族伟大复兴。

　　在列强环伺的背景下进行社会主义革命、在一穷二白的物质前提下开展社会主义建设，并在短短70多年间带领一个落后国家实现中华民族由不断衰落到根本扭转命运、持续走向繁荣富强的伟大飞跃，这是人类历史上开天辟地的第一次，其困难可想而知。中国共产党之所以能带领中华人民取得如此伟大的成就，既离不开马克思主义理论的科学指导，也离不开立足于中国特殊国情的社会实践。而新的社会实践，又会催生理论本身的创新发展。中国特色社会主义正是科学社会主义一般原理与中国具体实践相结合的产物。它是中国人民通往共产主义远大目标的必由之路，也是今天中华民族的共同理想。要理解这一共同理想，首先要从马克思主义与中国实际相结合的历史开始谈起。

一、为什么我们一定要"走自己的路"？

马克思基于资本主义现实以及人类社会历史，总结出了社会发展的一般规律，并提出资本主义终将被共产主义取代，从此全人类将实现每个成员自由而全面发展的命题。

然而当全球各地的共产主义者以马克思的学说为指导开展革命活动时，发现直接照搬马克思的学说并不能解决革命中的问题。这是因为一方面，马克思概括的是人类社会一般规律，而这些规律在特定的社会历史背景下会有不同的表现形式，这对革命者提出了"具体问题具体分析"的要求；另一方面，资本主义的运行规律并未在马克思的时期完全展开，因此马克思关于资本主义发展的一些具体设想并未实现，例如无产阶级革命并没有在最发达的资本主义国家爆发，而是首先在资本主义生产关系尚不稳固、同时受资本主义世界体系剥削更深的帝国主义薄弱环节或落后国家爆发。在一定程度上，列宁主义便是马克思主义立足俄国特殊国情的产物，它解决了社会主义革命应当如何在帝国主义薄弱环节开展的问题，也回答了在社会主义革命并未全球爆发的情况下单个国家如何建成社会主义的问题。

坚定中国特色社会主义共同理想

中国国家版本馆中央总馆主题展览"真理之光——马克思主义中国化时代化经典版本展"汇集2000余件马克思主义著作经典版本

中国共产党人并不是一开始就认识到了将马克思主义"中国化"的重要性。中国共产党最初作为共产国际的一个支部，行动受共产国际指挥，在革命策略上主要效仿俄国革命。大革命时期，中国共产党的主要领导人没有正确认识革命领导权问题，使大革命的领导权被国民党右派所掌握，其结果是蒋介石发动"四一二"反革命政变，大量党员被屠杀或脱离组织；土地革命时期，"左"倾领导人主张通过城市武装暴动或攻占大城市来夺取革命胜利，在军事上推行阵地战和堡垒战，其结果是第五次反"围剿"失败，中国共产党不得不放弃中央苏区根据地，带领红军走上长征的道路。可以说，正是由于对中国半殖民地半封建社会的性质认识不足、轻视占中国劳动者多数的农民群体、严重错估敌我双方的力量对比，中国共产党才在早期斗争中数次面临几近覆灭的危险。而在惨痛的教训与艰苦卓绝的斗争中，以毛泽东同志为主要代表的中国共产党人逐渐摸索出全新的革命策略，包括"农村包围城市、武装夺取政权""统一战线、武装斗争、党的建设"三大法宝等，并将一系列独创性经验进行理论概括，最终形成毛泽东思想，为夺取新民主主义革命的胜利指明了正确方向。

1949年新中国成立后，如何从一穷二白开始建设社会主义国家成为摆在共产党人面前的新难题。毛泽东曾将此难题比作"进京赶考"，并许下"我们决不当李自成"的承诺。对于当时的中国共产党人而言，建设社会主义最便捷的办法，便是学习苏联的成熟经验。但即便如此，新中国成立初期的社会主义建设也是在对苏联的学习与反思中进行的。与苏联相比，我们的社会主义建设更注重调动人民群众的积极性，同时也更强调不同部门的协调发展。比如，在国家总体生产布局方面，1956年，毛泽东在《论十大关系》的讲话中指出了重工业与轻工业和农业、沿海工业与内地工业、经济建设和国防建设之间相互依存的辩证关系，强调不能"一条腿走路"。在企业管理方面，我们在20世纪60年代初总结并推广"鞍钢宪法"，即干部参加劳动、工人参加管理，改革不合理的规章制度，工人群众、领导干部和技术员三结合，强调的是企业内的民主管理。在民生改善方面，我们进行了全国范围内的扫盲运动；带领农民大规模建设农业基础设施；创造性地开展"爱国卫生运动"，实行农村"赤脚医生"制度，通过群众路线高效且低成本地提高了人民群众的医疗卫生水平；等等。社会主义革命和建设时期的这些措施和实践为改革开放后的快速发展打下了坚实的物质基础。

以党的十一届三中全会为标志，以邓小平同志为主要代表的中国共产党人深刻总结新中国成立以来正反两方面经验，围绕什么是社会主义、怎样建设社会主义这一根本问题，提出要建设有中国特色的社会主义，这一概念在党的十六大被进一步明确为"中国特色社会主义"。我们创造性地提出了"社会主义市场经济"的概念，将市场经济的优势与社会主义制度的优越性相结合，实现了资源的优化配置，创造了经济快速发展奇迹。在改革开放的大潮中，我们不仅推动了中国的工业化、城镇化进程，也促进了科技创新和产业升级，使中国在全球经济中处于不可替代、举足轻重的位置。不仅如此，我们用几十年时间走过了西方发达国家几百年走过的工业化历程，在剧烈的社会变革中，没有发生部分后发国家在现代化进程中容易出现的社会动荡，创造了社会长期稳定奇迹。创造"两大奇迹"的事实足以证明：社会主义市场经济体制是中国共产党的首创，而这一体制创新所带来的经济长期稳定发展，迄今为止未能在任何一个落后国家通过资本主义制度实现。

中国共产党的百余年奋斗历史已经表明，把马克思主义基本原理同中国具体实际相结合、同中华优秀传统文化相结合，焕发了马克思主义的蓬勃生机和旺盛活力。而中国特色社会主义的实践，既是马克思主义在中国大地上的运用，同时也是人类历史上建设社会主义的全新尝试，在这个过程中必定会遇到马克思主义经典作家从未想见的问题。对这些问题的探索、解决与学理化，也是对马克思主义学说本身的丰富与发展。

二、为什么坚定中国特色社会主义共同理想极为重要？

在我国快速发展的过程中，不可避免地遇到了各种各样的问题与挑战。面对这些问题与挑战，部分人产生对中国特色社会主义道路的质疑。其中既有人认为中国的市场化程度还不够，就应该照搬照抄西方国家，实行彻底的资本主义；也有人将改革开放之前的历史过度理想化，认为我们应该回到计划经济时期。对这些质疑，有必要进行正面回应。

习近平在多个场合反复强调："既不走封闭僵化的老路，也不走改旗易帜的邪路。"不改旗易帜，是指坚持我们道路的社会主义属性，我们的改革不能改到资本主义上去；而不封闭僵化，则是指我们必须坚持改革开放，在保持社会主义性质的大前提下，面对层出不穷的新问题新情况勇于改革创新，同时加强对外交流合作、更加深度地参与全球治理。在世界百年未有之大变局中始终坚持正确的方向，是对我们坚守理想信念的定力考验。

2022年9月22日，北京长安街沿线主题花坛开始搭建

党的二十大报告对世界百年未有之大变局进行了如下概括："世纪疫情影响深远，逆全球化思潮抬头，单边主义、保护主义明显上升，世界经济复苏乏力，局部冲突和动荡频发，全球性问题加剧，世界进入新的动荡变革期。"而之所以会出现这些现象，正是资本主义尤其是新自由主义发展到今天，资本主义世界体系无法解决自身矛盾的结果。

从全球视角来看，在过去几十年间，西方国家在享受包括中国在内的新兴经济体的廉价商品的同时，自身经济结构也愈发走向金融化与去工业化，这不仅加剧了西方国家产业工人的失业问题，还使其在科学技术领域越来越难以保持国际领先地位。总的来说，以美国为代表的西方发达国家在20世纪80年代以来的经济全球化进程中越来越无法保持自身优势地位，这使得他们的身份逐渐从国际秩序的维护者转化为"破坏者"，不断通过贸易战、经济制裁等方式试图遏制以中国为代表的新兴市场和发展中国家的发展，甚至不惜通过制造局部冲突与动荡的方式维护自身的全球霸权与地区利益。

从西方国家的国内矛盾来看，在自由资本主义的主导下，西方国家劳资力量对比愈发悬殊，贫富差距也越来越大。1980年以来，在经济全球化与信息技术带来新的经济繁荣的同时，美国工人阶级实际工资几乎没有增长。特别是新自由主义逐渐在全球泛滥，给经济社会带来了诸多恶果，其中破坏最严重的莫过于2008年国际金融危机，西方国家至今尚未走出危机的阴影。经济复苏进程漫长而迟缓，广大民众生活质量不断下降，而政府的危机干预手段，几乎可以被概括为"劫贫济富"：金融资本得到救助，贫富差距进一步扩大。民众对建制派精英不满，且容易受到排外思想的影响滋生民粹情绪，抵制全球化。近年来，西方政坛不断出现"黑天鹅"事件，这正是西方资本主义矛盾在政治上层建筑的具体表现。

由此看来，如果中国的改革放弃社会主义制度，倒向资本主义，放弃独立自主的发展，那么最好的结果也不过是重蹈西方国家的覆辙。资本主义世界体系的运行，天然地具有将发展中国家锁定在低技术的全球分工中的机制，这正是许多国家陷入"中等收入陷阱"的本质原因，也是我们强调走独立自主的发展道路的原因。在20世纪七八十年代，日本经济如日中天，其商品在国际市场上严重影响了美国商品的竞争力，因此美国在1985年与日本签订了《广场协议》，强迫日元升值，而这正是之后日本经济陷入衰退与停滞的罪魁祸首。如果我们走资本主义的道路，甚至可能不会有成为西方附庸的机会，而是必定会被各种手段打压、遏制，整个国家甚至有可能面临崩溃与解体的危险。

在坚持走中国特色社会主义道路的同时，我们之所以还要强调进一步全面深化改革、推进中国式现代化,是因为今时不同往日。在改革开放之前,我们长期处于被封锁的状态,与资本主义国家几乎没有贸易往来;今天,我们已经成为全球最大工业生产国、最大贸易出口国、第二大贸易进口国,与全球大部分国家都有着紧密的贸易联系。在改革开放之初,我们用廉价的土地与劳动力去换取西方的先进技术;今天,我们在越来越多的领域摘取"工业皇冠上的明珠",成为全球技术的领跑者,并且通过共建"一带一路"帮助其他国家进行基础设施建设,带动共建国家共同发展。中国在全球经济中的地位举足轻重,现代交通、通信、贸易把全球各国紧密联系在一起,这是任何人都已经无法更改的既定事实。

新时代进一步全面深化改革,不仅仅是要不断吸收和借鉴人类最新、最先进的经验与成果,还要不断增强我国在全球治理中的作用。一方面,我们在科技创新能力、产业结构、人均收入水平、社会福利保障体系等方面与西方发达国家仍然有一定差距。因此,我们仍然需要保持谦虚谨慎的态度,努力学习借鉴西方发达国家在科学技术领域的优秀成果与社会治理领域的优秀经验,推动自身的改革与发展。另一方面,我们需要认识到中国在深度参与全球治理、推动合作共赢方面的责任。在今天,经济全球化的大势不可避免。据 IMF 测算,全球经济碎片化可能导致全球 GDP 萎缩 7%,相当于法国和德国 GDP 的总和,而如何推动更加公平、保证互惠互利的经济全球化,是当前时代的重要问题。与此同时,全球治理问题也愈发凸显,在许多涉及全人类共同利益的领域,如气候变化、公共卫生安全、区域地缘冲突等,比以往任何时候都需要各国合作、共同治理。在西方国家保护主义和孤立主义盛行之时,中国既有能力又有责任,以越来越大的开放步伐,推动国家治理与全球治理的不断完善。

三、中国特色社会主义共同理想如何通向共产主义远大理想?

在今天的社会,许多人提起共产主义,就会想到"物质极大丰富",乃至"劳动不仅仅是谋生的手段,劳动本身成为生活的第一需要",而这种理想社会似乎离当前的现实还很遥远。这不禁使人产生疑问:如果在有生之年我们都无法看到共产主义社会的建成,那么我们为什么还要为共产主义事业奋斗?甚至更进一步,我们的中国特色社会主义道路是通往共产主义的道路吗?

实际上,在马克思的学说中,共产主义社会的建设既不是一蹴而就的,也不是虚无缥缈的,而是人类社会按照一定规律,在对资本主义的逐渐扬弃中完成的。《共产党宣言》中提出,在最先进的国家,无产阶级革命胜利后,需要按照共同的计划增加国家工厂和生产工具,开垦荒地和改良土壤,以提高生产力水平,逐渐为共产主义社会奠定物质基础。而在《哥达纲领批判》中,马克思提出了"共产主义社会第一阶段"的概念。在这一阶段,生产资料私有制和剥削已被消灭,但在经济领域仍存在资产阶级法权的影响,实行按劳分配而非按需分配的原则,而由于社会成员在天赋、工作能力、家庭负担上的差别,收入差距仍会存在。同时,在道德与精神领域,共产主义初级阶段也还带有旧社会的痕迹。从共产主义初级阶段向更高阶段迈进,正是社会逐渐摆脱资本主义残余影响的过程。

社会主义革命首先在落后国家爆发,社会主义建设从落后的物质基础开始,这就意味着人类世界通向共产主义之路,要比马克思所设想的更为漫长,但依旧是有迹可循的。马克思所说的"共产主义社会第一阶段"后来被明确为社会主义阶段,而我们当前尚处于社会主义初级阶段。因此,在相当长的一段时间内,发展生产力都是我们的主要任务。

中共一大纪念馆馆藏的《共产党宣言》

然而,今天许多人对社会主义初级阶段有一种误解,那就是只需要发展生产力就可以了,不需要注重生产关系。这是一种片面的见解,随着生产力的提高,旧的生产关系会成为阻碍生产力发展的因素,这一客观规律要求我们不断进行生产关系的变革。当前我国面临的问题错综复杂,其中既有生产力不够发展的方面,也有生产关系没有跟上、相关体制机制尚未健全的方面。也正因如此,党的十九大报告指出,我国社会主要矛盾已经发生变化,即从人民日益增长的物质文化需要同落后的社会生产之间的矛盾,转化为人民日益增长的美好生活需要和不平衡不充分的发展之间的矛盾。

我们党十分重视在发展生产力的过程中不断调整生产关系,并坚持改革开放的社会主义性质。公平是社会主义的重要理念,邓小平曾经指出:"社会主义的目的就是要全国人民共同富裕,不是两极分化。如果我们的政策导致两极分化,我们就失败了"。而坚持公有制经济的主体地位,便是保障按劳分配为主体进而保证公平的重要机制。在改革开放的进程中，虽然非公有制经济在国民经济中的比重不断增加，但我们始终强调公有制经济的主体地位。而在建设社会主义现代化强国的今天，我们更是提出要做强做优做大国有资本和国有企业，这不仅仅是强调国有经济要在关系国计民生和国家经济命脉的重要领域发挥主导作用，更是强调国有企业要加强在技术研发、品牌树立方面的竞争力，打造世界一流企业。要坚持深化国有企业改革，建立中国特色现代企业制度。这正是对生产关系的调整，它使国有企业能够更好地适应现代社会生产，同时又与西方的现代企业制度不同，将党的领导与现代公司治理有机结合，从而更好地服务于人民群众的利益。

  针对生产关系的改革在今天显得格外重要。面对人工智能、大数据、物联网、新能源等人类社会新技术的蓬勃发展，我们党提出要加快培育新质生产力，塑造与新质生产力相适应的新型生产关系。这种新型生产关系涉及多个领域的改革，例如在科技体制领域，需要营造有利于创新的制度环境，使科学研究成果能够更好地转化为生产力；在所有制领域，数据要素的非排他性与公共性意味着需要建立数据共享与使用监管机制；新质生产力的技术特征还要求各个区域、各个部门之间加强融合与协作，而非相对独立地进行发展，这同时也要求提高政府的服务与管理水平。概言之，新型生产关系的塑造，意味着全社会的生产、分配、交换、消费的过程需要朝着社会化程度更高、更加公平的方向发展。

  正如马克思和恩格斯在《德意志意识形态》中指出："对实践的唯物主义者即共产主义者来说，全部问题都在于使现存世界革命化，实际地反对并改变现存的事物。"共产主义的最终实现或许是一个漫长且复杂的历程，但我们要勇于直面现实中的种种挑战，坚定不移地深化改革，去除体制中的弊端，清理阻碍发展的因素，逐一破解难题，逐步推动社会向着更加美好的方向发展。中国特色社会主义道路正是在这样的深刻变革中开辟出来的,它引领我们在持续改变世界的过程中,稳步迈向共产主义的伟大目标。

四、如何认识开创中国特色社会主义新时代的历史意义?

1991年,伴随着苏联红旗落地、冷战结束,国际共产主义运动陷入低潮,自由资本主义在全球重新取得主导地位。当新自由主义的改革先锋、时任英国首相的撒切尔夫人被问及自由资本主义的种种问题时,她的回应是,尽管自由资本主义有很多问题,但除此之外别无选择。

如果说在当时,刚刚改革开放不久、实力与西方尚有巨大差距的我们没有足够的底气去驳斥"历史终结论",那么在世界百年未有之大变局下的今天,资本主义的种种矛盾不断暴露出来,"历史终结论"本身面临终结,此时我们用事实证明资本主义并非唯一选择,人类社会还有别的道路可以走。今天的中国特色社会主义,比100多年前马克思主义经典作家笔下的社会主义拥有更丰富的内涵。改革开放之初,面对各种新问题新挑战,我们提出了"摸着石头过河",对社会主义现代化建设进行探索;而今天,尤其是新时代以来,这些探索已经取得了丰富的经验、产生了丰硕的成果,中国特色社会主义理论体系也逐渐形成和发展。

在经济建设领域,我们取得了举世瞩目的成就。在经济建设的实践中,我们形成了一套关于社会主义国家如何发展市场经济的理论,包括如何治理资本、如何在发挥市场在配置资源方面的优势的同时更好发挥政府的作用、如何实现区域协调发展等。这些理论仍在不断完善之中,并将继续指导我们推动经济高质量发展,促进共同富裕。

在政治建设领域,我们不断深化政治体制改革,坚持党的领导、人民当家作主、依法治国有机统一，探索社会主义政治建设的现代化道路。我们在社会主义国家全面推进法治建设，并逐步开展全过程人民民主的实践，确保人民表达诉求、满足意愿的权利，实现对权力运行更有效的制约与监管，为推进强国建设、民族复兴伟业提供政治保证。

在文化建设领域，我们将文化自信确立为"四个自信"的重要内容，并基于我们悠久的文明历史与壮阔的革命历史，将中华优秀传统文化、革命文化和社会主义先进文化作为文化自信的三大支撑。在思想的引领下，我们明确了推动中华优秀传统文化创造性转化和创新性发展的路径，社会主义核心价值观深入人心。近年来，诸如《流浪地球》《黑神话：悟空》《哪吒之魔童闹海》等展现传统与现代中国风貌的文艺作品不断涌现并走出国门，我国的文化软实力不断提升。新一代中国人在国际交流中日益展现出平视世界的姿态，文化自信愈发坚定。

在社会建设领域，我们持续推动社会事业全面发展，不断完善社会保障体系。特别是进入新时代之后，我们取得了脱贫攻坚的胜利，带领全球1/5的人口脱离绝对贫困，脱贫群众的吃喝住穿、义务教育、基本医疗都得到了全面的保障，并且形成了中国特色反贫困理论，为全球减贫事业作出了巨大贡献。此外，在社会治理领域，我们倡导并实践了"共建共治共享"的理念，通过引入社区自治、增强社区服务等方式，提高了社会治理效能和群众满意度。

在生态文明建设领域，我们也曾走过了一段以破坏绿水青山换取金山银山的弯路。党和政府及时反思、总结经验教训，在发展经济的同时大力推进生态环境的保护。特别是进入新时代后，习近平强调必须坚持以人民为中心，强调绿水青山就是金山银山，为人民谋福祉，将人与自然和谐共生作为发展目标之一。在习近平生态文明思想的指导下，中国在防治污染、发展可再生能源、加强生态环境检测、完善环保政策和法

贵州的社区公益食堂让老人乐享"舌尖上的温暖"

规、发展循环经济等方面采取了一系列措施，取得了一系列成绩。近年来，我国更是通过产业绿色升级的方式实现环境保护，在经济发展的同时没有把污染和破坏转移到其他国家。正因如此，当西方国家因为经济问题纷纷放弃环境保护时，我国在推动碳达峰、碳中和的设定目标上领跑全球。

新时代中国特色社会主义的蓬勃发展，使马克思主义在21世纪的中国焕发出新的生机活力。中国特色社会主义理论根植于我国实践，对于许多发展中国家而言有很强的借鉴意义。中国的成功让世界看到，独立自主探索出一条适合自身发展的道路是可能的，这本身便是对其他发展中国家的鼓舞。中国的处境与许多其他发展中国家有一定相似性：许多发展中国家经济发展阶段与新中国成立初期相近，有着较为艰巨的城镇化与脱贫任务，并且在全球分工中处于中低端的位置等。因此，尽管社会制度、文化背景有所不同，中国特色社会主义的实践对其他国家而言仍具有一定的参考价值。

以坚定信仰之光照亮复兴之路

　　实现中华民族伟大复兴，是中华民族近代以来最伟大的梦想，凝聚中华儿女的共同愿景，凝结几代中国人的共同夙愿。它镌刻在中国革命青年的楷模恽代英对"中国一定有复兴的日子"的憧憬与深信中；流淌在科学家华罗庚归国途中写就"为了国家民族，我们应当回去"的公开信中；定格在扶贫干部黄文秀"不获全胜，绝不收兵"的誓言中。中国共产党一经诞生，就把为中国人民谋幸福、为中华民族谋复兴确立为自己的初心使命。百余年来，中国共产党团结带领中国人民进行的一切奋斗、一切牺牲、一切创造，归结起来就是一个主题：实现中华民族伟大复兴。回望这百余年奋斗之路，即是以信仰之光照亮的复兴之路。

　　经过长期不懈奋斗，实现中华民族伟大复兴已经进入了不可逆转的历史进程，我们比历史上任何时期都更接近、更有信心和能力实现这一伟大目标。新时代新征程，我们更需坚定信仰、接续奋斗。我们在迎接光明前景的同时，也必然会面对各种风险挑战，如何才能在奋进新征程上坚定不移、笃行不怠？这就需要深思中华民族伟大复兴意味着什么，它何以让几代中国人孜孜以求，何以必然伴随一场艰苦

> 卓绝的伟大斗争,又何以将"为民族求复兴"与"为人类求解放"相提并论。这就需要追问实现民族复兴为什么要有强大物质力量,还要有强大精神力量,并感悟信仰、信念、信心之坚对于民族复兴是多么至关重要。这就需要在理性认识中国式现代化与民族复兴的内在联系中,更深刻理解"以中国式现代化全面推进中华民族伟大复兴"这一中心任务。

一、民族复兴意味着什么?

所谓"复兴",首先意味着我们曾经兴盛过,但又遭受欺辱而落后,之后又再次赶超。今天,当我们参观敦煌莫高窟,徜徉中国古代宫殿楼阁,那一幅幅壁画、一座座建筑都在向我们讲述着曾经的我们是一个怎样的民族。正如"中华民族"这一名字的由来,它代表着自信、开放、包容。早在西周时期,青铜器何尊的铭文中就有这样的记载:"余其宅兹中国"。在周人心目中,"中国"是一个由核心向外围层层扩展的地域;而"华""夏"则蕴含着大、美之意。中华民族在漫长的历史发展中逐渐形成了"多元一体"格局。参考马可·波罗在他的游记中的记载,彼时,在不少西方人眼中,东方代表着富饶、文明。

但1840年鸦片战争以后,中国逐步成为半殖民地半封建社会,中华民族遭遇了前所未有的劫难,国家蒙辱、人民蒙难、文明蒙尘。鲁迅的笔端记录下了1919年的中国——"中国社会上的状态,简直是将几十世纪缩在一时:自油松片以至电灯,自独轮车以至飞机,自镖枪以至机关炮,自不许'妄谈法理'以至护法,自'食肉寝皮'的吃人思想以至人道主义,自迎尸拜蛇以至美育代宗教,都摩肩挨背的存在。"这一时期中国人的生活，在物质和精神上都陷入了混乱、困顿。从那时起，实现中华民族伟大复兴，就成为了中国人民最伟大的梦想。

鸦片战争博物馆展览场景

只有创造过辉煌的民族，才懂得民族复兴的意义；只有经历过苦难的民族，才对民族复兴有如此深切的渴望。文明之巅的辉煌历史赋予中华民族走向复兴最深沉的底气，落后的苦难记忆使得中华民族对走向复兴充满最迫切的渴望、最质朴而强大的前行动力。在中国共产党的带领下，中国人慢慢找到了出路："只有社会主义才能救中国"。中国只有走社会主义道路，才能实现民族之复兴。新中国成立70多年来，特别是改革开放40多年来的实践充分证明，中国特色社会主义是实现中华民族伟大复兴的必由之路。

中华民族的复兴之路，必然是艰难困苦、玉汝于成之路。2021年7月，习近平在庆祝中国共产党成立100周年大会上的讲话中，首次提出中国共产党百年奋斗的主题，就是实现中华民族伟大复兴。在新民主主义革命时期，中国共产党带领中国人民浴血奋战、百折不挠，实现了民族独立、人民解放，为实现民族复兴"创造了根本社会条件"。在社会主义革命和建设时期，中国共产党带领中国人民自力更生、发愤图强，确立了社会主义基本制度，推进了社会主义建设，为实现民族复兴"奠定了根本政治前提和制度基础"。在改革开放和社会主义现代化建设时期，中国共产党带领中国人民解放思想、锐意进取，为实现民族复兴"提供了充满新的活力的体制保证和快速发展的物质条件"。新时代以来，中国共产党带领中国人民自信自强、守正创新，取得了伟大成就，为实现民族复兴"提供了更为完善的制度保证、更为坚实的物质基础、更为主动的精神力量"。这既是对中国共产党百余年奋斗历史的总结，也体现着一个百年大党以民族复兴为己任的自觉担当。可以说，在百余年党史的不同历史时期，中国共产党带领中国人民不断战胜不同时期的困难、挑战，是这部辉煌史诗中贯穿始终的旋律。

今天，在向第二个百年奋斗目标奋进的新征程上，一方面，经过长期不懈努力，中华民族从站起来、富起来到强起来，实现民族复兴已经进入了不可逆转的历史进程；另一方面，当前，我们正面临着许多风高浪急，甚至是惊涛骇浪的重大考验，实现这一目标注定充满挑战、不可能轻轻松松。因此，要实现民族复兴的伟大梦想，就必须进行许多具有新的历史特点的伟大斗争，必须建设伟大工程，推进伟大事业。为实现民族复兴，要坚持马克思主义在意识形态领域指导地位的根本制度，发展社会主义先进文化，弘扬中国精神，用民族精神和时代精神振奋全民族的精气神，不断增强团结一心的精神纽带、自强不息的精神动力，铸牢凝心聚力的兴国之魂、强国之魂。

实现中华民族伟大复兴意味着国家富强、民族振兴、人民幸福。这一目标是国家、民族、人民利益的有机结合，国家富强、民族振兴为实现人民的幸福生活创造更好条件，而人民幸福本身又是国家富强、民族振兴的重要旨意，三者辩证统一、不可分割。实现中华民族伟大复兴的目标还连通着中国与世界。不同于部分西方学者制造的所谓"国强必霸"逻辑，也不同于利用民粹主义转嫁国内矛盾而掀起的逆全球化思潮，实现中华民族伟大复兴的中国梦与世界人民的美好梦想息息相通。中华民族伟大复兴，不仅不会带来所谓的"中国威胁"，还必将增进世界福祉。这一目标不仅凝聚着中国人民、中华民族的共同价值追求，是中华儿女团结奋斗的最大公约数，还沉淀着"兼济天下"的文明基因，饱含着世界眼光、人类情怀，具有强大的道义力量。从此意义上说，中华民族对复兴的渴求与致力于人类解放的远大理想相通。

二、实现民族复兴为什么需要强大精神力量？

2014年10月，习近平在文艺工作座谈会上的讲话指出："一个民族的复兴需要强大的物质力量，也需要强大的精神力量。"对于实现民族复兴而言，物质力量的作用不言而喻，那么，为什么要突出强调精神力量的重要性呢？

首先，任何民族的历史性发展必然伴随着精神的崛起。一个强大的民族应当不只有物质的丰盛，还应有精神的强大，在世界民族之林有独特的魅力和引领力。试想，如果一个民族物质生活富裕，但人的精神世界失落了，民族的精神力量涣散了，这种只有光鲜亮丽外表而缺乏精神支撑的"民族大厦"，不仅难以对世界文明发展增进贡献，自身也会是空中楼阁。从民族复兴的内涵来看，中华民族伟大复兴不仅包括物质的发展，还蕴含着精神的塑造。因此，不断丰富中国人民的精神世界、厚植中国人民的精神力量，本来就是实现中华民族伟大复兴的题中应有之义。

对于中国共产党人而言，这种精神力量从何而来？习近平把一代代中国共产党人的奋斗探索比作"精神财富"，把对马克思主义的信仰、对中国特色社会主义的信念比作共产党人的"政治灵魂""经受住任何考验的精神支柱"。当代中国共产党人实现民族复兴的精神力量,正是来源于投入民族复兴的伟大奋斗实践,来源于坚定的信仰、信念、信心。

其次,从实现民族复兴的主体来看,人民是历史的创造者,实现民族复兴必须汇聚起中华儿女的磅礴精神力量。

立足唯物史观分析,历史是怎么创造的?人是实践活动的主体,是"人们自己创造自己的历史"。进一步讲,人是具有能动性的实践主体,正如恩格斯所说:"无论历史的结局如何,人们总是通过每一个人追求他自己的、自觉预期的目的来创造他们的历史,而这许多按不同方向活动的愿望及其对外部世界的各种各样作用的合力,就是历史。"在这里,人的精神动力是人们自觉行动的重要来源。更进一步,人民还是一个动态的历史范畴。具体到某一特定的历史时期,人民的精神力量的作用是有限的,但是在一代代人民群众的接力奋斗中,"随着人们历史创造活动的扩大和深入,作为自觉的历史活动家的人民群众在数量上也必定增多起来",这种有限的力量在接续奋斗中就能汇聚为无限的力量。

要实现民族复兴,就要汇聚人民的精神力量,振奋全民族的"精气神"。新民主主义革命时期,面对"中国向何处去"的问题,毛泽东提出要发展民族的科学的大众的文化,这样的文化带有民族的特性、主张实事求是,而且"应为全民族中百分之九十以上的工农劳苦民众服务,并逐渐成为他们的文化"。晋察冀边区担任掩护任务的狼牙山五壮士战斗到生命的最后一刻,孟良崮战役中沂蒙人民"最后一口粮,做军粮,最后一块布,做军装,最后一个儿子,送战场"……这样的事例不胜枚举。新中国成立之初,百废待兴。开国大典上,参阅飞机只有17架,周恩来说"飞机不够,那就飞两遍"。新中国依靠什么创造了"两弹一星"等伟大成就?靠的正是"万人一杆枪、千人一支箭"的团结一心。改革开放和社会主义现代化建设新时期，怎么改变中国贫穷落后的面貌？邓小平指出："中国的事情能不能办好，社会主义和改革开放能不能坚持，经济能不能快一点发展起来，国家能不能长治久安，从一定意义上说，关键在人。"在南方谈话中，他殷殷嘱托，要把党员教育好、把青年教育好。

也正因如此，新时代以来，习近平多次强调，实现中华民族伟大复兴的中国梦，就必须坚持中国道路、弘扬中国精神、凝聚中国力量。只有人们心往一处想、劲往一处使，才能在团结奋斗中实现民族复兴的宏伟目标。

> 实现中国梦，必须弘扬中国精神。用以爱国主义为核心的民族精神和以改革创新为核心的时代精神振奋起全民族的"精气神"。
>
> ——2013年5月，习近平在接受特立尼达和多巴哥、哥斯达黎加、墨西哥等拉美三国媒体联合书面采访时的答问

最后，面向新时代新征程，实现民族复兴必将面临诸多风险挑战，必将要作好同困难作斗争的准备，我们应以怎样的精神面貌来应对？按部就班、等待观望，甚至是消极懈怠？这些都不可取。中华民族的发展就像浩荡的大江大河一样，流经宽阔处，一泻万里、坦荡壮阔，而这条路不会总是平坦的，遇到险阻之时，就必须汇聚更为磅礴的力量冲过去。今天，我们正处于民族复兴的关键时期，更加需要雄健的精神力量，"决不能丢掉革命加拼命的精神，决不能丢掉谦虚谨慎、戒骄戒躁、艰苦奋斗、勤俭节约的传统，决不能丢掉不畏强敌、不惧风险、敢于斗争、敢于胜利的勇气"。

总之，正如习近平在庆祝改革开放 40 周年大会上的讲话中指出："信仰、信念、信心，任何时候都至关重要。小到一个人、一个集体，大到一个政党、一个民族、一个国家，只要有信仰、信念、信心，就会愈挫愈奋、愈战愈勇，否则就会不战自败、不打自垮。无论过去、现在还是将来，对马克思主义的信仰，对中国特色社会主义的信念，对实现中华民族伟大复兴中国梦的信心，都是指引和支撑中国人民站起来、富起来、强起来的强大精神力量。"正是有了信仰、信念、信心，我们才能在艰辛时预见光明前景，就像曾经面对"红旗还能打多久"的疑问时，看到中国革命的高潮已是"站在海岸遥望海中已经看得见桅杆尖头了的一只航船"；才能在困难面前不低头，就像曾经不畏险境，"多少一点困难怕什么"，敢教日月换新天；才能在嘈杂声中笃实走好自己的路，不畏浮云遮望眼，大胆探索、只争朝夕。

三、怎样理解中国式现代化与中华民族伟大复兴的内在联系？

党的二十大明确要以中国式现代化全面推进中华民族伟大复兴，这也是新时代新征程党的中心任务。那么，中国式现代化与中华民族伟大复兴二者之间有什么内在联系呢？

稍作历史梳理不难发现，从过程角度，中国的社会主义现代化建设与中华民族伟大复兴的进程相伴随。民族复兴是近代以来中国人民的共同梦想。1929 年，上海《生活周刊》刊登了《十问未来之中国》："吾国何时可稻产自丰、谷产自足，不忧饥馑？""吾国何时可行义务之初级教育、兴十万之中级学堂、育百万之高级学子？""吾国何时可参与寰宇诸强国之角逐？"……每一问都如诉如泣，饱含中国人民对复兴的渴望。复兴，需要领导力量，需要道路选择。1933 年，上海《东方杂志》曾以"新年的梦想"为题发起了一个征文活动，来信者多为知识分子，他们对家国梦、个人梦的畅想，对中国未来发展的设想林林总总，其中不乏对社会主义的热切向往。近代以来，仁人志士经历了诸多尝试但都以失败告终，探索中国现代化道路的重任，历史地落在了中国共产党身上。百余年党史四个历史时期的奋斗都蕴含着中国共产党人对推进现代化建设的自觉谋划，为中国的现代化建设提供了不同基础和条件。例如，1945年，在党的七大上，毛泽东在所作的《论联合政府》的报告中就指出："在新民主主义的政治条件获得之后，中国人民及其政府必须采取切实的步骤，在若干年内逐步地建立重工业和轻工业，使中国由农业国变为工业国。"1979年3月21日，邓小平在会见英中文化协会执行委员会代表团时首次提出了"中国式的四个现代化"概念。同年3月23日，邓小平在中共中央政治局会议上的讲话中第一次正式提出中国式的现代化命题。3月30日，邓小平在《坚持四项基本原则》的讲话中再次指出："过去搞民主革命，要适合中国情况，走毛泽东同志开辟的农村包围城市的道路。现在搞建设，也要适合中国情况，走出一条中国式的现代化道路。"同年12月，邓小平在会见日本首相大平正芳时首次使用"小康社会"来描述中国式的现代化。如今，从"中国式的现代化"到正式提出"中国式现代化"，正是在推进民族复兴的进程中中国共产党人对中国应走怎样的现代化道路有着更强的主体自觉的体现。

  方向决定道路，道路决定命运。从路径角度，中国式现代化就是实现中华民族伟大复兴的唯一正确道路。2023年2月，习近平在学习贯彻党的二十大精神研讨班开班式上发表重要讲话强调："实践证明，中国式现代化走得通、行得稳，是强国建设、民族复兴的唯一正确道路。"这是基于历史经验的总结，也是基于理论的科学论断。民族的复兴，应基于本民族的历史、文化、发展阶段等，并借鉴吸收人类文明成果，在推进民族复兴的实践中不断拓新。中国式现代化道路是中国共产党带领中国人民历经千辛万苦探索出来的,既符合现代化的一般规律,更符合我们的实际,是在全面推进民族复兴的进程中坚定信心、"走自己的路"的自觉选择。中华民族将在推进中国式现代化中激发中华文明的现代力量,为人类文明作出新贡献。

2024年9月25日,北京长安街沿线主题花坛

从目标角度,二者同作为目标又深度耦合。例如,党的十八大报告提出:"建设中国特色社会主义,总依据是社会主义初级阶段,总布局是五位一体,总任务是实现社会主义现代化和中华民族伟大复兴。"党的十九大报告重申:"坚持和发展中国特色社会主义,总任务是实现社会主义现代化和中华民族伟大复兴。"从此角度来看,实现社会主义现代化与实现民族复兴,二者统一于"坚持和发展中国特色社会主义"这一总任务之中。党的二十大报告还进一步把"以中国式现代化全面推进中华民族伟大复兴"作为一个整体,确立为新时代新征程中国共产党的中心任务。从目标的阶段划分来看,在"两个一百年"奋斗目标擘画下,我们已经全面建

成小康社会，实现了第一个百年奋斗目标，开启了向第二个百年奋斗目标奋进的新征程，即到 21 世纪中叶把我国建成富强民主文明和谐美丽的社会主义现代化强国。可见，二者具有多个维度的耦合性。

四、如何以历史主动精神坚定民族复兴信心？

新时代新征程，目标已锚定、道路已明确，那么，在全面推进中华民族伟大复兴的征程中，如何坚定信心、为奋斗持续"续航"呢？这就需要更为强烈的历史主动精神。2023 年 3 月，习近平在中国共产党与世界政党高层对话会上的主旨讲话中指出："现代化不会从天上掉下来，而是要通过发扬历史主动精神干出来。"

就像生活中常说的，把握主动，才能赢得未来。在推进事业中，只有以高度的清醒自觉，以主动的状态应对外界的纷繁复杂，才能作出理性的判断，保持内心的定力，制定未雨绸缪的规划布局，激发担当作为的内生动力。而这样的主动精神不是凭空产生的，而是基于对历史发展客观规律的把握。只有抓住了规律，才能透过现象看本质，看清不同事物之间、事物的不同方面之间的内在逻辑、矛盾运动。它还建立在对时代大势的分析洞察基础上，正因把握住了时代发展的态势、形势、趋势，才能贯通过去、当下与未来。回顾历史，伟大的历史主动精神，正是中国共产党领导中国人民战胜艰难险阻，取得一个又一个伟大胜利的"精神密钥"。1942 年，毛泽东就提出分析问题的"古今中外法"。所谓"古今"，就是不仅要看现在的中国，还要联系着看历史的中国，从历史观前途；所谓"中外"，就是要知己知彼，立足中国又全面分析。放眼当下，党的二十届三中全会审议通过的《决定》就闪耀着伟大的历史主动精神，"体现在对时代大势的深刻洞察，体现在对战略愿景的清晰擘画，体现在对行动方略的科学部署"，为全面推进民族复兴把准了方向。

在实现民族复兴的新征程上,我们要发扬历史主动精神,就要在把握历史发展客观规律的基础上,认清时代大势、倾听时代呼声、回答时代之问。历史主动首先源于对历史发展客观规律的把握。如何把握?毛泽东曾讲:"我们的眼力不够,应该借助于望远镜和显微镜"。这里的"望远镜""显微镜",即辩证唯物主义和历史唯物主义。因此,新征程上,我们需要不断加强理论学习,掌握马克思主义的看家本领,把马克思主义的立场观点方法转化为工作、生活中发现问题、分析问题、解决问题的价值立场、能力方法。这样才能保持定力,"保持对远大理想和奋斗目标的清醒认知和执着追求",做到尊重历史发展规律、善于运用历史发展规律。例如,对于新征程上如何进一步全面深化改革,就需要运用好辩证法正确处理"破"与"立"的关系。我们把握历史主动不仅要有敢于破的决心,也要有善于立的能力,既要敢于破,又要善于立,立破并举、先立后破。再如,在全面推进民族复兴的进程中,还要处理好"守正"与"创新"的关系。守正,就是要坚持中国特色社会主义不动摇,强调的是方向、道路问题;创新,就要在新的起点上,紧跟时代步伐,顺应实践发展,突出问题导向。

推进中国式现代化需要处理好的若干重大关系

推进中国式现代化是一个系统工程,需要统筹兼顾、系统谋划、整体推进,正确处理好一系列重大关系。

一是顶层设计与实践探索的关系。

二是战略与策略的关系。

三是守正与创新的关系。

四是效率与公平的关系。

> 五是活力与秩序的关系。
>
> 六是自立自强与对外开放的关系。

以更强烈的历史主动精神坚定民族复兴信心，还要在尊重规律、分析大势的基础上，发挥主观能动性，未雨绸缪地进行整体谋划、系统布局。历史固然有发展的客观规律，但是人是能动的主体。人既是历史发展的"剧中人"，更是历史发展的"剧作者"。历史主动精神要求我们必须不断提高战略思维能力，下好先手棋，主动应对可能的风险挑战。习近平在省部级主要领导干部学习贯彻党的十八届五中全会精神专题研讨班上指出："我们必须积极主动、未雨绸缪，见微知著、防微杜渐，下好先手棋，打好主动仗，做好应对任何形式的矛盾风险挑战的准备"。新征程上，我们必须立足于实现中华民族伟大复兴的战略全局和世界百年未有之大变局，居安思危、谋求主动，牢记自身肩负的历史使命和时代责任，不断增强自身的能力，把握前进道路上的风险与挑战，探索发展机遇。

精神力量只有经由人的实践才能化为现实的物质力量。新征程上以更强烈的历史主动精神坚定民族复兴的信心，还意味着不能止于"坐而论道"，更要"起而行之"，在具体的、现实的奋斗实践中坚定信心、主动出击、开辟未来。例如，党员干部要立足岗位，积极担当作为，以钉钉子的精神落实党中央决策部署。党员干部特别是领导干部更要发扬历史主动精神，在机遇面前主动出击，不犹豫、不观望；在困难面前迎难而上，不推诿、不逃避；在风险面前积极应对，不畏缩、不躲闪。科技工作者要立足"四个面向"，有所为、有所不为，向着2035年建成科技强国的目标，在教育科技人才一体推进中立新功。新时代青年则要以成长为让党放心、爱国奉献、担当民族复兴大任的时代新人为目标，在担当中历练、在尽责中成长，在奋进新征程中怀抱梦想又脚踏实地，敢想敢为又善作善成。

实现中华民族伟大复兴是一场接力跑。新征程上，我们要坚定对马克思主义、共产主义的信仰，坚定对中国特色社会主义的信念，坚定对实现中华民族伟大复兴的信心，踔厉奋发、勇毅前行，把宏伟蓝图一步步变为美好现实，在团结奋斗中创造新的伟业！

后　记

本书由原中共中央文献研究室副主任陈晋研究员和武汉大学党委常务副书记沈壮海教授主编，来自清华大学、北京大学、中国人民大学、复旦大学、武汉大学等高校及科研院所的多位专家学者通力合作完成。各篇负责人及作者如下：

篇一　道路之维　负责人：简繁（武汉大学）；
　　中国式现代化的历史源流，王久高（北京大学）；
　　中国式现代化的中国特色，张晖（中国农业大学）；
　　中国式现代化的挑战应对，简繁（武汉大学）；
　　中国式现代化的世界意义，梅立润（武汉大学）。

篇二　治理之维　负责人：李冉（复旦大学）；
　　中国之治的历史观照，刘超（复旦大学）；
　　中国之治的时代价值，包炜杰（复旦大学）；
　　中国之治的"制度密码"，阙道远（复旦大学）；
　　中国之治的未来向度，高仁（复旦大学）。

篇三　文明之维　负责人：祝志男（首都师范大学）；
　　文化传承与弘扬，祝志男（首都师范大学）；
　　文化自信与自立，宋振美（北京第二外国语学院）；

文明交流与互鉴，李基礼（首都师范大学）；

文明创新与发展，祝志男（首都师范大学）。

篇四　世界之维　负责人：倪峰、魏南枝（中国社会科学院）；

世界百年未有之大变局的基本趋势，魏南枝（中国社会科学院）；

世界百年未有之大变局的"变"与"不变"，章永乐（北京大学）；

世界百年未有之大变局中的中国与世界，刁大明（中国人民大学）；

世界百年未有之大变局与中国担当，赵明昊（复旦大学）。

篇五　信仰之维　负责人：朱安东（清华大学）；

信仰的力量，刘恩至（清华大学）；

百年大党的信仰远征，李玉蓉（清华大学）；

坚定中国特色社会主义共同理想，杨帅泓（首都师范大学）；

以坚定信仰之光照亮复兴之路，徐冶琼（北京航空航天大学）。

本书在编写过程中，得到了编委会的指导、有关专家学者的帮助及新华网新华思政相关负责同志的支持。中国书法家协会主席孙晓云女士特为本书封面题字。由于时间仓促，书中呈现的内容可能还存在疏漏、错讹之处，欢迎广大读者批评指正。

郑重声明

高等教育出版社依法对本书享有专有出版权。任何未经许可的复制、销售行为均违反《中华人民共和国著作权法》，其行为人将承担相应的民事责任和行政责任；构成犯罪的，将被依法追究刑事责任。为了维护市场秩序，保护读者的合法权益，避免读者误用盗版书造成不良后果，我社将配合行政执法部门和司法机关对违法犯罪的单位和个人进行严厉打击。社会各界人士如发现上述侵权行为，希望及时举报，我社将奖励举报有功人员。

反盗版举报电话　　（010）58581999　58582371
反盗版举报邮箱　　dd@hep.com.cn
通信地址　　北京市西城区德外大街4号
　　　　　　高等教育出版社知识产权与法律事务部
邮政编码　　100120

读者意见反馈

为收集对图书的意见建议，进一步完善图书编写并做好服务工作，读者可将对本书的意见建议通过如下渠道反馈至我社。

咨询电话　　400-810-0598
反馈邮箱　　gjdzfwb@pub.hep.cn
通信地址　　北京市朝阳区惠新东街4号富盛大厦1座
　　　　　　高等教育出版社总编辑办公室
邮政编码　　100029

防伪查询说明

用户购书后刮开封底防伪涂层，使用手机微信等软件扫描二维码，会跳转至防伪查询网页，获得所购图书详细信息。

防伪客服电话　　（010）58582300